제10판 경제학원론 연습문제 해답집

경제학원론

Economics

microeconomics + macroeconomics

연습문제 해답집

김영식 지음

10
tenth edition

율곡출판사

차 례

microeconomics + macroeconomics
Economics
solutions Contents

제1장 경제학이란 무엇인가?

microeconomics + macroeconomics, Economics

[연습문제]

01. 경제학자들은 석유나 반도체 등 한정된 자원을 가진 재화를 분석하는 경우는 있지만 공기나 바닷물 등 부족함이 없는 재화를 경제학적으로 연구하지는 않는다. 그 이유는 무엇인가? 경제학에서 한정된 자원이란 어떤 의미를 지니는가?

해답 경제학은 경제주체가 주어진 제약 하에서 자신의 목표를 최대한 달성하기 위한 합리적 선택을 다루는 학문이다. 따라서 경제학은 사회에서 주어진 제약인 희소한 자원들을 분배하는 역할을 맡는다. 그러나 만약 모든 사람이 필요한 재화와 서비스를 자신이 원하는 만큼 얻을 수 있다면 굳이 경제학을 통해 자원을 분배할 필요가 없다. 따라서 부족함이 없는 재화에 대해서는 경제학자들이 굳이 가장 합리적인 분배를 연구할 필요가 없다. 한정된 자원, 즉 자원의 희소성은 합리적인 의사결정을 통해 주어진 제약 하에서 최소의 비용과 최대의 편익을 얻도록 하는 경제학의 기본 전세가 된다.

02. 경제학 격언 중에 "공짜 점심 같은 것은 없다(There ain't no such thing as a free lunch)"라는 말이 있다. 이는 자원의 희소성으로 인해 우리는 선택에 직면하는데, 이 과정에서 반드시 비용을 지불하게 된다는 것을 의미한다. 그렇다면 실제로 친구가 사주는 점심을 먹을 때 우리가 생각해야 하는 비용은 무엇이 되겠는가? 기회비용의 개념을 이용해 설명하라.

해답 기회비용은 명시적 비용과 암묵적 비용의 합으로 계산할 수 있다. 식당까지 가는 데 교통비 등이 소요되지 않았다고 가정하면, 친구가 사주는 점심에는 명시적 비용이 존재하지 않는다. 일상생활에서 우리는 이렇게 명시적 비용이 존재하지 않는 것을 공짜라고 칭한다.

그러나 공짜라는 것이 그 어떤 비용도 존재하지 않는다는 것을 의미하지는 않는다. 식당까지 가는 시간, 식사를 하는 시간 동안 다른 일을 했다면 얻을 수 있었을 이익을 포기하는 것이기 때문이다. 아르바이트를 한다면 그 시간만큼의 수당, 다이어트 중이었다면 내면의 만족감 등을 점심 약속의 대가로 지불한 셈이 된다. 따라서 기회비용의 관점에서 공짜 점심은 '공짜'가 아니라고 할 수 있다.

희소성, 즉 무한한 욕구를 충족시키기 위한 수단이 제한되어 있다는 것은 바꿔 말하면 가지고 있는 수단으로 이룰 욕망을 선택함과 동시에 다른 욕망은 포기한다는 것을 의미한다. 따라서 "공짜 점심 같은 것은 없다"라는 말은 바로 포기하는 것 없이는 그 어떤 것도 선택할 수 없다는 점을 시사한다.

03. 어떤 미술 선생님이 현재 하루에 6시간 동안 학생들을 가르치고 시간당 2만원의 보수를 받고 있으며, 학생들을 가르치고 난 이후 나머지 시간에는 미술작품을 그림으로써 시간당 5만원의 보수를 받고 있다고 하자. 그런데 최근 정부정책의 일환으로 공교육 강화정책이 실시됨에 따라 이제 이 미술 선생님은 하루에 9시간 동안 학생들을 가르치게 되었다.

(1) 미술 선생님의 생산가능곡선을 도출하고, 정부정책이 실시되기 이전과 이후에 미술 선생님의 선택점이 어떻게 변화했는지 생산가능곡선 상에 나타내어 보라.

해답 아래 그림을 통해 미술 선생님의 현재 선택은 (12, 90)에서 이루어지고 있으나 정부정책이 실시된 이후에는 (18, 75)에서 이루어지고 있음을 확인할 수 있다.

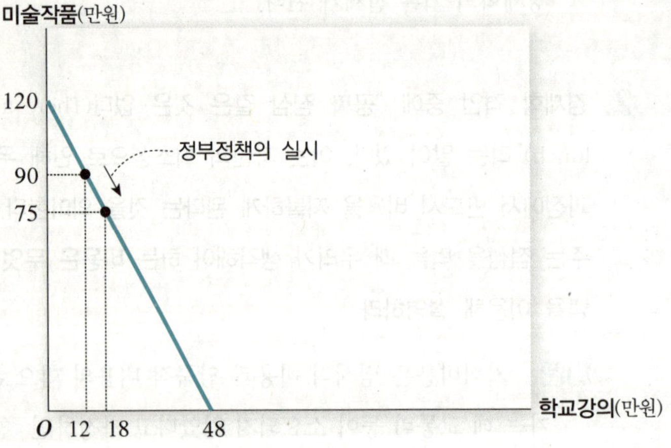

(2) 경제주체들이 경제적 유인에 반응한다는 가정 하에 미술 선생님은 정부정책에 찬성과 반대 중 어떤 입장을 보이겠는가?

해답 정부정책이 실시되기 이전과 이후 미술 선생님의 선택은 생산가능곡선 상에서 이루어짐으로써 주어진 시간제약을 최대한 이용하고 있다. 하지만 두 경우 미술 선생님이 벌어들이는 소득에는 차이가 있다. 지금까지 미술 선생님은 학생들을 가르쳐 하루에 12만원의 소득을, 그리고 미술작품을 그림으로써 하루 90만원의 소득을 벌어 총 102만원의 소득을 얻고 있었다. 그러나 정부정책이 실시된 이후 미술 선생님은 학생들을 가르쳐 하루에 18만원의 소득을 얻게 된 반면 미술작품을 통해서는 75만원밖에 얻지 못하게 되어 하루 총 93만원의 소득밖에 얻지 못하게 된 것이다. 따라서 미술 선생님은 본의 아니게 정부의 정책적 제한 때문에 전보다 하루 9만원의 소득을 덜 벌게 되었으므로 정부정책에 반대하는 입장을 보일 것이다.

04. 어떤 두 분식집 A, B에서 일하는 민호와 수지는 떡볶이와 순대를 판매하고 있다. 민호는 1시간에 떡볶이 15접시 또는 순대 25접시를 요리할 수 있으며, 수지는 1시간에 떡볶이 30접시 또는 순대 10접시를 요리할 수 있다고 한다. 이들은 현재 분식집에서 하루 10시간을 일하고 있다. 따라서 하루에 생산 가능한 떡볶이와 순대 각각의 최대 생산량은 다음과 같다.

민호와 수지의 일일 최대 생산량 (단위 : 접시)

	민호	수지
떡볶이	150	300
순대	250	100

(1) 민호와 수지의 생산가능곡선을 각각 도출하라.

해답 아래 그림에서 (a)는 민호의 생산가능곡선, (b)는 수지의 생산가능곡선을 나타낸다.

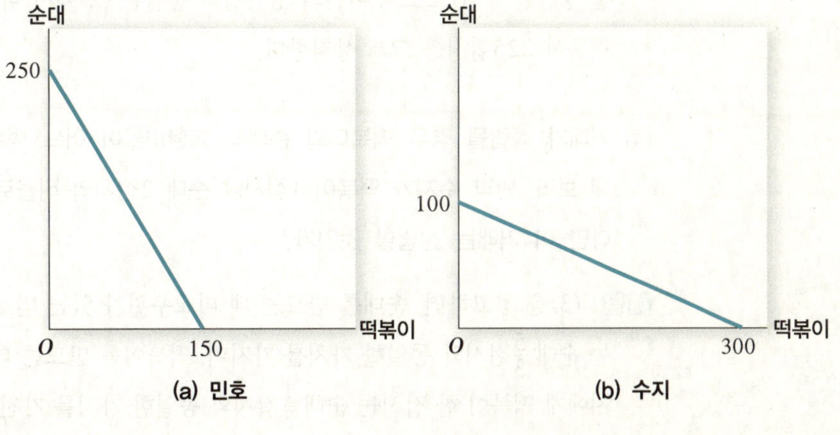

(a) 민호 (b) 수지

(2) 만약 민호와 수지가 서로 거래를 하지 않은 채 떡볶이와 순대를 각각 5시간씩 요리한다면 이들이 생산하는 떡볶이와 순대의 총량은 얼마나 되는가?

해답 민호는 5시간 동안 떡볶이 75접시, 순대 125접시를 요리할 수 있고, 수지는 5시간 동안 떡볶이 150접시, 순대 50접시를 요리할 수 있다. 따라서 민호와 수지가 주어진 시간을 효율적으로 이용하여 떡볶이와 순대를 생산할 경우 이들이 생산하는 떡볶이는 총 225접시, 순대는 총 175접시가 된다.

(3) 이제 민호와 수지가 서로 친구가 되어 거래를 한다고 하자. 이때 수지와 민호는 각각 어떤 음식을 얼마나 만드는 것이 경제적으로 효율적인가? 그리고 이때 이들이 생산하는 떡볶이와 순대의 총량은 얼마나 되는가?

해답 민호의 경우 떡볶이 한 접시를 생산하는 데 들이는 시간을 순대를 생산하는 데 들일 경우 $\frac{250}{150}=\frac{5}{3}$접시를 생산할 수 있다. 반면 수지의 경우 떡볶이 한 접시를 생산하는 데 들이는 시간을 순대를 생산하는 데 들일 경우 $\frac{100}{300}=\frac{1}{3}$접시밖에 생산하지 못한다. 따라서 민호가 떡볶이 한 접시를 생산하는 데 따른 기회비용은 순대 $\frac{5}{3}$접시와 동일하며, 수지가 떡볶이 한 접시를 생산하는 데 따른 기회비용은 순대 $\frac{1}{3}$접시와 동일하다. 마찬가지 방식으로 민호가 순대 한 접시를 생산하는 데 따른 기회비용은 떡볶이 $\frac{3}{5}$접시, 수지가 순대 한 접시를 생산하는 데 따른 기회비용은 떡볶이 3접시로 나타난다.

따라서 민호는 수지에 비해 상대적으로 큰 기회비용을 갖는 순대를 만드는 데 최대한의 시간을 들이고, 수지는 민호에 비해 상대적으로 큰 기회비용을 갖는 떡볶이를 만드는 데 최대한의 시간을 들일 경우 경제적으로 효율적인 생산이 이루어진다. 이때 주어진 표에 따라 민호는 순대 250접시를, 수지는 떡볶이 300접시를 생산할 수 있으므로 이들의 생산량의 총합은 (2)에서 나타난 순대 175접시와 떡볶이 225접시를 크게 상회한다.

(4) 거래가 성립될 경우 떡볶이와 순대의 교환비율이 어느 범위에서 형성될지 생각해 보라. 만약 수지가 떡볶이 1접시당 순대 2접시의 비율로 교환할 것을 제안했다면 이 거래는 성립할 것인가?

해답 (3)을 참고하면, 순대를 만드는 데 비교우위가 있는 민호에게 떡볶이 한 접시는 순대 $\frac{5}{3}$접시와 동일한 가치를 가지며, 떡볶이를 만드는 데 비교우위가 있는 수지에게 떡볶이 한 접시는 순대 $\frac{1}{3}$접시와 동일한 가치를 가진다. 따라서 민호는 수지로부터 떡볶이 한 접시를 얻기 위해 순대를 $\frac{5}{3}$접시까지 제공할 용의가 있으며, 수지는 적어도 자신의 떡볶이 한 접시에 대해 순대 $\frac{1}{3}$접시 이상을 받아야만 떡볶이를 제공할 것이다. 즉, 떡볶이와 순대의 교환비율은 떡볶이 1접시당 순대 $\frac{1}{3}$ ~$\frac{5}{3}$접시 사이에서 형성될 것이다.

그렇기 때문에 수지의 제안은 성립할 수 없다. 민호는 떡볶이 1접시를 얻기 위해 수지에게 순대 2접시를 제공하느니 차라리 순대 $\frac{5}{3}$접시를 포기하고 스스로 떡볶이 1접시를 만드는 편이 이득이라고 생각할 것이기 때문이다.

05. 2010년 초 서울에는 100여 년만의 기록적인 폭설로 25cm 넘게 눈이 내렸다. 눈을 빨리 치우지 못한 서울시는 거의 마비상태였고, 이로 인해 당국에 비난이 쏟아졌다. 그렇다면 폭설에 적절하게 대응하지 못한 서울시는 과연 비난받아야 마땅한가? 시장경제와 정부의 역할의 관점에서 서술하라.

해답 폭설을 효과적으로 치우기 위해서는 다양하고 많은 양의 제설장비와 이를 관리 · 운영할 인력을 보유하고 있어야 한다. 그런데 이런 장비와 인력을 보유하는 제설부서의 유지비용은 만만치 않을 것이다. 따라서 서울시가 당면한 문제는 평소에 어느 정도의 제설장비를 유지하고 작업자를 고용하느냐는 것인데, 이는 제설부서의 유지에 따른 비용과 눈을 치움으로써 얻는 편익을 형량해서 결정될 것이다.

서울에는 눈이 많이 내리는 편이 아니다. 더구나 폭설은 흔치 않다. 따라서 서울시가 폭설에 대비해서 대규모의 제설부서를 유지하는 것은 비용 측면에서 효율적이지 못하다. 그러나 폭설 시 제설작업을 빨리 하지 못하면 도로가 마비되고, 교통사고가 발생하며, 또 생산활동도 원활하지 못하여 큰 손실이 발생할 것이다. 제설작업이 잘 이루어지면 이런 손실이 발생하지 않을 것이므로 이것이 곧 제설부서 유지의 편익이다.

정리하면 서울시가 폭설에도 효과적으로 대처하기 위한 비용은 장비와 인력 등을 포함하여 제설부서를 유지하는 비용이다. 반면에 편익은 눈이 내릴 확률에 그로 인해 발생할 손실(제설작업이 효과적으로 이루어졌을 때 없앨 수 있는 손실)을 곱한 기댓값이 될 것이다. 이 기댓값이 비용보다 더 크다면 대규모 제설부서를 유지하는 것이 바람직하지만, 그렇지 않다면 비용 대 편익 측면에서 그런 제설부서를 유지하는 것이 바람직하지 않다. 실제로 서울에 폭설이 내리지 않는 것은 아니지만 확률이 낮아 기댓값이 낮으므로 대규모 제설부서를 유지할 필요는 없다.

그렇다면 폭설을 효과적으로 치울 수 있는 능력이 되지 않을 경우에는 어떻게 하는 것이 바람직할까? 서울시의 일부 또는 전체를 닫아버리는 방법을 고려할 수 있다. 휴무에 들어가는 것이다. 이 경우 당연히 생산 등 손실이 발생할 것이다. 그러나 그 손실이 폭설에 대비해 제설부서를 유지하는 비용보다 작다면 도시의 일부나 전체를 닫아버리는 것이 효율적일 것이다

다른 방법은 서울시가 제설장비와 인력을 보유한 기업에 의뢰하여 제설작업을 하도록 하는 것이다. 그러나 이 또한 우리 경제에서 누군가 그러한 장비와 인력을 보유하고 있어야 함을 의미한다. 즉, 서울시가 아닌 그 기업이 제설부서 유지의 비용을 치른다는 점만 다를 뿐 우리 사회가 치러야 하는 전체 비용에는 변화가 없다. 물론 이런 장비와 인력을 보유하여 영업하는 기업도 생기지 않을 것이다. 서울시로부터 받을 수 있는 금액이 유지비용보다 많지 않을 것이기 때문이다.

알래스카 주나 모스크바 시에는 눈이 자주 오고 양도 많다. 이 지역들이 대규모의 제설부서를 유지하는 이유는 그 편익이 비용보다 크기 때문이다. 그런 지역의 제설 솜씨가 서울시의 제설 솜씨보다 한결 나은 것은 당연한 일이다. 그러므로 폭설을 빨리 잘 치우지 못했다고 무턱대고 서울시를 비난할 일이 아니다. 서울시가 통상적인 강설량을 기준으로 제설부서를 유지하고 있는 것은 효율적이라고 할 수 있다.

— 「제설작업의 편익과 비용」, 김영용, 한국경제연구원

06. 본문에서는 개인의 경제적 유인에 대한 사례만 살펴보았다. 하지만 경제적 유인은 개인뿐만 아니라 기업, 국가에서도 필요하다. 나아가서 유인에는 경제적 유인뿐만 아니라 돈이 들지 않는 유인도 있다. 이제 이러한 유인의 구체적 사례를 들어보라.

(1) 기업에서 실시하고 있거나 필요한 경제적 유인

해답 기업이 근로의욕을 고취시키기 위해 임직원들에게 일정 기간이 지난 후 회사의 자사 주식을 일정 부분 매입 혹은 처분할 수 있도록 부여하는 권한인 콜옵션과 개별 구성원의 능력 · 실적 및 조직 공헌도 등을 평가해 계약에 의해 연간 임금액을 결정하는 보수 체계인 연봉제 등이 있다.

(2) 국가에서 실행하고 있거나 필요한 경제적 유인

해답 **개인** : 기부금에 대한 소득공제, 연구원 기술개발에 따른 로열티 지급, 예산을

절약한 공무원이나 정부기관에게 수입 증대 또는 지출 절약 금액의 일부를 인센티브로 지급하는 예산성과금제도 등이 있다.

기업 : 대 · 중소기업 상생 인센티브제 과징금 감면, 가격담합 내부고발자 과징금 면제, 사업시행자가 공공용지를 무상 제공하면 용적률을 허가기준보다 올려주는 용적률 인센티브 제도, 성실사업자에 대한 교육비 · 의료비 소득공제, 무작위 추출방식의 정기세무조사 배제, 신고기간 연장 등 혜택 주는 세무검증제도, 기업이 자발적으로 감축한 온실가스 감축분에 대한 인센티브를 지자체가 정한 범위(상품권, 교통카드, 쓰레기봉투 등) 내에서 받는 탄소포인트제도 등이 있다.

(3) 돈이 들지 않는 유인

해답 양심, 종교 등에 의한 도덕적 측면에서의 행동 변화를 들 수 있다. 예를 들어, 예절적인 측면에서 어른에게 인사를 잘하거나 버스나 지하철 등에서 자리를 비켜드리면 착한 사람으로 사람들이 인식하게 되는 우리나라의 독특한 문화가 있다. 또한 교회나 성당, 절에서 종교적인 믿음에 호소하여 사회봉사 활동을 자발적으로 하게 만드는 것을 들 수 있다.

07. 경제주체들이 완벽하게 합리적으로 행동하는 것은 현실적으로 기대하기 어렵다. 그럼에도 불구하고 많은 경제이론에서 합리성을 가정하는데, 그 이유는 무엇이라고 생각하는가?

해답 개별 경제주체의 차원에서 완전한 합리성을 기대할 수는 없다. 대부분의 사람들은 뷔페에서 과식한 것을 후회한다. 매몰비용에 집착하여 합리적인 선택을 하지 못한 것이다. 세일에 혹해 필요 없는 물건을 사고, 나아가 허황된 욕심으로 무리한 투자를 한 나머지 재산을 탕진하는 경우도 종종 있다. 기업의 가격결정 또한 한계적 의사결정과 별개로 경영전략이나 관습에 의해 이뤄지는 사례를 많이 볼 수 있다.

그러나 시장 전체의 관점에서 볼 때, 잘못된 선택을 지속적으로 내리는 경제주체는 경쟁에 의해 도태되거나 행동을 수정할 수밖에 없다. 또한 개개인의 판단이 불완전하더라도 시장에서 그들이 수합되어 가격으로 나타나는 과정에서 합리적인 판단이 가능해진다. 따라서 합리성의 가정이 일견 부적절한 것으로 보일 수도 있으나, 경제학이 개별 기업이나 가계 자체가 아닌 국가경제를 구성하는 단위로서의 경제주체를 연구한다는 점에서 충분히 정당화될 수 있다.

또한 소비자의 변덕이나 기업가의 야심과 같이 정량화될 수 없는 요소의 영향을 최소화하고 논리적 · 수학적으로 정립된 모형을 세울 수 있다는 점도 많은 경제이론에서 합리성을 가정하는 이유이다.

08. 경제이론은 여러 변수들 사이에 존재하는 인과관계를 밝혀내는 일을 중요한 목표로 삼는다. 각자가 최근 경험하거나 접한 경제현상 중 인과관계를 설명할 수 있는 대표적인 경제현상을 두 가지 이상 요약해서 설명하라.

해답 첫째, 일본의 원전 오염으로 인해 우리나라의 생수, 라면 등 생필품 수출이 급격히 증가하였다. 이는 일본 자국의 음식들이 방사능에 노출되었을 수 있다는 가능성 때문에 상대적으로 안전한 우리나라 상품, 특히 생필품 위주로 수요가 늘어났기 때문이다.

둘째, 구제역 파동으로 돼지고기, 소고기 가격이 급등하였다. 이는 구제역을 막기 위해 전염이 의심되는 돼지, 소 등을 대량으로 처분하면서 공급이 급격히 줄어들었기 때문이다.

셋째, 1970 ~ 1980년대 석유파동을 비롯해 석유매장량이 많은 중동에서 전쟁이 발발했을 때 석유가격이 급등했다. 이는 석유의 공급처가 제한적이라 수출 국가의 사정에 따라 세계 석유 공급량이 불안정한 반면 수요는 꾸준했기 때문이다.

09. 다음과 같은 명제를 설명하는 데 실증경제학이 필요한가, 규범경제학이 필요한가? 그 이유를 서술하라.

(1) 구제역 발생은 돼지고기와 소고기의 값을 상승시킨다.

해답 실증경제학이 필요하다. 왜냐하면 구제역 발생에 따른 고기값 상승은 단순한 사실로 구제역이 사람들의 정책에 의해 발생한 것이 아니므로 가치판단을 할 수 있는 성격이 아니기 때문이다.

(2) 북한의 군사도발은 우리나라의 여러 가지 경제적 원조 때문이므로 앞으로 대북 경제원조를 중단해야 한다.

해답 규범경제학이 필요하다. 왜냐하면 대북 경제원조를 계속할 것인가 중단할 것인가는 가치판단의 문제이기 때문이다. 군사도발이 경제원조와 아무런 관계가 없다면 계속 원조를 할 것이고, 관계가 있다면 원조를 중단해야 한다고 주장할 것이다.

(3) 한국은행은 물가상승을 막기 위해 금리를 인상해야 한다.

해답 규범경제학이 필요하다. 왜냐하면 금리인상은 한국은행의 주관적 가치판단에 의해 이루어지는 것이기 때문이다. (현재 기준금리는 금융통화위원회에서 매월 둘째 주 목요일에 회의를 거쳐 결정된다.) 한국은행은 단순히 물가가 상승하면 기계적으로 금리를 인상하는 것이 아니라 모든 경제적 상황을 고려한 후에 금리 인상을 결정하므로 규범경제학이 필요하다고 하겠다.

[응용문제]

01. 한국대학교에는 20여 개의 식당이 있다. 이 식당들은 캠퍼스 곳곳에 위치하며, 한식뿐만 아니라 파스타, 일식, 중식은 물론 채식뷔페에 이르기까지 다양한 메뉴들을 선보이고 있다. 또한 가격도 싸게는 1,700원에서 비싸게는 그 10배에 이르는 등의 차이가 있다.

(1) 어떤 학생이 점심 메뉴를 고르고 있다. 이 학생이 선택 시 고려해야 할 요인들에는 무엇이 있겠는가? 식단 정보가 주어진다면 선택에 도움이 되겠는가?

해답 많은 요인들이 영향을 미칠 것이나, 비슷한 조건이라면 물론 학생이 선호하는 메뉴를 고를 것은 분명하다. 그러나 식당까지 가기에 시간이 여유롭지 않거나 거리가 너무 멀다면 차선책을 고를 수도 있을 것이다. 또한 금전적인 이유로 인해 맛보다는 일단 싼 값에 배를 채우기 위해 가격이 낮은 식당만을 고집할 수도 있다. 이렇듯 점심 메뉴를 고를 때 다양한 기준이 있을 수 있으나, 일반적으로 생각할 때 메뉴의 구성 등 음식 자체와 관련된 요인 외에 가격과 지리적 위치가 선택에 큰 영향을 미칠 것이라 볼 수 있다.

식단 정보는 학생의 의사결정에 큰 도움이 될 것이다. 식단 정보가 주어지지 않는다면, 무작정 가까운 곳 또는 평균적으로 가장 가격이 낮은 곳으로 가거나 불확실한 기대를 가지고 식당에 갔다가 실망하는 일이 많을 것이다. 그러나 식단 정보가 있다면 별다른 수고 없이 근방의 식당 중 선호하는 메뉴를 가장 합리적인 가격에 제공하는 식당을 찾아가는 것이 가능하다. 또한 건강상의 이유나 종교 때문에 금기하는 음식이 있을 때 이를 피할 수도 있을 것이다.

(2) 식당들이 각자 다른 메뉴를 선보이는 것에는 어떤 이유가 있겠는가?

해답 만약 모든 식당이 같은 메뉴를 내놓는다면, 맛이 좋거나 위치가 좋은 몇몇 식당에만 학생이 몰리는 현상이 나타날 것이다. 그러나 이때 다른 메뉴를 선보인다면 다른 조건이 열등하더라도 그 메뉴의 선호층을 확보할 수 있다. 또한 학생들의 선호는 제각기 다르기 때문에 어느 한 식당이 이를 모두 충족시키기란 불가능하며, 한 가지 메뉴에 집중하는 것에 비해 평균적인 맛이나 비용도 경쟁력이 떨어질 것이다. 따라서 식당들은 과열경쟁을 피하고 효율성을 추구하기 위해 각기 특색 있는 메뉴를 선보인다고 볼 수 있다. 결과적으로 이들은 서로 경쟁관계이기는 하지만 특화를 통해 분업의 이익을 나눠 갖는 셈이다.

02. 1970년대에 정부는 새마을운동을 범국민운동으로 펼치면서 새마을 사업을 잘하는 마을부터 전기를 우선 공급한다는 사실을 홍보하고 농촌마을 전기 공급에 나섰다. 비용측면에서 생각해 볼 때 이미 전기가 공급된 곳에서 가까운 마을부터 차례로 전력망을 확장하는 것이 더 효율적임에도 불구하고 이런 방식을 채택한 이유는 무엇이겠는가?

해답 새마을 사업은 마을 주민들의 참여와 협조 없이는 성공할 수 없고, 그러면서도 정책효과를 높이기 위해서는 최대한 단기간에 사업을 완료할 필요가 있었다. 전기 공급에 필요한 전력망을 공학적 설계에 따라 방사형으로 차근차근 확대하는 방식을 택한다면, 전력망 구축 자체의 비용은 적게 들 것이다. 그러나 이는 각 마을의 새마을 사업 성과와 연계된 것이 아니기 때문에 주민들에게 사업 참여의 대가를 제공해 주지는 못한다.

반면에 새마을 사업의 성과에 따라 전기를 공급한다면, 전력망 자체는 비효율적으로 구축될 가능성이 높다. 그러나 전기 공급이라는 강력한 경제적 유인을 제공함으로써 주민들이 사업에 적극적으로 참여하게 하고, 단기간에 새마을운동의 목표를 달성하도록 유도할 수 있어 궁극적으로 더 효율적인 방식이라고 할 수 있다.

03. 최근 경제학은 행태경제학, 법경제학, 환경경제학 등 새로운 영역으로 연구대상의 범위를 넓혀 왔다. 그 원인을 본문에서 배운 경제학의 목적과 연관 지어 설명하라.

해답 경제학의 목적은 현실경제를 알고 거기에서 생기는 문제를 해결함으로써, 우리가 사는 세상을 좋게 만들기 위해 그 방법을 다양화하고 발전시키는 것이다. 4절에서 배웠듯이 경제학은 "모든 인간은 합리적"이라는 강한 가정을 사용하는데, 세상에는 이러한 가정만으로는 설명할 수 없는 현상들이 많이 일어난다. 이에 따라 좀더 효율적이고 현실적으로 이를 설명해 내기 위해 그 가정을 완화하고 심리학의 논리를 접목시키면서 행태경제학이 태어났다. 한편 환경경제학은 최근 환경오염 등으로 인해 많은 문제점이 생겨나고 이러한 문제를 효율적으로 다루기 위해 합리적이고 효율적인 경제학을 이용하면서 탄생되었다. 법경제학도 같은 맥락으로 정의를 실현하는 하나의 도구로 경제학을 사용하기 시작하면서 탄생되었다.

04. 2007～2008년에 진행된 금융위기의 원인과 관련해서 수많은 분석이 나왔다. 이러한 금융위기를 설명하기 위해서 경제학의 주요 가정 중 어떤 가정을 재검토하거나 수정할 필요가 있다고 생각하는가?

해답 이번 금융위기를 설명하기 위해서는 인간은 합리적이라는 가정이 수정되어야 한다. 왜냐하면 금융위기의 원인으로 꼽히는 것들로 장기간의 초저금리 정책, 미 정부의 주택정책 실패 외에도 은행과 신용평가기관의 도덕적 해이, 잘못된 평가 및 예측, 그리고 이를 구매한 소비자들의 무지 등이 있기 때문이다. 이처럼 이번 금융위기를 인간의 비합리성에서 찾는 경제학자들은 비합리적인 인간을 이용해 이번 금융위기를 설명한다. 예를 들어, 로버트 쉴러(Robert J. Shiller)는 그의 저서 『이상과열』, 『버블경제학』 등에서 금융위기의 원인을 부동산시장의 거품 형성에 기여한 대중의 비합리적인 심리로 설명하였다.

[연습문제]

01. 일반적으로 수요곡선이 직선인 경우 수요곡선을 따라 우하방으로 갈수록 탄력성의 값은 점점 작아진다. 보다 구체적으로 수요곡선의 중간점에서는 탄력성이 1이고, 그 오른쪽에서는 1보다 작은 값을 갖는다. 그 이유를 설명하라.

해답 탄력성 식($-\frac{\Delta Q/Q}{\Delta P/P}$)에서 $\frac{\Delta Q}{\Delta P}$는 일정하기 때문에 가격탄력성은 $\frac{P}{Q}$에 의해 결정된다.

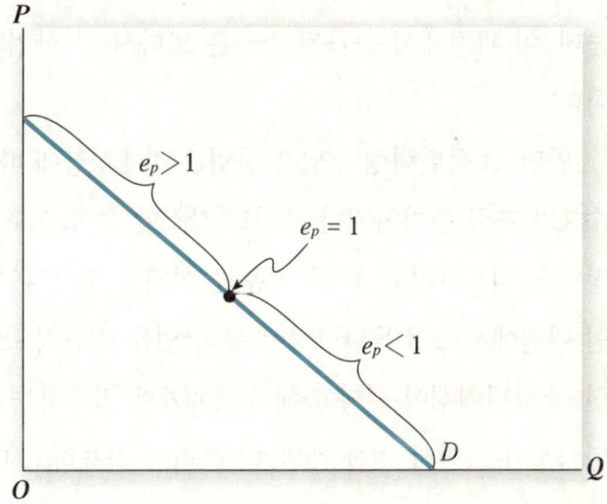

위 그림에서 탄력성이 1인 점($P=Q$)을 기준으로, 왼쪽은 $P > Q$이므로 $\frac{P}{Q} > 1$이 되어 탄력성이 1보다 커지고, 오른쪽은 $P < Q$이므로 $\frac{P}{Q} < 1$이 되어 탄력성이 1보다 작아진다.

02. 극장에서 환경보호를 주제로 한 애니메이션이 개봉되었다고 하자. 극장가에서는 어린이날을 맞이하여 애니메이션의 상영티켓 가격을 5,000원에서 3,000원으로 인하했는데, 그날 영화관 옆에서 판매하던 애니메이션 주인공이 그려진 티셔츠 판매가 1,000벌에서 2,000벌로 급증했다고 한다. 이 경우 교차탄력성의 값을 계산하고 두 재화의 관계를 설명하라.

해답 교재의 식 (2.3)을 생각해서 교차탄력성을 구해 보면

$$\frac{\frac{\Delta Q_x}{Q_x}}{\frac{\Delta P_y}{P_y}} = \frac{\frac{1,000}{1,000}}{\frac{-2,000}{5,000}} = -\frac{5}{2} = -2.5$$가 된다. 즉, 애니메이션 상영티켓 가격이 떨어지자 티셔츠 판매가 늘어난 것은 두 제품의 관계가 보완관계임을 말해 준다.

03. 정부가 경기침체에 대해 경기부양정책을 내놓으려 한다고 하자. 그런데 정부는 단기적인 경기부양을 목적으로 할 뿐만 아니라 10년 정도의 미래 산업에 대한 전망을 갖고 있다. 정부가 소득탄력성이 큰 산업을 집중적으로 지원하는 것이 좋은지, 소득탄력성이 작은 산업을 지원하는 것이 좋은지 생각해 보라.

해답 수요의 소득탄력성은 소득의 변화에 대한 수요량의 반응 정도를 나타낸다. 경제가 성장할 때 수요의 소득탄력성이 큰 사업은 더욱 확대되는 반면, 소득탄력성이 낮은 산업은 오히려 쇠퇴한다. 왜냐하면 경제가 성장하고 소득이 증가할 때 소득탄력성이 큰 상품의 수요가 증대되고 이에 따라 그 산업은 생산을 늘리게 되는데, 이 과정에서 증가된 소득은 또다시 그 산업의 확대를 유발할 것이기 때문이다.

반면, 소득탄력성이 낮은 산업은 경제성장에 따라 소득이 증가하는 것에 비해 수요가 조금 증가하거나 오히려 감소할 수 있으므로 쇠퇴한다. 따라서 경기부양정책을 실시하려고 할 때 정부는 현재의 단기적인 관점에서뿐만 아니라 장기적인 관점에서도 소득탄력성이 큰 산업을 집중적으로 지원하는 것이 바람직하다. 단, 소득탄력성이 크다고 해서 사치재에 집중하는 것은 바람직하지 못하다. 소득탄력성이 크면서 기술 개발 및 축적이 가능하고 타산업부문에 긍정적인 파급효과를 많이 줄 수 있는 산업을 육성하는 것이 바람직할 것이다.

04. 커피의 가격이 4,000원에서 5,000원으로 오르자 수요량이 10,000잔에서 8,000잔으로 감소하였다. 이 커피의 가격탄력성을 계산할 때, 가격이 변하기 전을 기준으로 구한 값과 가격이 변한 후를 기준으로 구한 값이 서로 다르다는 문제점이 발생한다. 이러한 불일치의 문제를 해결할 수 있는 방법을 제시하라.

해답 우리는 교재에서 탄력성을 구하는 방법으로 점탄력성에 대해서 배웠다. 즉, 한 점을 기준으로 변화량을 따져 탄력성을 구했다. 하지만 이 경우 문제에서 지적하듯이 가격이 변하기 전을 기준으로 하느냐 변한 후를 기준으로 하느냐에 따라 가격탄력성이 달라진다. 이는 평균탄력성 개념을 사용해 해결할 수 있다.

1) 점탄력성

$$\text{변하기 전 가격 기준} : -\frac{\frac{-2,000}{10,000}}{\frac{1,000}{4,000}} = \frac{4}{5} = 0.8$$

$$\text{변한 후 가격 기준} : -\frac{\frac{2,000}{8,000}}{\frac{-1,000}{5,000}} = \frac{5}{4} = 1.25$$

2) 평균탄력성

$$-\frac{\frac{\Delta Q}{\frac{Q_1+Q_2}{2}}}{\frac{\Delta P}{\frac{P_1+P_2}{2}}} = -\frac{\frac{-2,000}{9,000}}{\frac{1,000}{4,500}} = 1$$

05. 다음 그림을 보고 물음에 답하라.

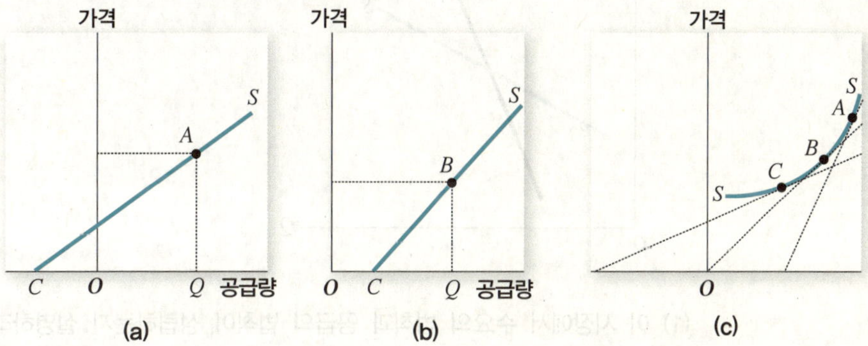

(1) 공급탄력성이 1보다 크거나 작은 경우는 위 그림 (a), (b) 중 각각 어디에 해당되는가? 그 이유는 무엇인가?

해답 (a)의 경우 공급탄력성의 정의를 사용하면 $\frac{CQ}{AQ} \times \frac{AQ}{OQ} = \frac{CQ}{OQ} > 1$이 되고, (b)의 경우는 1보다 작아진다.

(2) (c)에서 각각의 점 A, B, C의 공급탄력성은 어떻게 되는지 설명하라.

해답 (c)의 경우 C점에서의 접선은 (a)와 같이 Y축 절편이 양수이고, A점에서의 접선은 Y축 절편이 음수로 (b)와 같다. 한편 B점에의 접선은 원점을 지나므로 공급탄력성이 1이 된다. 따라서 (c)에서는 각 점에 따라 공급탄력성이 달라진다.

(3) 한 기업이 상품의 가격을 올린 결과 그 기업의 총매출이 증가하였다. 이때 이 기업의 공급탄력성이 크다고 말할 수 있는가? 이유는 무엇인가?

해답 총매출은 가격과 수량의 곱으로 TR(Total Revenue) = PQ이다. 그런데 총매출이 증가했다고 했으므로, 이를 전미분하면 $\Delta P \cdot Q + \Delta Q \cdot P > 0$이 되고, 이를 정리하면 $\dfrac{\frac{\Delta Q}{Q}}{\frac{\Delta P}{P}} > -1$이 된다. 따라서 총매출액이 증가했다는 사실만으로는 공급탄력성의 크기가 $\varepsilon > 1$인지 $0 < \varepsilon < 1$인지 $-1 < \varepsilon < 0$인지 알 수 없으므로 공급탄력성이 크다고 말할 수 없다.

06. 어떤 시장의 수요곡선과 공급곡선이 다음과 같을 때 질문에 답하라.

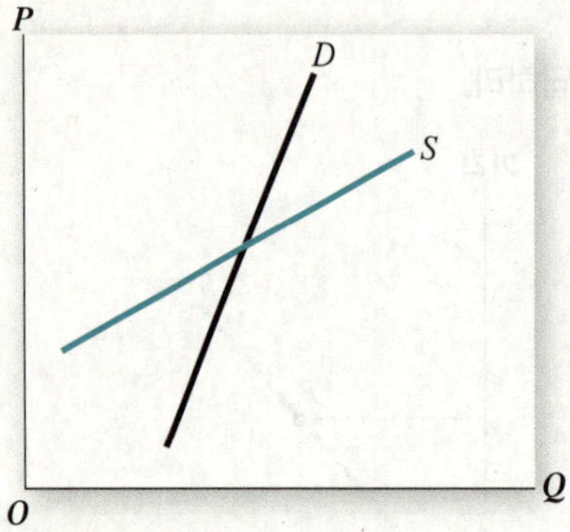

(1) 이 시장에서 수요의 법칙과 공급의 법칙이 성립하는지 설명하라.

해답 공급의 법칙은 성립하지만 수요의 법칙은 성립하지 않는다. 수요곡선이 그림과 같이 우상향한다는 것은 가격이 오를수록 수요량이 더 증가함을 의미하기 때문에 가격이 오를수록 수요량이 감소하고 가격이 낮을수록 수요량이 증가한다는 현상을 설명하는 수요의 법칙에 위배된다.

(2) 이와 같은 수요와 공급의 특성을 보이는 대상을 구체적으로 두 가지 이상 제시하라.

해답 골동품이나 모피, 보석 등 사치품이 이에 해당된다.

07. 다음 표는 '한여름주식회사'의 선풍기에 대한 수요량과 공급량에 관한 정보이다.

가격	수요량	공급량
25	5,000	13,000
23	7,000	11,000
22	8,000	9,700
20	9,500	8,500
19	12,000	7,500

(1) 수요곡선과 공급곡선을 그리고 균형가격 및 균형거래량을 구하라.

해답 수요곡선과 공급곡선의 형태는 대략적으로 다음 그림과 같이 그려질 것이다. 그림에 의하면 균형가격은 20보다는 높고 22보다는 낮은 수준에서 결정될 것임을 알 수 있다.

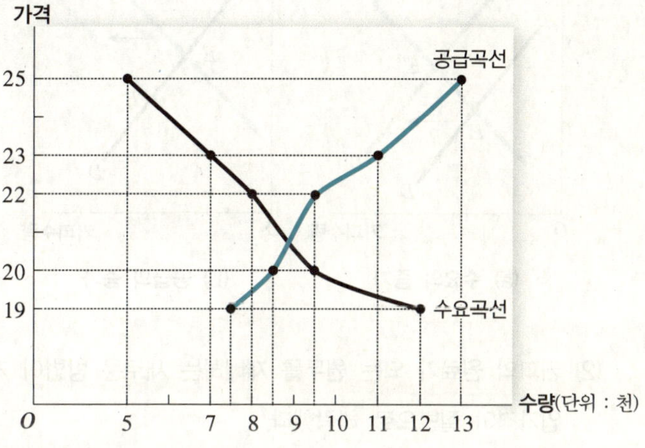

(2) 균형가격에서 수요의 탄력성과 공급의 탄력성을 구하라.

해답 예를 들어, 가격이 22에서 23으로 한 단위 변할 경우 수요와 공급의 탄력성을 구해 보자.

$$\text{수요탄력성} = -\frac{\dfrac{\Delta Q}{\dfrac{(Q_1+Q_2)}{2}}}{\dfrac{\Delta P}{\dfrac{(P_1+P_2)}{2}}} = \frac{\dfrac{2}{15}}{\dfrac{1}{22.5}} = \frac{45}{15} = 3$$

$$\text{공급탄력성} = \frac{\dfrac{26}{207}}{\dfrac{1}{22.5}} \fallingdotseq 2.8$$

그 외의 가격에서도 같은 방법으로 수요와 공급의 탄력성을 구할 수 있다.

08. 한 커피전문점 '다크커피'가 있다고 하자. 이 가게는 현재 수요곡선과 공급곡선이 만나는 균형점에서 커피를 판매하고 있다. 이때 커피의 균형점이 E에서 형성되어 있다고 하자. 이제 다음의 상황을 가정하고 커피의 균형가격과 판매량이 E로부터 어떻게 변할 것인지 수요 · 공급곡선의 이동을 통해 분석하라.

(1) 겨울이 되어 따뜻한 커피를 찾는 사람들이 늘어났다.

해답 추운 날씨 때문에 커피에 대한 수요가 증가하므로 수요곡선이 우측으로 평행이동($D \rightarrow D'$)한다. 새로운 균형점 E'에서 커피의 균형가격과 판매량은 모두 예전보다 증가할 것이다(다음 그림 (a) 참조).

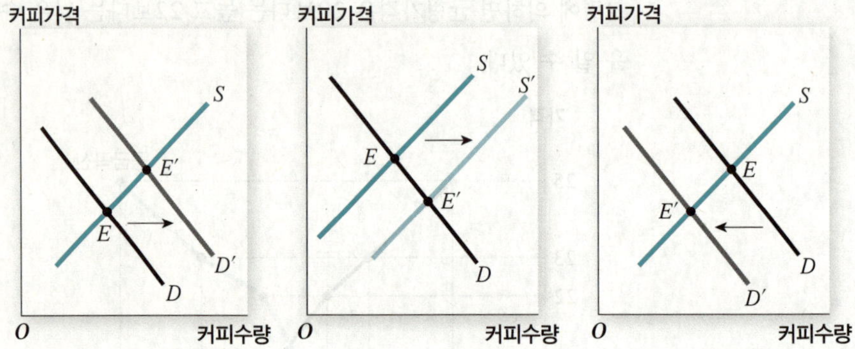

(a) 수요의 증가 (b) 공급의 증가 (c) 수요의 감소

(2) 커피의 원료가 되는 원두를 재배하는 새로운 방법이 개발되어 평소보다 원두 수입가격이 절반으로 하락했다.

해답 커피의 생산원료가 되는 원두의 가격하락은 커피의 생산비용을 줄임으로써 커피 공급의 증가를 가져온다. 따라서 공급곡선이 우측으로 평행이동($S \rightarrow S'$)하며, 새로운 균형점 E'에서 커피의 균형가격은 하락하는 반면 커피 판매량은 예전보다 증가할 것이다(위 그림 (b) 참조).

(3) 경기침체의 여파로 소비자들의 주머니 사정이 어려워졌다. (단, 커피는 정상재라고 가정한다.)

해답 경기침체는 소비자들의 소득을 감소시키므로 커피가 정상재라는 가정 하에 사람들은 커피의 소비를 줄이게 된다. 이에 따라 커피의 수요곡선은 좌측으로 평행이동($D \rightarrow D'$)한다. 새로운 균형점 E'에서 커피의 균형가격과 판매량은 모두 예전보다 감소할 것이다(위 그림 (c) 참조).

09. 두 개의 노동시장이 있다고 하자. 첫 번째 노동시장(a)은 최저임금제를 시행하기로 합의한 노동시장이며, 두 번째 노동시장(b)은 최저임금을 보장할 수 없다고 한 노동시장이다. 2013년 1월 1일자로 최저임금제도가 실시되었다면 두 시장 (a), (b)는 어떻게 변화할 것인지 분석하라.

해답 우선 두 개의 노동시장 (a), (b)에서 모든 노동자가 고용된다고 가정하자. 즉, 노동시장은 청산된다. 그리고 최저임금 수준은 균형임금보다 높다고 가정하자.

기존 균형임금보다 높은 최저임금이 설정된다면 (a)시장에서는 초과공급이 되어 실업자가 발생한다. 그러면 이 실업자들은 (b)시장으로 이동하게 되는데, 이에 따라 (a)시장은 공급이 감소하고 그만큼 (b)시장에서 노동공급이 증가한다 (이러한 이동은 (a)시장의 균형임금이 최저임금과 동일해질 때까지 계속될 것이다).

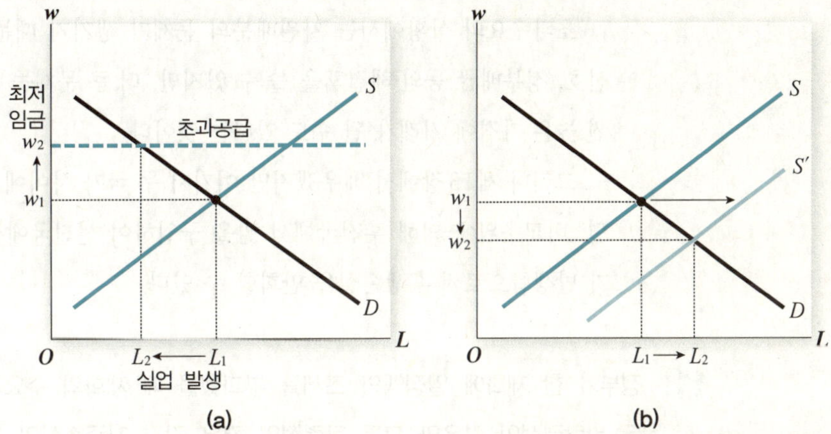

따라서 (a)시장에서는 임금이 증가하고 고용량은 감소하며, (b)시장에서는 (a)시장의 실업자가 고용됨으로써 임금은 하락하고 고용량은 증가한다.

10. 선진국과 후진국의 밀 시장이 수요 · 공급곡선에 의해 모두 균형가격이 300원이고 생산량이 120만 톤이라고 하자. 이때 선진국에서는 농산물가격 지지정책을 실시하여 370원에 농민이 언제든지 농산물을 매각할 수 있도록 하였다. 반면에 후진국에서는 낮은 공정가격을 적용하여 200원으로 밀의 가격을 정하였다. 두 나라 밀 시장에서 일어날 현상에 대해 분석하라.

해답 다음 그림에서도 볼 수 있듯이 선진국의 밀 시장은 초과공급이, 후진국은 초과수요가 발생한다.

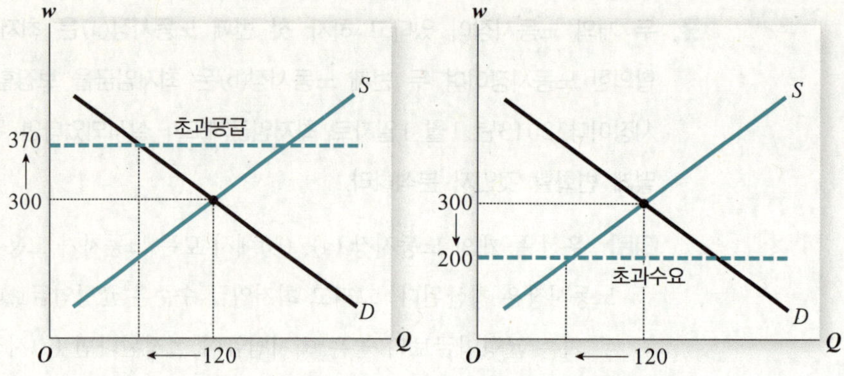

(a) 선진국 (b) 후진국

초과공급의 상황에서는 잉여자원이 발생해 이를 처리하기 위해 더 싼 가격에 판매하여 손해를 보거나 버려야 하는 등의 비효율이 발생할 수 있다.

초과수요의 상황에서는 자원배분의 문제가 생기기 때문에 선착순, 판매자의 선호, 정부배급 등의 해결책을 쓸 수 있지만, 더 큰 문제는 암시장이 형성되어 훨씬 높은 가격에 거래가 될 수도 있다는 것이다.

그러나 제13장에서 배우겠지만 여기서 두 국가 사이에 자유무역이 가능하다면, 비교우위에 의해 후진국에서 밀을 구입하여 선진국에서 판매하는 차익거래가 발생함으로써 후생손실을 만회할 수 있다.

11. 정부가 한 재화에 일정액의 조세를 부과했을 때 재화의 수요곡선과 공급곡선이 모두 비탄력적인 경우와 모두 탄력적인 경우 각각 자중손실의 크기를 비교하라. 만약 두 경우 자중손실의 크기에 차이가 난다면 그 이유는 무엇인가?

해답 일정액의 조세를 부과했을 때 후생삼각형의 크기는 다음 그림과 같이 수요와 공급이 모두 탄력적일 경우에 더 크게 나타난다. 후생삼각형의 크기가 다르게 나타나는 것은 후생삼각형의 밑변이 일정액의 조세로 고정되어 있는 데 반해, 삼각형의 밑변으로부터 조세 부과 이전의 균형점에 이르는 삼각형의 높이는 수요와 공급이 탄력적일 경우 훨씬 높게 나타나기 때문이다.

이제 이러한 차이가 나타나는 원인을 경제학적 직관을 통해 살펴보자. 일단 재화에 일정액의 조세가 부과되었을 때(편의상 생산자에게 판매세가 부과되었다고 하자), 수요와 공급이 모두 비탄력적이라면 어떻게 될까? 조세 부과로 인한 재화 가격의 상승과 생산비의 상승이 일어날 때 소비자와 생산자는 별다른 소비패턴이나 생산패턴의 변화를 보이지 않을 것이다. 따라서 소비자잉여와 생산자잉여

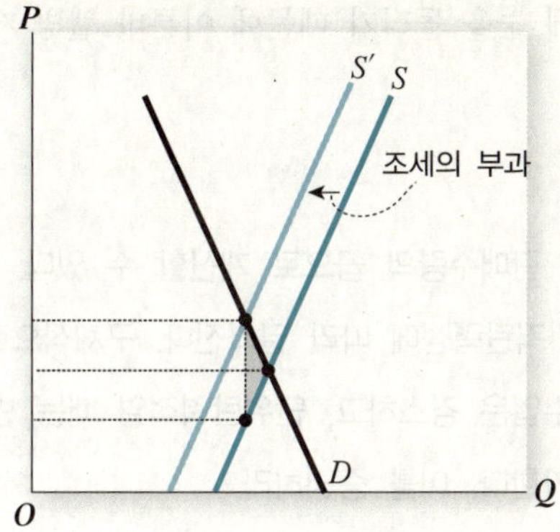

(a) 모두 비탄력적일 경우

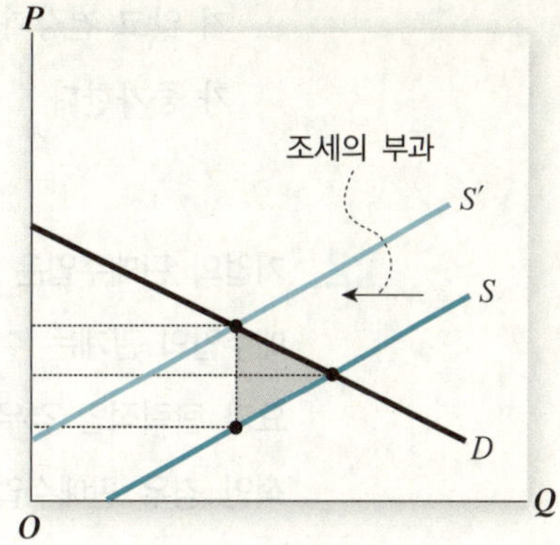

(b) 모두 탄력적일 경우

의 감소분이 대부분 정부의 조세수입 확보로 이어지게 되고 자중손실의 크기는 상대적으로 작게 나타난다.

반면 수요와 공급이 모두 탄력적이라면 소비자와 생산자는 조세 부과에 대해 각각 큰 폭의 소비감소와 큰 폭의 공급감소를 보일 것이다. 따라서 정부의 조세수입은 비탄력적인 경우와 비교하여 상대적으로 크게 줄어들게 되며, 이는 소비자잉여와 생산자잉여 감소분의 대부분이 사회후생의 손실로 귀결된다는 것을 의미한다.

[응용문제]

01. 1인당 국민소득이 2,000달러가 되면 참치 통조림이 잘 팔린다는 이론이 있다. 실제로 우리나라도 1980년대 올림픽을 전후로 국민소득이 2,000달러를 근접해 감에 따라 참치 통조림 시장이 확대되었고, 오늘날 널리 알려진 기업들이 성장하기 시작했다. 이와 같이 국민소득이 수요에 미치는 사례에는 또 무엇이 있는가?

해답 1인당 국민소득이 10,000달러 정도 되면 '마이카 붐'이 생긴다. 소득 증가로 인한 구매력 상승과 함께 생활권이 확장되고 도로 등의 인프라가 어느 정도 갖춰지기 시작하기 때문이다. 실제로 우리나라에서도 1990년대 소득 10,000달러 시대에 들어서며 '마이카 붐'이 일었고, 중국에서도 대도시권의 1인당 국민소득이 10,000달러를 넘어서면서 이들 도시에서 자동차 수요가 증가하며 '마이카 붐'의 징조가 나타나고 있다. 이와 비슷한 사례를 하나 더 들면 '웰빙 붐'을 들 수 있다. 1인당 소득이 20,000달러를 넘어서면 단순히 먹고 사는 것에 급급하지 않고 건강과 여가에 눈을 돌리기 때문에 이른바 웰빙 제품과 서비스의 수요가 증가한다.

02. 기업의 판매수입은 가격과 판매수량의 곱으로 계산할 수 있다. 이때 가격 변화와 판매수입의 관계는 수요의 가격탄력성에 따라 달라진다. 구체적으로 가격을 올릴 때 수요가 탄력적인 경우 판매수입은 감소하고, 단위탄력적일 때는 변화가 없으며, 비탄력적인 경우 판매수입이 증가한다. 이를 증명하라.

해답 기업의 판매수입은 가격과 판매수량의 곱으로 결정된다. 가격을 올릴 때 수요가 가격탄력적인 경우 가격상승분보다 판매수량의 감소분이 더 크기 때문에 판매수입은 감소한다. 반면에 수요가 비탄력적인 경우는 가격상승분보다 판매수량의 감소분이 더 작기 때문에 판매수입이 증가한다. 단위탄력적인 경우는 가격상승분과 판매수량 감소분이 같기 때문에 판매수입은 변화가 없게 된다.

03. 생활필수품은 비교적 수요의 가격탄력성이 낮다고 한다. 생활필수품의 가격인상이 저소득계층에게 경제적인 어려움을 초래한다고 하는데, 그 이유는 무엇일까? 그렇다면 가격규제를 통해 생활필수품 가격인상을 억제하는 것이 합리적인 행위일 수 있는지에 대해 경제적 근거를 제시하여 설명하라.

해답 1) 생필품은 가격탄력성이 낮기 때문에 생필품 가격의 상승은 저소득계층의 생활수준을 더 악화시킬 수 있다. 이는 가격탄력성이 1보다 작다는 조건을 이용하면 쉽게 파악할 수 있다. $-\frac{\frac{\Delta Q}{Q}}{\frac{\Delta P}{P}} < 1$을 $-\Delta Q \cdot P < \Delta P \cdot Q$로 정리할 수 있는데, 왼쪽은 가격상승에 따른 소비감소로 줄이게 되는 지출을, 오른쪽은 가격상승에 따른 추가적인 지출을 의미한다. 따라서 가격상승에 따라 저소득층이 어려움을 겪게 됨을 알 수 있다.

2) 4절에서 배운 최고가격제의 개념과 함께 교재 〈그림 2-11〉을 다시 떠올려 보자. 앞에서도 배웠듯이 최고가격제는 공급을 위축시키고 암시장을 형성하여 공정한 자원배분을 실패하게 만드는 부정적 효과를 지니고 있다. 정부정책의 목표가 저소득층의 소비감소를 유도하는 것이었다면 이러한 최고가격제 실시는 도움이 되겠지만, 문제의 의도는 저소득층을 돕는 것이기 때문에 최고가격제는 비합리적인 행위라고 볼 수 있다.

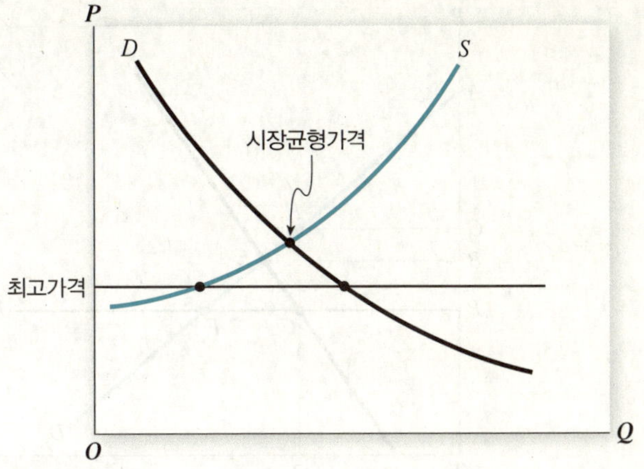

04. 전체 인구에서 65세 이상 인구가 7%를 넘으면 고령화 사회, 14%를 넘으면 고령사회, 20%를 넘으면 초고령사회라 칭한다. 우리나라는 아직 고령화 사회에 머물고 있으나 급속도로 고령사회에 진입할 것으로 전망된다.

(1) 수요측면에서 급속한 고령화가 낳을 변화에 대해 서술하라.

해답 의료 · 주거 · 복지 등의 분야에서 노인층을 대상으로 한 제품과 서비스에 대한 수요, 이른바 '실버산업'에 대한 수요가 증가할 것으로 예상할 수 있다.

(2) 공급측면에서 고령화는 어떤 영향을 끼칠 것인가?

해답 인구의 고령화는 생산가능인구의 감소를 의미한다. 이는 노동시장에서 노동공급의 감소를 가져올 수 있다.

05. 서울시와 SH공사는 중산층과 실수요자를 위한 신개념 주택으로 주변 전세시세의 80% 이하로 최장 20년까지 임대해서 내 집처럼 살 수 있는 중대형주택을 공급해 주고 있다. 다음 질문에 답하라.

(1) 주변 임대료 시세의 80% 이하로 주택을 임대해 주는 정책이 어떤 유형의 가격규제를 적용하고자 의도한 것인가? 이때 시장에서는 어떤 현상이 발생될 수 있는가?

해답 이 정책은 최고가격제에 해당한다. 하지만 이 경우 다음 그림에서도 알 수 있듯이, 주택임대시장에 초과수요가 발생할 것이다.

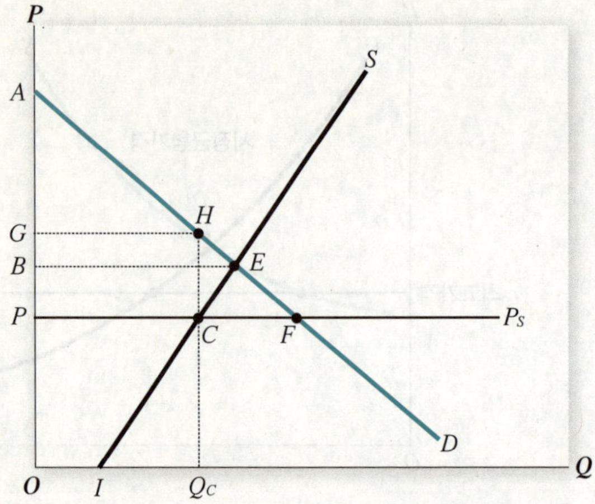

(2) 정책당국의 완벽한 관리 하에 장기 시프트제도의 가격규제가 100% 적용되는 경우 소비자잉여와 생산자잉여의 변화를 시프트제도 이전과 이후로 나누어 비교 · 설명하라. 만약 정책당국의 시프트제도 관리가 소홀하게 된다면 소비자잉여와 생산자잉여는 어떻게 달라질까? 만약 부동산중개업자가 존재한다면 이러한 소비자잉여와 생산자잉여는 그대로 유지될 수 있을까?

해답 1) 제도 이전 : 소비자잉여 = △*ABE*, 생산자잉여 = □*OBEI*

2) 제도 이후 :

- 최고가격제 100% 적용 시
  - 소비자잉여 = □*APCH*
  - 생산자잉여 = □*OPCI*
- 불완전적용되어 암시장 발생 시
  - 소비자잉여 = △*AGH*
  - 생산자잉여 = □*OGHCI*

만약 부동산중개업자가 존재해서 소비자가 지불할 의사가 있는 가격과 생산자가 최소한 받고자 하는 가격 차이를 가져갈 수 있다면 소비자잉여는 *AGH*, 생산자잉여는 *OPCI*, 부동산업자의 잉여 *PGHC*로 달라질 수 있을 것이다.

(3) 장기시프트제도를 적용하지 않더라도 이 제도와 동일한 가격수준에서 주택을 이용할 수 있는 여건을 조성할 수 있는 방법이 있다. 수요와 공급 측면에서 이와 같은 효과를 기대할 수 있는 방안을 제시하라.

해답 정부가 이러한 정책을 추진하는 이유는 주택에 대한 수요가 공급보다 많기 때문이다. 따라서 공급을 증가시키거나 수요를 감소시키는 정책을 취할 수 있다.

1) 공급증가

정부는 중산층과 실수요자들에게 주택을 공급하길 원하기 때문에 가격규제를 하기보다 국민임대주택 건설량 증가, 재건축을 통한 가구 수 확보 등의 공급증가 정책을 사용할 수 있다.

2) 수요 감소

정부가 서울시 주택에 대한 수요를 줄이는 것이 한 방법이 될 수 있다. 그러한 예로 행정중심도시 건설, 공공기관 이전 등이 있다.

06. 음반시장에서 판매되는 한 음반에 대해 수요곡선과 공급곡선이 다음과 같이 설정되었다고 하자.

$$\text{수요함수}: P = -\frac{1}{2}Q_d + 12,000$$

$$\text{공급함수}: P = Q_s$$

수요곡선과 공급곡선을 이용하여 다음의 물음에 답하라.

(1) 시장경제에서 음반시장의 균형가격과 균형판매량을 구하라. 만약 음반시장의 수입을 확보하기 위해 정부에서 음반 한 장당 7,000원에 최저가격제를 설정했다면, 이 정책은 어떤 효과를 나타낼 것인가? 이는 9,000원에 최저가격제를 설정한 경우와 어떻게 다른가?

해답 그래프를 통해 다음 그림과 같이 음반에 대한 수요곡선과 공급곡선을 도출할 수 있다. 이때 균형가격은 그래프 상에서 수요곡선과 공급곡선이 만나는 지점인 (8,000, 8,000)에서 이루어지므로 음반의 균형가격은 8,000원, 균형판매량은 8,000장이 된다.

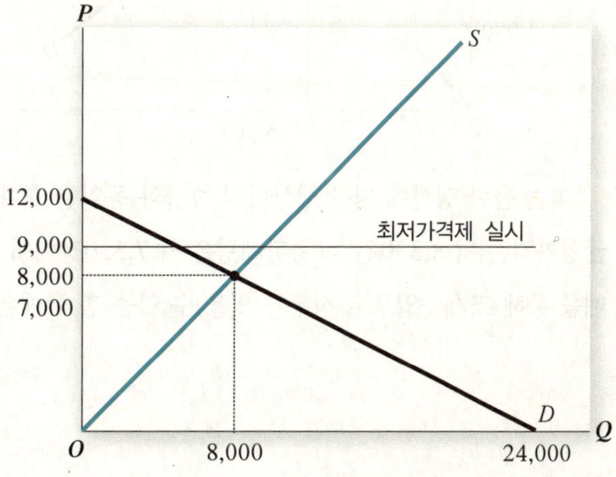

이때 정부가 7,000원에서 최저가격제를 실시했다고 하자. 이미 시장에서 균형가격은 정부가 제시한 최소한도의 가격인 7,000원보다 높은 8,000원에 설정되어 있고, 그 수준에서 음반에 대한 수요와 공급이 일치하고 있기 때문에 생산자들에게는 굳이 가격을 7,000원으로 낮출 경제적 유인이 없다. 따라서 특별한 수요충격이나 공급충격이 발생하지 않는 한 정부의 최저가격제는 시장균형에 어떠한 영향도 미치지 못할 것이다.

반면 정부가 9,000원에서 최저가격제를 실시할 경우 균형가격은 더이상 8,000원에서 유지될 수 없다. 음반 가격이 9,000원에서 결정됨에 따라 음반 수요는 6,000장으로 줄어드는 반면 음반 공급은 9,000장까지 늘어난다. 따라서 최저가격 수준에서 음반 3,000장의 초과공급이 발생하며, 이에 따라 음반 제조업자들은 음반 수요자를 확보하기 위해 경쟁을 벌일 수밖에 없을 것이다.

(2) 정부에서 음반 하나당 1,000원의 조세를 부과했다고 하자. 이때 정부가 얻을 수 있는 세금의 총액은 얼마나 될까?

해답 정부가 음반 한 장에 1,000원의 판매세를 부과했다고 가정하자. 이때 음반의 공급곡선은 다음 그림과 같이 기존의 공급곡선 위쪽으로 1,000원의 크기만큼 이동할 것이다.

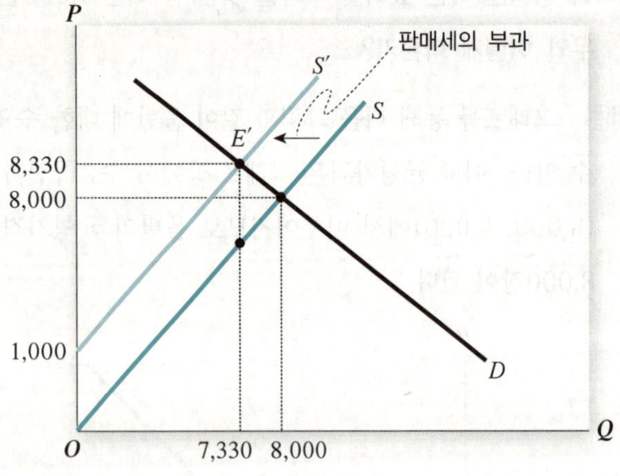

이는 음반 생산에 따른 생산비의 증가와 동일한 효과를 나타내며, 새로 형성된 균형가격은 약 8,330원, 균형판매량은 약 7,330장에서 형성된다. 따라서 음반 판매를 통해 조세수입으로 정부가 얻을 수 있는 총 금액은 약 7,330,000원이 된다.

(3) 정부가 걷어가는 세금 중 소비자에게 전가되는 금액과 생산자에게 전가되는 금액을 각각 구하고, 그 크기를 비교하라. 만약 소비자 측에 전가되는 금액과 생산자 측에 전가되는 금액에 차이가 난다면 왜 그러한지 설명하라.

해답 정부가 걷어가는 총 세금의 크기는 다음 그림과 같이 나타낼 수 있다(음영으로 표시). 소비자들의 경우 조세 부과 이전에 8,000원을 내고 구매할 수 있었던 음반이 8,330원으로 상승함에 따라 음반 한 장당 330원의 부담을 지게 된다. 한편 생산자들의 경우 음반 가격은 8,330원으로 상승했지만 음반 판매에 대해 장당 1,000원의 세금을 납부함에 따라 사실상 음반 한 장당 수입은 7,330원에 불과하여 조세 부과 이전에 비해 음반 한 장당 670원의 부담을 지게 되었다. 따라서 소비자 측에 전가되는 금액은 330 × 7,330 = 2,418,900원, 생산자 측에 전가되는 금액은 670 × 7,330 = 4,911,100원이 된다. 이는 조세 부과 이전의 균형가격 8,000원을 기점으로 하여 위 · 아래의 음영으로 표시된 면적을 통해서도 확인할 수 있다.

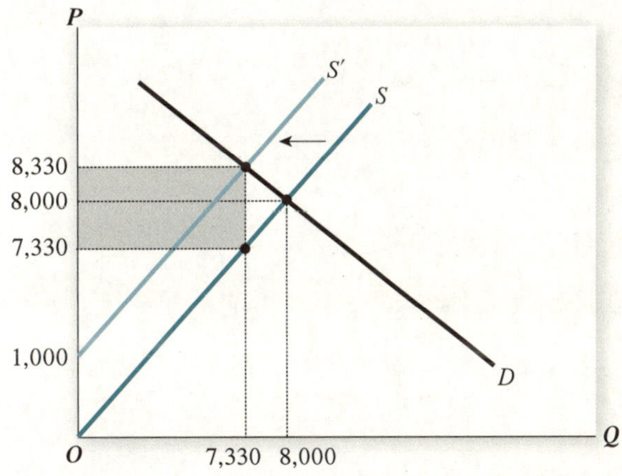

이때 소비자와 생산자 간 조세부담의 귀착이 달라지는 이유는 주어진 수요곡선과 공급곡선에서 공급의 탄력성에 비해 수요의 탄력성이 더 크게 나타나기 때문이다. 음반의 가격상승에 대해 소비자들은 보다 탄력적으로 대응할 수 있는 반면 생산자들은 상대적으로 비탄력적인 대응을 보이게 되고 이에 따라 생산자들이 소비자들보다 더 큰 조세부담을 지게 된다.

(4) 조세 부과로 인한 자중손실의 크기를 구하라.

해답 조세 부과로 인한 자중손실의 크기는 흔히 후생삼각형(welfare triangle)이라고 불리는 삼각형의 크기로 결정된다. 이는 생산자잉여와 소비자잉여의 감소분

중에서 정부의 조세수입을 제외한 나머지 부분, 즉 조세 부과에 따라 사회 전체적으로 감소한 후생의 크기를 나타낸다. (3)에서 이 삼각형의 크기를 확인하면 그 크기는 $1{,}000 \times (8{,}000 - 7{,}330) \times \frac{1}{2} = 335{,}000$임을 확인할 수 있다.

[연습문제]

01. 병원에서 응급환자에게 제공되는 산소 가격은 단위당 10만원인데, 음료수는 무료로 제공된다. 산소보다 음료수의 한계효용이 작기 때문인가?

해답 그렇지 않다. 효용은 그 사람이 처한 환경에 따라 달라질 수 있는데 응급환자에게는 산소가 무엇보다 중요한 자원이다. 즉, 응급환자에게는 산소가 음료수보다 더 큰 효용을 제공하지만, 건강한 사람에게는 흔한 산소보다 돈이 드는 음료수가 더 큰 효용을 줄 수 있다. 따라서 응급환자를 다루는 병원에서 음료수는 무료로 제공하지만 산소는 훨씬 비싼 가격에 판매할 수 있다.

02. 올해 대학에 진학한 유나는 시험을 불과 몇 시간 앞두고 각 과목에 대해 어떻게 시간배분을 할지 고심하고 있다. 유나는 경제학 과목을 수강하면서 배운 자원의 최적 배분원리를 시험 보는 때에 응용하려 한다.

공부시간	경제학	수학	논리학
0	27	35	37
1	45	52	57
2	62	68	76
3	77	83	92
4	91	89	99

(1) 현재 10시간을 남겨 놓은 상태에서 평균점수를 극대화하려고 한다. 이때 각 과목에 대한 한계점수표를 구하라.

해답 아래와 같이 각 과목에 대한 한계점수표를 구할 수 있다.

공부시간	경제학	수학	논리학
0	0	0	0
1	18	17	20
2	17	16	19
3	15	15	16
4	14	6	7

(2) “각 과목에 대한 한계점수가 동일해야 평균점수가 극대화된다”에 대해 논평하라.

해답 앞의 한계점수표를 이용하여 분석해 보자. 우선 최초의 1시간은 논리학 공부에 투입하는 것이 좋다. 두 번째 1시간 역시 가장 높은 한계점수를 보이고 있는 논리학에 투자해야 한다. 이러한 과정을 표로 그려보면 아래와 같다.

과목 \ 시간	1	2	3	4	5	6	7	8	9	10
경제학	0	0	1	2	2	2	2	3	3	4
수학	0	0	0	0	1	1	2	2	3	3
논리학	1	2	2	2	2	3	3	3	3	3

즉, 과목당 비중이 동일할 때 평균점수의 극대화를 위해서는 총점이 극대화되어야 하는데, 총점의 극대화를 위해 경제학 4시간, 수학 3시간, 논리학 3시간을 공부해야 한다. 이때 어느 과목이든 1시간 공부하는 데 드는 노력은 동일하다고 가정하면 한 과목을 한 시간 동안 공부하는 데 들이는 비용은 같다고 볼 수 있다. 따라서 한계점수표에 따라 총점수를 극대화할 수 있는 (경제학, 수학, 논리학)의 시간 분배를 결정하면 된다. 이때 만약 어떤 한 과목의 한계점수가 다른 과목의 한계점수보다 크다면 주어진 시간 중 일부를 한계점수가 낮은 과목으로부터 한계점수가 높은 과목으로 대체할 경제적 유인이 발생한다. 비록 우리의 예시에서는 한계효용이 완전히 일치하지는 않지만 만약 시간을 잘게 쪼개서 사용할 수 있다면 각 과목의 한계점수가 동일한 수준에서 평균점수를 극대화시킬 수 있을 것이다.

03. 다음 각각의 경우 무차별곡선의 모양을 예시하라.

(1) 두 상품이 완전한 대체재인 경우

(2) 두 상품이 완전한 보완재인 경우

(3) 두 상품 중 하나가 음의 효용을 주는 비재화인 경우

(4) 두 상품 중 하나가 효용에 영향을 미치지 않는 중립재인 경우

해답

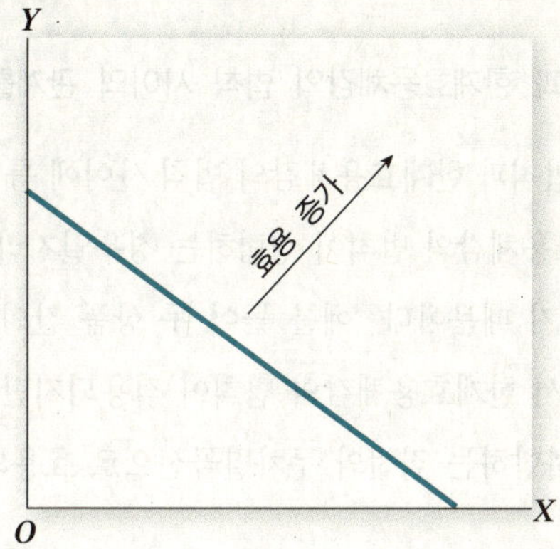

(1)

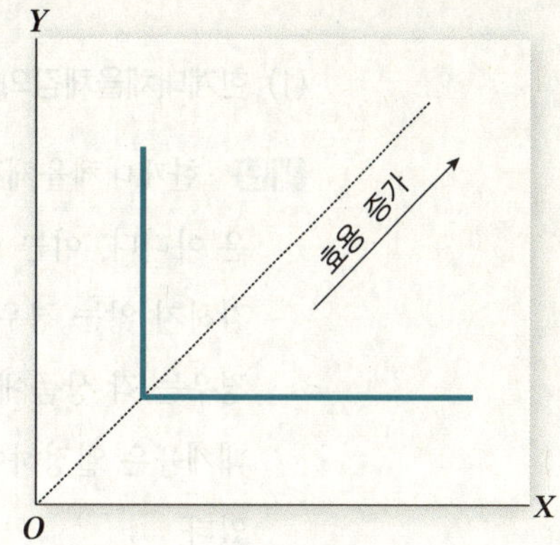

(2)

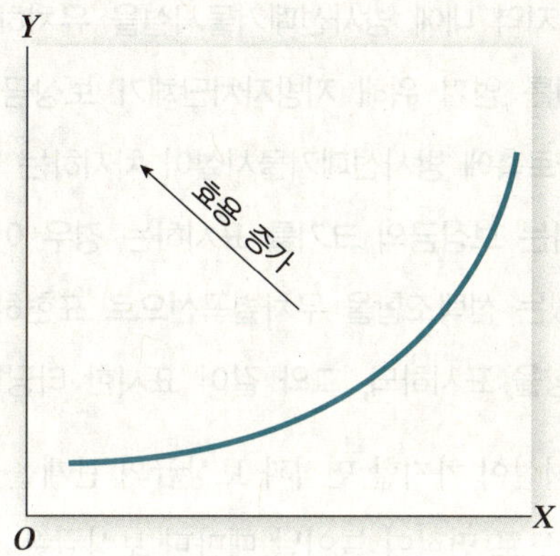

(3-1) *X*재가 비재화

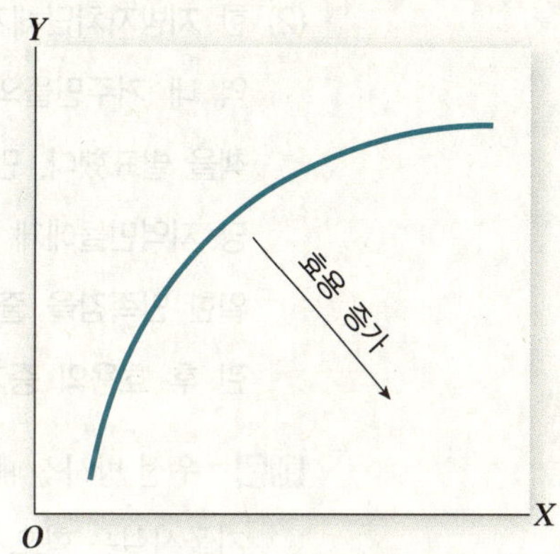

(3-2) *Y*재가 비재화

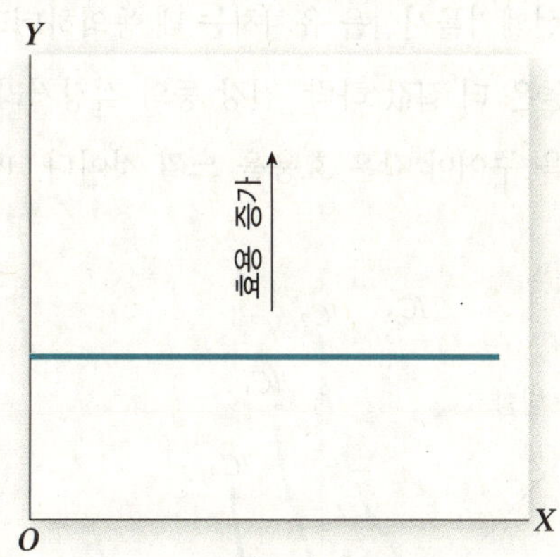

(4-1) *X*재가 중립재

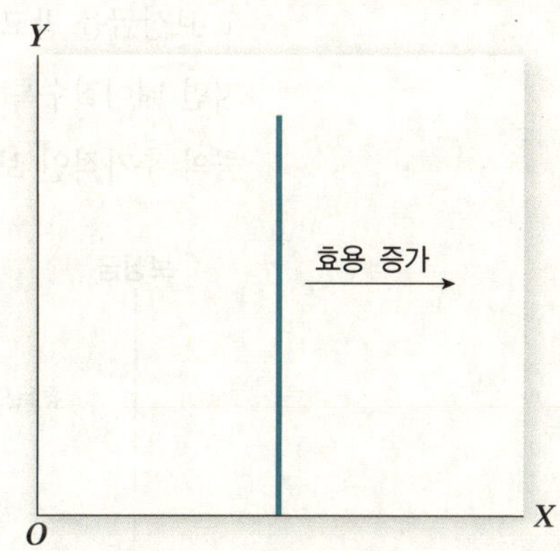

(4-2) *Y*재가 중립재

04. 무차별곡선의 의미를 고려하여 다음 질문에 답하라.

(1) 한계대체율체감의 법칙과 한계효용체감의 법칙 사이의 관계를 설명하라.

해답 한계대체율체감의 법칙과 한계효용체감의 법칙 사이에 특정한 관계가 있는 것은 아니다. 이는 한계효용체감의 법칙이 성립하는 경우일지라도 한계대체율은 체감하지 않는 경우도 있기 때문이다. 예를 들어 두 상품 간의 교환비율이 일정한 경우는 각 상품에 대해서 한계효용체감의 법칙이 적용되지만, 두 상품 간의 한계대체율은 일정하여 우하향하는 직선의 무차별곡선으로 효용의 변화를 표시할 수 있다.

(2) 한 지방자치단체가 그 지역 내에 방사선폐기물시설을 유치하려고 한다. 해당 지역 내 거주민들의 동의를 얻기 위해 지방자치단체가 보상금을 지급하겠다는 정책을 발표했다. 만일 가로축에 방사선폐기물시설이 차지하는 면적을, 세로축에 해당 지역민들에게 지급하는 보상금의 크기를 표시하는 경우 이 지역주민들에게 동일한 만족감을 줄 수 있는 선택조합을 무차별곡선으로 표현하고 무차별지도를 그린 후 효용의 증가 방향을 표시하되, 그와 같이 표시한 타당한 이유를 설명하라.

해답 우선 방사선폐기물시설이 차지할 면적과 보상금의 관계를 살펴보자. 방사선폐기물시설은 혐오시설이므로 면적이 늘어날 때마다 보상금은 늘어나야 할 것이다. 즉, 같은 효용을 주는 곡선인 무차별곡선은 정(+)의 기울기를 가질 것이다. 그리고 보상금을 받고 방사선폐기물시설을 유치하는 데 동의하더라도, 그 면적이 넓어지면 넓어질수록 사람들은 더 집값 하락, 건강 등의 걱정거리가 늘어나므로 그만큼의 추가적인 보상금을 주어야 같은 효용을 느낄 것이다. 따라서 무차별곡선은

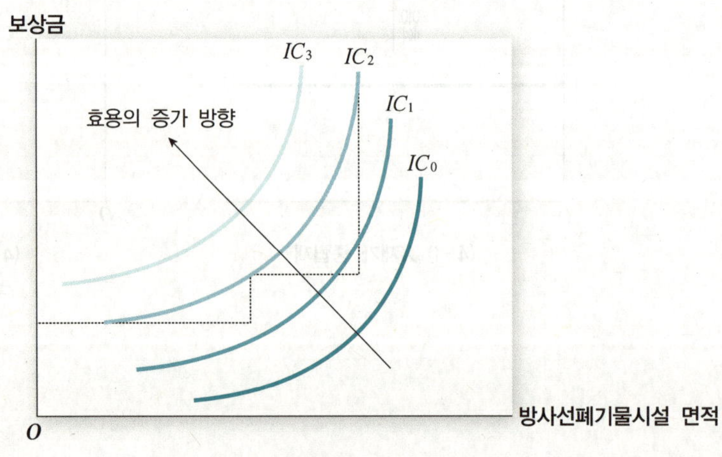

우상향하며 체증하는 모양을 가질 것이다. 한편 보상금은 많을수록 양(+)의 효용을 주는 반면, 방사선폐기물시설 면적은 음(−)의 효용을 주므로 보상금은 많아지고 폐기물시설 면적은 작아지는 방향인 좌상향으로 갈수록 효용이 증가할 것이다.

05. 어떤 사람이 소득 50만원으로 3만원의 X재화와 5만원의 Y재화를 구입한다고 하자. 이 사람의 예산선을 그려보고, 만약 어떤 정책이 실시되어 한 개인이 X재화를 10개 이상 소비할 수 없게 된다면 예산선은 어떻게 변화할지 설명하라.

해답 먼저 주어진 문제를 이용해 예산선을 구해 보자. 예산선은 $3X + 5Y = 50$이 되고, 이를 그림으로 나타내면 (a)와 같다. 이때 예산선 안의 영역은 모두 소비 가능한 영역이고, 예산선 위 영역은 모두 소비가 불가능한 영역이다. 50만원으로 모두 X재를 구입하면 $\frac{50}{3}$개, 모두 Y재를 구입하면 10개를 소비할 수 있다. 하지만 만약 X재를 10개 이상 소비할 수 없게 된다면 예산선은 $X = 10$에서 X축에 수직선으로 바뀌어 그림 (b)와 같이 된다. 이는 제약이 있기 전에 가능했던 소비영역이 선 밖 영역에 위치함으로써 소비가 불가능해졌음을 의미한다.

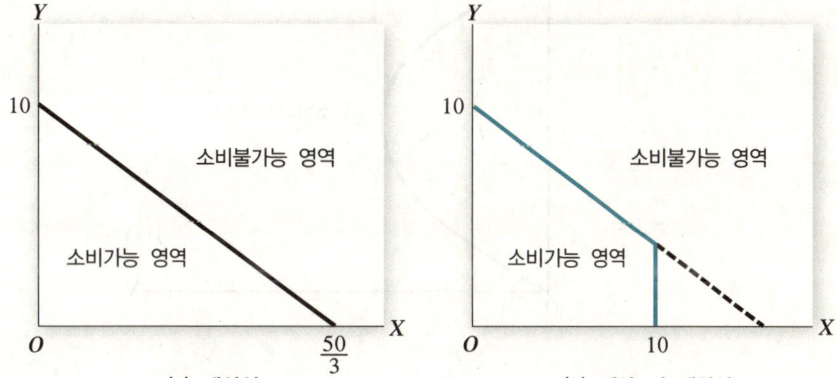

(a) 예산선　　(b) 제약 시 예산선

06. 한계대체율은 소비자가 X재와 Y재를 교환하고자 하는 비율이고, 상대가격비율은 X재와 Y재가 시장에서 교환되는 비율이다. 소비자의 효용이 극대화되려면 이 두 비율이 같아야 하는데, 그 의미를 설명해 보라.

해답 가격비율 $\frac{P_X}{P_Y}$는 시장에서 X재 한 단위를 구입하기 위해 대가로 지불해야 하는 Y재의 수량을 뜻한다. 만약 $\frac{P_X}{P_Y} < -\frac{\Delta Y}{\Delta X}$라면 소비자가 주관적으로 평가하는 X재 가치가 시장에서 평가된 X재 가치보다 크다는 것을 의미한다. 이 경우 소비자는 X재 구입을 증가시키고 Y재 구입을 감소시킴으로써 더 큰 만족을 얻을 수 있

다. 반대의 경우에는 Y재 구입을 증가시키고 X재 구입을 감소시킴으로써 더 큰 만족을 얻는다. 양자가 같을 경우에는 소비자가 주관적으로 평가하는 X재의 가치와 시장에서 실제로 평가되는 X재의 가치가 완전히 동일하다. 이 경우 소비자는 X재나 Y재의 구입 변화에 따라 만족을 증가시킬 여지가 없으므로 극대만족의 균형상태에 이른다.

07. X, Y 두 재화가 있다. X재는 열등재이고, Y재는 정상재일 경우의 소득소비곡선의 모양을 도출하고, 그 이유를 설명하라.

해답 X재는 열등재이고 Y재는 정상재이므로, 소득이 증가할 때 소비량이 각각 감소, 증가한다. 따라서 이러한 소비균형점들을 이어 그리면 다음 그림과 같이 된다. X재가 열등재이지만 소득이 전혀 없으면 X재 구입이 불가능하므로 소득소비곡선(*ICC*)은 원점을 지난다.

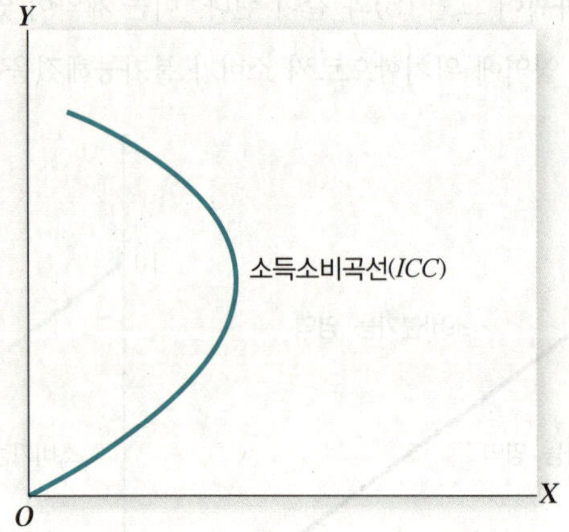

08. 한계효용균등의 법칙을 이용하여 다이아몬드의 가격이 물의 가격보다 높은 이유를 설명하라.

해답 사람에게 직접 유용한 것으로 따진다면 일반적으로 다이아몬드는 물보다 중요하지 않다. 따라서 두 재화의 한계효용곡선은 다음 그림과 같다. 하지만 물은 상대적으로 다이아몬드에 비해 많이 존재하고 많이 소비할 수 있다. 따라서 그 상대적인 소비수준에 따라 다이아몬드의 한계효용은 물보다 높다. 그래프 상 $\frac{MU_D}{MU_W}$가 1보다 큰 값이 됨을 알 수 있다. 한계효용균등법칙은 $\frac{MU_X}{P_X} = \frac{MU_Y}{P_Y}$인데, 이를 변형하면 $\frac{MU_X}{MU_Y} = \frac{P_X}{P_Y}$를 얻을 수 있다. 이 결과식을 이용하면 $\frac{MU_D}{MU_W} = \frac{P_D}{P_W}$가 성립되어 다이아몬드의 가격이 물의 가격보다 더 큼을 알 수 있다.

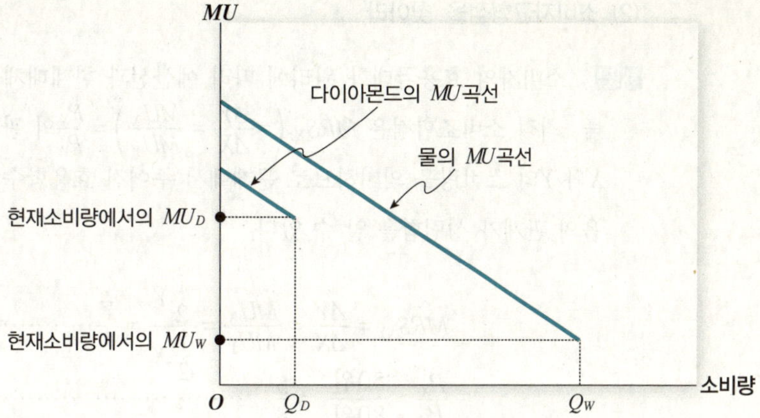

09. 현재 소비자의 소득은 2,000원, X재 가격은 50원, Y재 가격은 80원이다. 그리고 효용함수는 $U = \frac{1}{2} X \cdot Y$이다.

(1) 예산집합을 구하라.

해답 $M = P_X \cdot X + P_Y \cdot Y$이므로 예산제약은 다음과 같이 나타낼 수 있다.

$$2,000 = 50X + 80Y$$

이때 이 예산제약을 만족하는 모든 X재와 Y재의 소비가 가능하므로 예산집합은 원점을 포함하여 이 예산제약을 만족하는 선과 그 아래 면적 모두를 포함한다(아래 그림 참조).

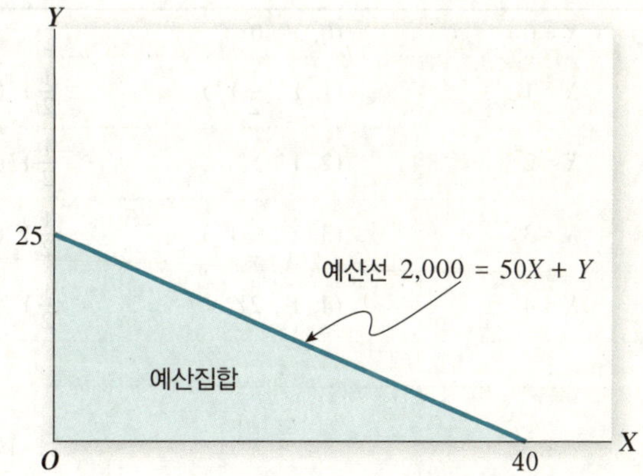

(2) 소비자균형점을 찾아라.

해답 소비자의 효용극대화 원리에 따라 예산선과 한계대체율의 관계를 이용한다. 즉, 최적 소비조합점은 $MRS_{XY}\left(=\dfrac{\Delta Y}{\Delta X}=\dfrac{MU_X}{MU_Y}\right)=\dfrac{P_X}{P_Y}$의 관계를 만족하는 두 재화 X와 Y의 소비량을 의미하므로 문제에서 주어진 효용함수와 예산제약에 의해 다음의 관계가 성립함을 알 수 있다.

$$MRS_{XY}=\frac{\Delta Y}{\Delta X}=\frac{MU_X}{MU_Y}=\frac{\frac{1}{2}Y}{\frac{1}{2}X}=\frac{Y}{X} \cdots\cdots ①$$

$$\frac{P_X}{P_Y}=\frac{50\text{원}}{80\text{원}}=\frac{5}{8} \cdots\cdots ②$$

$$\therefore\ ①=②\text{에 의해 }\frac{Y}{X}=\frac{5}{8}\qquad \therefore Y=\frac{5}{8}X \cdots\cdots ③$$

③을 예산제약에 대입하면 $2,000=50X+80\left(\frac{5}{8}X\right)$이므로 $X=20,\ Y=12.5$가 된다.

미분을 통해 한계효용 MU_X와 MU_Y를 구하는 데 어려움을 느끼는 독자라면 한계효용의 개념을 이용하여 아래와 같은 상황을 생각해 보자. 예를 들어 Y재 소비량을 임의의 수량 Y^*단위로 고정시킨다고 할 때 계산의 편의를 위해 X재 소비량을 추가적으로 1단위씩 증가시켜 보자. 이런 과정을 통해 X재의 한계효용을 구할 수 있다.

$U=\frac{1}{2}XY$이므로 X재와 Y재의 각 소비단위에 대해 소비자가 느끼는 효용 U를 (X, Y, U)의 조합으로 표시하면 다음과 같다.

X재 소비량($Y=Y^*$)	(X, Y, U)	X재의 한계효용($MU_X=\frac{\Delta U}{\Delta X}$)
$X=0$	$(0, Y^*, 0)$	–
$X=1$	$(1, Y^*, \frac{1}{2}Y^*)$	$\frac{1}{2}Y^*(=\frac{1}{2}Y^*-0)$
$X=2$	$(2, Y^*, Y^*)$	$\frac{1}{2}Y^*(=Y^*-\frac{1}{2}Y^*)$
$X=3$	$(3, Y^*, \frac{3}{2}Y^*)$	$\frac{1}{2}Y^*(=\frac{3}{2}Y^*-Y^*)$
$X=4$	$(4, Y^*, 2Y^*)$	$\frac{1}{2}Y^*(=2Y^*-\frac{3}{2}Y^*)$
⋮	⋮	⋮
⋮	⋮	$\therefore MU_X=\frac{\Delta U}{\Delta X}=\frac{\frac{1}{2}Y^*}{1}=\frac{1}{2}Y^*$

이와 같은 상황을 Y재에 대해 적용하면 Y재의 한계효용 $MU_Y=\frac{1}{2}X^*$임을 찾아낼 수 있다. 이렇게 구해낸 MU_X와 MU_Y를 이용하여 소비자의 최적소비조합점을 구하면 앞에서 얻은 X재와 Y재의 균형소비량 $X=20$과 $Y=12.5$를 얻을 수 있다.

(3) 만일 X재 가격이 20원으로 하락한다면 균형점은 어떻게 변하는가? 대체효과와 소득효과로 나누어 설명하라.

해답 X재 가격의 하락으로 $P_X' = 20$원이 되므로 소비자의 예산제약과 균형소비량은 다음과 같이 변화된다.

$$2{,}000 = 20X + 80Y \quad \cdots\cdots ①$$

최적소비조건에 의해 $\frac{MU_X}{P_X} = \frac{MU_Y}{P_Y}$는 $\frac{MU_X}{P_X'} = \frac{MU_Y}{P_Y}$가 되므로

$$\frac{\frac{1}{2}Y}{20} = \frac{\frac{1}{2}X}{80} \qquad \therefore\ 80Y = 20X \quad \cdots\cdots ②$$

②를 ①에 대입하면 $X' = 50,\ \ Y = 12.5$

따라서 X재의 가격이 하락하면 X재 소비량은 20단위에서 50단위로 증가하게 된다. Y재의 소비량은 동일한 상태이므로 균형점은 $E = (20, 12.5)$에서 새로운 균형점 $E' = (50, 12.5)$로 이동한다. 이러한 변화를 대체효과와 소득효과의 개념을 적용하여 그림으로 표현하면 다음과 같다.

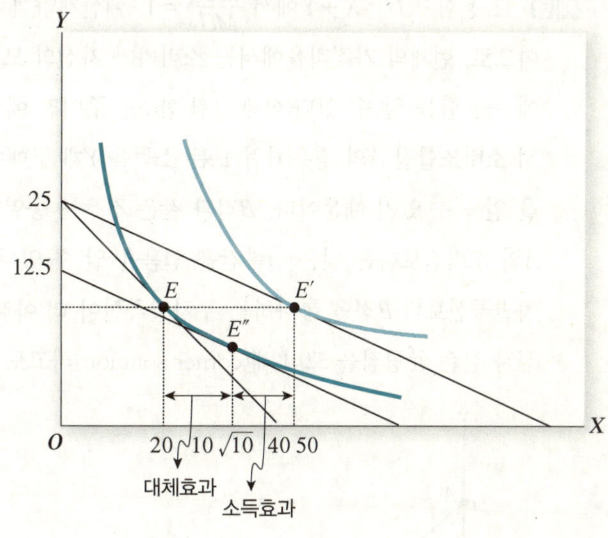

이 결과를 소득효과와 대체효과로 분리해 보자. 우선 대체효과를 구해 보자. E점에서의 효용 수준은 $\frac{1}{2} \cdot 20 \cdot 12.5 = 125$이다. E''점의 소비량을 (X, Y)라 하면 $\frac{1}{2} \cdot X \cdot Y = 125$의 관계가 성립한다. 또 E''에서 $\frac{P_X}{P_Y} = \frac{1}{4} = \frac{Y}{X} = MRS_{XY}$가 성립하므로 $Y = \frac{X}{4}$의 관계식을 얻는다. 이를 대입하면 $\frac{1}{2} \cdot X \cdot \frac{X}{4} = 125$이므로 $X = 10\sqrt{10}$이 된다. 따라서 대체효과의 크기는 $10\sqrt{10} - 20$이 되며, 소득효과의 크기는 $50 - 10\sqrt{10}$이 된다.

10. X, Y 두 재화가 있다. Y재는 정상재이고 X재는 열등재인 경우 X재의 가격하락이 X재 구매량에 미치는 영향을 소득효과와 대체효과로 나누어 설명해 보라. X재가 기펜재인 경우는 어떠한가?

해답 X재 가격이 하락하면 대체효과는 X재 수요량을 높이는 방향으로 작용한다. 소득효과의 경우 가격하락이 실질소득의 증가를 야기함에 따라 정상재인 Y재의 수요량은 높이는 반면 열등재인 X재의 수요량은 감소시킨다.

일반적으로 열등재의 경우라 할지라도 소득효과보다 대체효과가 크기 때문에 가격하락은 최종적으로 수요량의 증가를 가져온다. 그러나 기펜재는 열등재 중 소득효과가 대체효과보다 크게 나타나는 재화를 의미하므로 X재가 기펜재라면 가격이 하락할 때 수요량이 감소할 것이다.

11. 효용함수가 $U=X+Y$이고, 예산제약은 $M=2X+Y$이다.

(1) 소비자균형점을 찾아라.

해답 효용함수 $U=X+Y$에서 $\frac{MU_X}{MU_Y}=1$, 예산제약식 $M=2X+Y$에서 $\frac{P_X}{P_Y}=\frac{2}{1}=2$이므로, 현재의 가격비율에서는 소비자가 자신의 모든 지출가능액을 Y재의 구매에 사용함을 알 수 있다(아래 그림 참조). 주어진 예산제약을 만족시키는 상태에서 소비조합점 A의 경우처럼 모든 소득을 Y재 구매에 지출할 때 가장 큰 만족감을 얻을 수 있기 때문이다. B점과 같은 경우는 동일한 소비지출액을 사용하지만 A의 소비점보다는 낮은 만족감을 얻음을 알 수 있다($I_1>I_2$). A점을 통과하는 무차별곡선보다 B점을 통과하는 무차별곡선이 더 아래쪽에 위치하기 때문이다. A점과 같은 균형점을 코너 해(corner solution)라고도 한다.

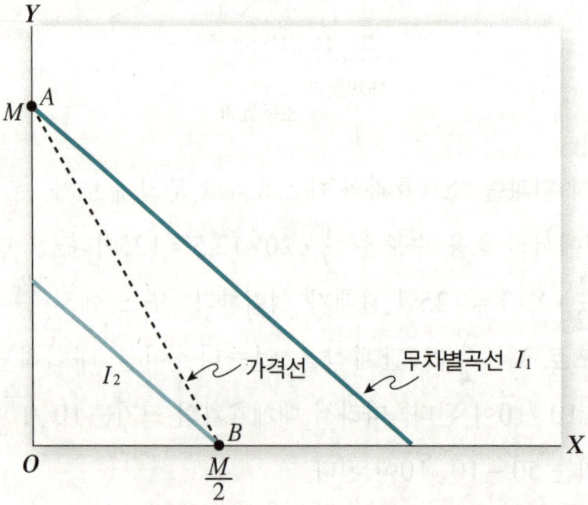

(2) X재에 대한 수요곡선을 그림으로 그려보라.

해답

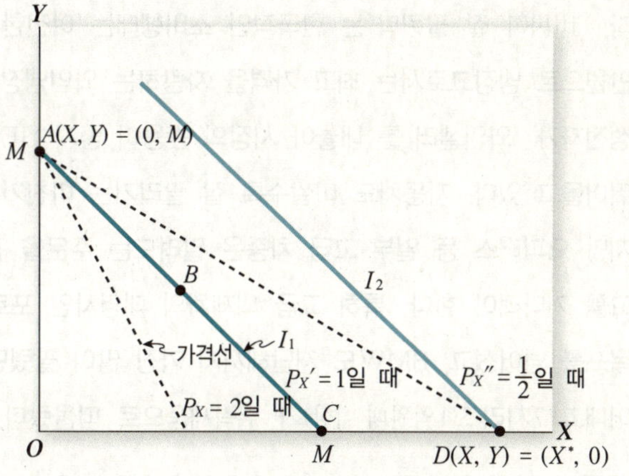

(a)

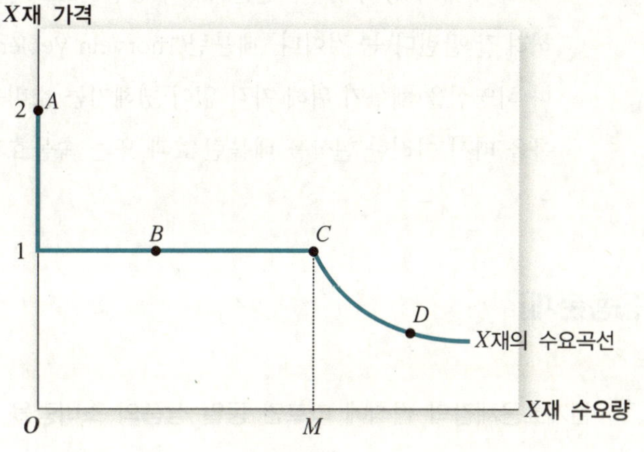

(b)

X재의 가격 변화에 따라 X재 소비량의 변화를 추적해 보자. 먼저 그림 (a)에서 가격이 1보다 큰 경우 소비자는 전부 Y재를 구매하므로 소비점 A에서와 같이 X재의 수요량은 0이다. 가격이 1인 경우 예산선과 무차별곡선이 겹치는데, 이는 0단위와 M(소득)단위 사이의 수준이라면 소비점 B나 C처럼 어느 점을 택해도 상관없다는 것이다. 가격이 1보다 하락하는 경우 소비점 D에서와 같이 소득은 모두 X재의 구매에 사용된다. 이처럼 X재 가격이 하락하게 될 때 소비점 A와 B, C, D 등을 연결하면 X재의 가격 변화에 대한 수요곡선을 그림 (b)와 같이 그릴 수 있다.

12. 다음 신문기사가 보여주는 소비의 결정요인은 무엇인가?

「올 들어 계속되고 있는 극심한 불황 속에서도 일부 고가품은 불티나게 팔리고 있다. "비싸야 잘 팔린다"는 한국적인 소비행태는 여전한 셈이다. 한 대에 300~500만원으로 냉장고로서는 최고 가격을 자랑하는 와인냉장고도 꾸준히 팔리고 있다. 삼성전자가 '와인셀러'를 내놓아 시장의 반응이 좋자 GE백색가전과 LG전자가 잇따라 뛰어들고 있다. 자동차도 비쌀수록 잘 팔리기는 마찬가지다. 중고차 판매는 뚝 끊겼지만 오피러스 등 일부 고급 차종은 밀려드는 주문을 감당하지 못해 한 달 이상 출고를 기다려야 한다. 특히 고급 외제차의 대명사인 포르쉐는 4월에 이미 금년 판매 목표를 넘어섰고, BMW도 지난해까지 가장 많이 팔렸던 5시리즈(7,000만원대)를 밀어내고 7시리즈(1억원대 이상)가 주력제품으로 떠올랐다.」 **(한국일보, 2003. 7. 11.)**

해답 5절에서 배웠듯이, 소비선택의 사회적 요인으로 다른 사람의 시선, 사회적 지위 과시 목적 등이 있다. 신문기사가 공통적으로 가리키는 내용은 '비쌀수록 오히려 잘 팔린다'는 것이다. 베블런(Thorstein Veblen)은 이와 같이 부를 과시하거나 허영심을 채우기 위해 자각 없이 행해지는 소비를 지적한 바 있으며, 그의 이름을 따서 이러한 현상을 베블런 효과 또는 속물효과라 부른다.

[응용문제]

01. 한계효용체감의 법칙에 따르면 동일 상품의 소비량을 증가시킴에 따라 한계효용은 체감하게 된다. 한계효용체감의 법칙과 우리나라 고사성어 '다다익선(the more the better)'은 서로 모순되는 개념인지에 대해 논리적으로 타당한 근거를 제시하여 설명하라.

해답 특정 상품을 소비하는 경우 해당 상품의 소비량이 증가되더라도 이에 수반되는 부작용이 없다고 가정한다면, 해당 상품의 소비량은 많을수록 좋다는 '다다익선(the more, the better)'의 속담은 경제적으로도 받아들일 수 있다. 하지만 해당 상품의 소비량을 증가시킬수록 지나친 소비가 가져다주는 부작용이 나타나는 경우가 일반적이다. 예를 들어 좋아하는 음식을 과식하는 경우 나타나는 부작용은 다다익선이 항상 옳은 것은 아님을 보여주는 대표적인 반증이라 할 수 있다. 즉, 일정 수준까지는 속담과 같이 소비량이 많을수록 효용이 증가할 수 있지만, 그 수준을 넘어서면 한계효용체감의 법칙이 성립할 수 있으므로 모순되는 개념이라

보기는 어렵다.

02. 1통에 1만원 하는 배추와 1kg에 2만원인 소고기를 구입하여 자취하는 민호의 한 달 소득이 30만원이라 한다. 다음 질문에 답하라.

(1) 배추 가격이 폭등하자 정부가 배추 1통 구입 시 5천원씩의 보조금을 지급해 주는 경우 예산선에는 어떤 변화가 있는지 설명하라. 배추 구입량과 무관하게 월 20만원의 소득보조를 해주는 경우 민호의 예산선에는 어떤 변화가 있는가?

해답 먼저 문제의 조건을 이용해 예산식을 만들어 보자. 배추를 X, 소고기를 Y로 나타낸다면 예산제약식은 $X + 2Y = 30$이 될 것이다. 하지만 정부에서 배추 1통을 구입할 때마다 5,000원을 보조해 준다고 했으므로 소비자는 배추 1통을 5,000원에 구입하는 것과 동일한 상황이 된다. 따라서 새로운 예산제약식은 $0.5X + 2Y = 30$이 될 것이고, 이를 그래프로 나타내면 오른쪽 그림과 같다.

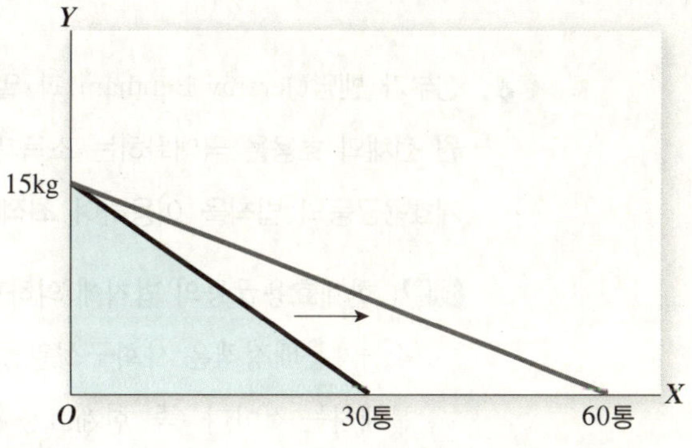

한편 배추 구입량과 무관하게 월 20만원의 소득보조를 해주는 경우 제품의 상대가격은 동일한 채 민호의 소득은 30만원에서 50만원으로 인상된 것과 동일해지므로 이를 예산제약식으로 나타내면 $X + 2Y = 50$이 된다. 따라서 예산선은 아래 그림과 같이 변하고 민호가 구입할 수 있는 상품조합이 더 많아지게 된다.

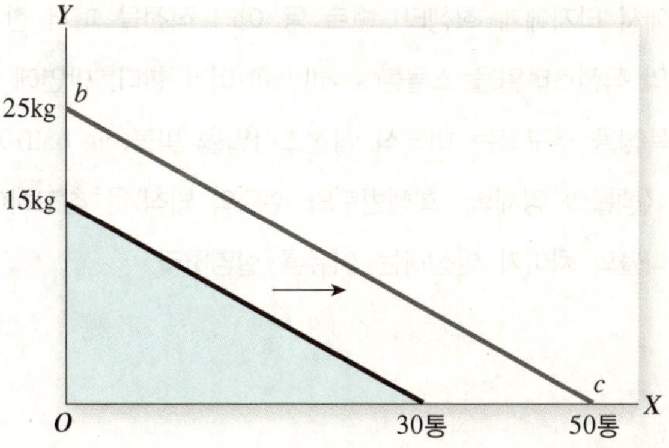

(2) 특정 수량만큼의 배추와 소고기를 선택한 한 점에서의 배추의 한계효용과 소고기의 한계효용의 비율인 한계대체율이 1/2이라 한다. 이 선택점이 민호의 합리적인 소비선택점인지 설명하라. (단, 배추와 소고기에 대한 무차별곡선은 원점에 대해 볼록한 모양을 갖는다고 한다.)

해답 4절에서 배웠듯이, 합리적인 소비자균형에서는 재화의 상대가격과 무차별곡선의 기울기인 한계대체율(즉, 두 재화의 한계효용비율)이 같아야 한다. 그런데 배추 가격과 소고기 가격의 비율이 $\frac{P_Y}{P_X} = \frac{10{,}000\text{원}}{20{,}000\text{원}} = \frac{1}{2}$이고 배추의 한계효용과 소고기의 한계효용 비율도 $\frac{1}{2}$이므로 이 점에서의 배추와 소고기의 조합은 합리적인 소비선택점이라 할 수 있다. 즉, $\frac{P_Y}{P_X} = \frac{1}{2} = \frac{MU_Y}{MU_X}$라는 것은 화폐 1원당 두 재화의 한계효용의 크기가 동일하다는 것을 의미하므로($\frac{MU_X}{P_X} = \frac{MU_Y}{P_Y}$) 합리적인 소비선택점이다.

03. 정부가 벤담(Jeremy Bentham)과 밀(John S. Mill)의 공리주의에 입각하여 사회구성원 전체의 효용을 극대화하는 소득재분배정책을 선택한다고 하자. 한계효용체감과 한계효용균등의 법칙을 이용하여 최적정책의 조건을 설명하라.

해답 한계효용균등의 법칙에 의하면 사회구성원 전체의 효용을 극대화시키는 최적 소득재분배정책은 사회구성원들 간에 소득의 한계효용이 균등하도록 소득을 재분배하는 것이다. 즉, 한계효용이 체감하는 경우 어떤 사회구성원의 소득을 낮추어 한계효용을 높이고 다른 사회구성원의 소득을 높여서 한계효용을 낮춤으로써 사회구성원 전체의 총효용을 증가시킬 수 없을 때 사회 전체의 효용은 극대화된다. 이때 소득재분배 이전에 상대적으로 가난한 사회구성원들이 소득재분배정책의 혜택을 더 많이 받게 될 것이다.

04. 야구에서 타자에게 희생타, 번트 등 여러 작전을 펴서 한 점, 한 점 득점을 올리는 감독의 작전스타일을 스몰볼(small ball)이라 한다. 반면에 타자들에게 공격을 맡기고 대량득점을 추구하는 미국식 작전스타일을 빅볼(big ball)이라 한다. 아래 그림과 본문의 〈생활의 경제학 : 희생번트와 수요의 법칙〉을 참고하여 한국과 미국 간에 스몰볼 · 빅볼의 차이가 발생하는 이유를 설명하라.

한국 프로야구와 미국 메이저리그(아메리칸 리그)의 팀 경기당 홈런 수

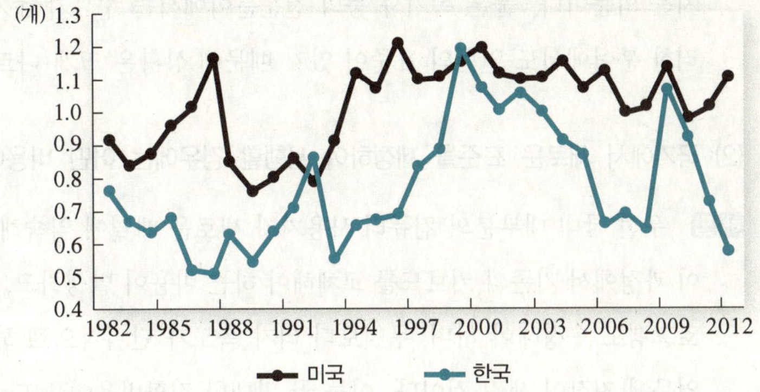

(출처 : 남재현, "희생번트와 수요법칙", 『KDI 클릭경제교육』, KDI 경제정보센터, 2013. 4.)

해답 그림에서 보듯이 미국 메이저리그(아메리칸리그)보다 한국 프로야구의 팀 경기당 홈런 수가 높은 것을 알 수 있다. 본문의 〈생활과 경제학 : 희생번트와 수요의 법칙〉에서 알아보았듯이 타자의 장타력(홈런 수) 또는 공격력이 희생번트의 기회비용 또는 가격이 될 수 있음을 고려하면 미국 메이저리그의 희생번트 가격이 한국 프로야구보다 높음을 알 수 있다. 따라서 미국 메이저리그는 희생번트보다 타자들의 공격력에 의존하는 빅볼을 추구한 반면에 한국 프로야구는 자주 희생번트에 의존하는 스몰볼을 추구한 결과, 미국 메이저리그의 팀 경기당 홈런 수가 한국 프로야구의 홈런 수보다 높게 나타난 것으로 보인다.

05. 현재 키보드의 키 배열은 이른바 QWERTY 자판을 사용하고 있다. 타자기가 보급되던 시절 너무 빠르게 입력을 하면 고장이 발생하는 경우가 있었기 때문에 의도적으로 타자 속도를 낮추기 위해 고안된 배열이었으나 지금까지도 표준으로 사용되고 있는 것이다.

(1) 어떤 벤처기업에서 QWERTY보다 뛰어난 배열을 사용하는 키보드를 개발하는 데 성공하여 투자자를 모집하고 있다. 이 기업에 투자하는 것은 현명한 선택인가?

해답 좋은 선택이라고 볼 수 없다. 키보드 배열에는 네트워크 외부효과가 강하게 나타나기 때문이다. 소수의 이용자만 존재하는 배열보다 대다수가 이용하는 배열을 배우는 것이 더 이득인 것은 명백하다. 또한 QWERTY 배열이 이미 표준으로 자리잡은 이상 대부분의 사용자는 그에 익숙해져 있고, 단축키나 키보드 디자인도 QWERTY에 맞춰져 있다. 따라서 만약 QWERTY보다 뛰어난 배열이 개발되었다고 해도 막대한 전환비용을 감수하고 사람들이 그 기업의 제품을 구매할 지는 의문이다. 물론 속기사 등의 전문분야에서는 수요가 존재할 수 있으나, 그러한 분야에서도 일련의 표준이 있기 때문에 상황은 크게 다르지 않을 것이다.

(2) 국가에서 새로운 표준을 제정하여 시행할 경우에는 어떤 비용이 있겠는가?

해답 우선 국내 대부분의 컴퓨터 사용자가 새로운 배열에 익숙해질 필요가 생긴다. 이 과정에서 기존의 키보드를 교체해야 하는 비용이 발생하고, 새 배열에 맞춰 프로그램도 수정해야 하며, 무엇보다 타자 속도가 단기적으로 하락할 수밖에 없어 업무에 지장이 생길 것이다. 이는 곧 막대한 전환비용이 된다.

또한 국내 표준과 세계 표준이 달라지게 되어 발생하는 비용도 문제다. 소비자들은 우선 해외업체의 키보드를 구매할 수 없게 되거나, 기존에 비해 더 높은 비용을 주고 한국 전용의 제품을 구매해야 될 것이다. 국내업체들도 수출에 어려움이 따를 것이다.

제4장 기업의 생산기술과 생산비용

microeconomics + macroeconomics Economics

[연습문제]

01. 기업의 생산활동은 일반적으로 단기와 장기로 구분할 수 있다. 생산환경을 고려하여 다음 질문에 답하라.

(1) 기업의 생산활동이 이루어지는 기간을 단기와 장기로 구분하는 가장 중요한 기준은 무엇인가?

해답 고정투입요소의 존재 유무에 따라 단기와 장기를 구분하는데, 고정투입요소가 하나라도 존재하는 기간을 단기, 하나도 없는 경우를 장기라고 부른다.

(2) 단기라고 부르는 기간은 모든 산업에서 똑같은 시간적 길이를 갖는지에 대해 설명하고, 만일 시간적 길이가 동일하지 않다면 단기라고 부르는 기간이 비교적 짧은 산업과 긴 산업의 예를 각각 3가지 이상 제시하라.

해답 단기라고 불리는 기간은 산업에 따라 다르다. 의류 · 식품 · 관광 · 영화 산업의 경우 주로 사람이나 기계 등의 가변적 요소에 의해 운영되므로 단기라 부르는 기간이 짧은 반면, 자동차, 반도체, 조선 등 (설비산업의 특성을 띠는) 초기 고정투입자본이 많은 산업의 단기는 비교적 긴 특성을 지닌다.

02. 이윤극대화의 생산 결정은 생산의 제2단계에서 이루어진다. 생산함수 $X=f(L,\overline{K})$에서 최대의 평균총생산능력이 2,000이고, 이때 단위당 한계생산이 5라고 하자. 임금총액이 2,000이라고 할 때 다음 질문에 답하라.

(1) 이때 고용된 노동자 수는 얼마인가?

해답

$$MP_L=5\text{이고}\quad AP_L=\frac{X}{L}$$

그런데 평균총생산능력이 최대인 곳에서는 $MP_L=AP_L$이고 $X=2,000$이므로

$$AP_L = \frac{2,000}{L} = 5 \quad \therefore\ L = 400 \quad \text{(아래 그림 참조)}$$

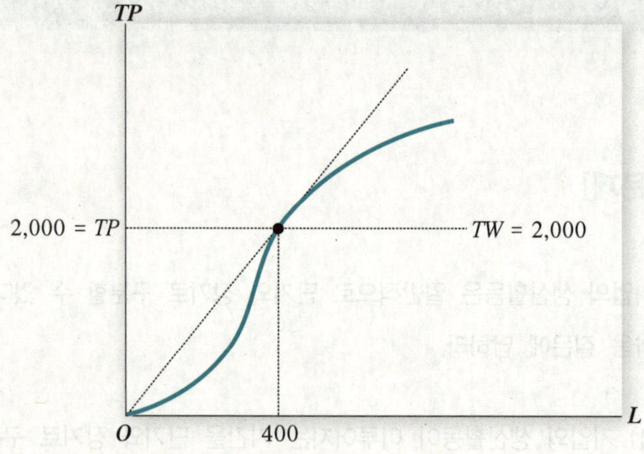

(2) 위 생산은 생산의 제2단계에 속해 있는가?

해답 생산의 제2단계는 평균생산이 감소하여 한계생산이 0인 영역까지이므로 앞의 생산은 제2단계에 속한다.

(3) 단위당 평균생산은 얼마인가? 한계생산과 일치하는가? 만일 그렇다면 일치하는 이유는 무엇인가?

해답 $AP_L = MP_L = 5$. 평균생산량이 극대인 점에서는 한계생산량과 평균생산량이 같아지기 때문이다.

(4) 생산의 제2단계를 그림으로 표시하고 임금총액이 2,000 이하일 때 생산 가능한 최대수준을 구하라.

해답 만일 생산물 가격이 단위당 1원이라고 할 때 단위당 노동임금이 a로 주어졌다고 하자(단, $a<5$). 이 경우 다음 그림을 참고하면 노동의 고용은 L^*까지 이루어진다. 그리고 이때의 총생산량은 C로 주어진다. 이때 $a \times L^* \leq 2,000$이라면 아무 문제가 없지만 $a \times L^* > 2,000$인 경우가 되면 L^*에서 고용량을 약간 줄여 임금총액이 2,000을 초과하지 않는 범위에서 가장 L^*에 가까운 노동량을 구입하여 생산하면 된다. 분명한 사실은 $a \times L^* > 2,000$인 경우 생산 가능한 최대수준의 고용량은 400과 L^* 사이에서 결정된다는 것이다.

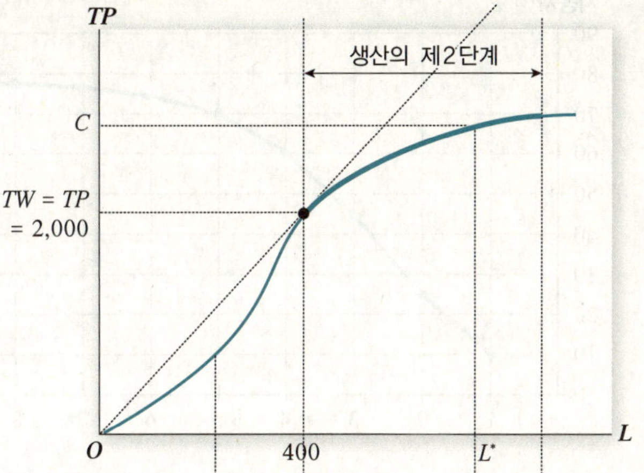

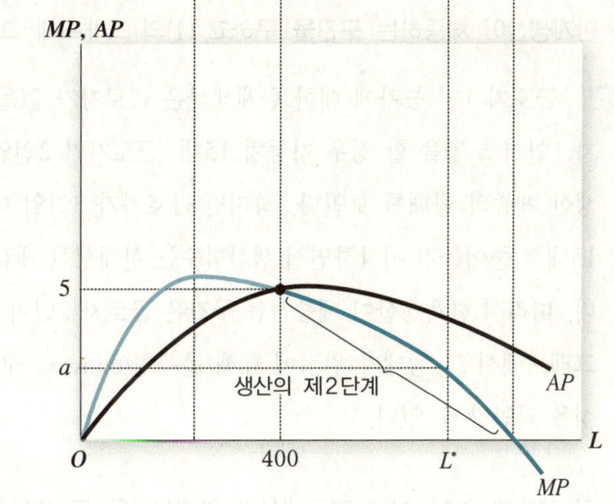

03. 다음은 한 자동차공장에서의 근로자 수와 생산되는 자동차의 수를 나타내고 있다.

근로자	자동차	근로자	자동차
1명	10대	6명	75대
2명	25대	7명	77대
3명	45대	8명	78대
4명	60대	9명	77대
5명	70대	10명	75대

(1) 이 공장의 생산함수를 그래프로 나타내어 보라.

해답 다음 그림과 같다.

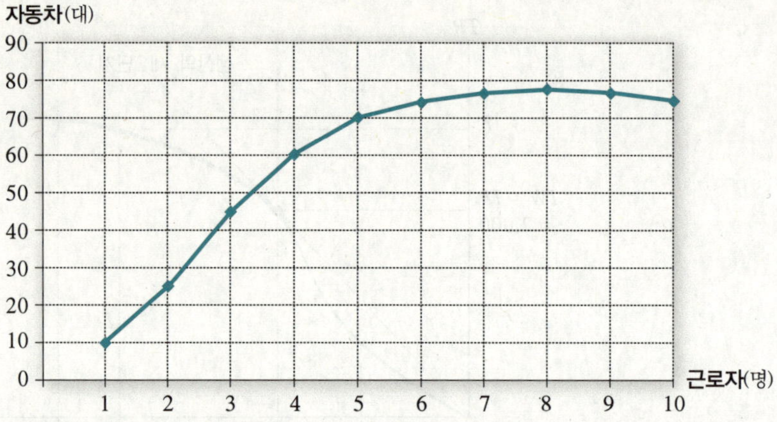

(2) 한계생산이 체증하는 구간을 구하고, (1)의 그래프에 그 구간을 나타내어 보라.

해답 근로자 1인 증가에 대한 한계생산은 근로자가 없을 경우 자동차 10대, 근로자 1인이 노동을 할 경우 자동차 15대, 근로자가 2인일 때 자동차 20대로 한계생산 체증의 형태를 보인다. 하지만 근로자가 3인일 때부터 한계생산이 자동차 15대로 줄어들기 시작하면서 생산함수는 한계생산 체감의 형태를 보이기 시작한다. 따라서 한계생산이 체증하는 구간은 근로자 2인이 투입될 때까지이며, (1)의 그래프에서 그 형태가 원점에 대해 볼록한(convex) 구간을 표시함으로써 그 특성을 확인할 수 있다.

(3) 각 근로자 수에 대해 평균생산과 한계생산을 구하라. 독자가 자동차공장의 사장이라면 몇 명의 근로자를 고용하겠는가? 그 이유를 설명하라.

해답 각 근로자 수에 대한 평균생산은 총생산량을 근로자 수로 나누어 구할 수 있고, 한계생산은 근로자 한 명 증가에 따른 자동차 생산량의 증가분을 계산하여 구할 수 있다. 이를 표로 나타내면 다음과 같다.

근로자	평균생산	한계생산
1명	10대	10대
2명	12.5대	15대
3명	15대	20대
4명	15대	15대
5명	14대	10대
6명	12.5대	5대
7명	11대	2대
8명	9.75대	1대
9명	8.56대	−1대
10명	7.5대	−2대

이때 자동차공장 사장이 자동차의 생산량을 극대화하는 것을 목표로 하는 사람이라면 자동차를 총 78대까지 생산할 수 있는 수준까지 근로자를 고용하려 할 것이다. 따라서 한계생산이 음(-)의 값을 갖지 않는 범위 내에서 최대한 많은 근로자를 고용할 것이다. 따라서 근로자를 8명 고용함으로써 자동차 생산량을 극대화하려 할 것이다.

물론 생산량을 최대로 만드는 것과 이윤을 극대화하는 것이 별개의 문제임을 독자들은 이미 알고 있을 것이다. 그러나 이 문제에서 이윤을 결정하는 요인은 전적으로 노동자의 고용에 따른 비용함수가 어떻게 나타나느냐에 있기 때문에, 자동차 1대를 팔아서 얻을 수 있는 이윤이 근로자 1인을 고용하는 데 필요한 비용보다 크다면 자동차 생산량을 극대화하는 것이 곧 이윤극대화 달성으로 연결된다.

04. 이 장의 [표 4-1]을 보고 다음 물음에 답하라.

(1) 한계생산체감의 법칙이 성립하지 않는 구간이 있다. 그 이유를 설명하라.

해답 생산의 제1단계 중 노동투입이 3단위까지 늘어날 때이다. 이 구간에서 노동의 추가적인 투입이 있으나 한계생산체감의 법칙이 성립하지 않고 오히려 노동의 한계생산량이 증가하는 것은 고정된 자본을 효율적으로 이용하기 위해 필요한 노동이 부족한 상황에서 추가로 투입되는 노동의 증가에 의해 자본의 효율적 사용이 가능해지기 때문이다. 예를 들어, 효율적인 분업 등의 상황이 생산성을 증가시키는 경우이다.

(2) 매출액을 극대화하는 생산수준은 얼마인가?

해답 매출액극대화는 총판매량극대화이므로 산출 30단위, 노동 8단위이다.

(3) 기계 1대의 가격이 1,000이고 노동 1단위당 임금은 100, 자동차 1대의 가격은 50일 때 이윤을 극대화하는 산출량은 얼마인가? 이때 매출액을 극대화하는 산출량은 얼마인가? (2)의 결과와 여전히 동일하다면 그 이유는 무엇인가?

해답 기업의 이윤(Π)은 총판매수입(TR)과 총생산비용(TC)의 크기에 따라 결정된다. 총판매수입(TR)은 판매량(생산량)과 판매단위당 상품의 가격에 의해 결정되며, 총생산비용(TC)은 생산요소투입비용에 의해 영향을 받는다. 기계와 노동을 구입하여 생산활동을 하는 기업이라면 기계구입비와 노동고용비가 생산비용을 구성한다고 생각하면 된다. 이 기업의 생산활동과 관련된 판매수입과 비용, 이윤의 변화를 살펴보면 다음 표와 같다.

기계 1대 투입 시 노동고용량(L)	총생산량 (TP)	총판매수입 ($TR=P\times TP$)	총생산비용 (TC)	이윤 ($\Pi=TR-TC$)	한계수입 ($MR=\frac{\Delta TR}{\Delta TP}$)	한계비용 ($MC=\frac{\Delta TC}{\Delta TP}$)
1	4	200	1,100	−900	200	1,100
2	9	450	1,200	−750	250	100
3	15	750	1,300	−550	300	100
4	20	1,000	1,400	−400	250	100
5	24	1,200	1,500	−300	200	100
6	27	1,350	1,600	−250	150	100
7	29	1,450	1,700	−250	100	100
8	30	1,500	1,800	−300	50	100
9	30	1,500	1,900	−400	0	100
10	29	1,450	2,000	−550	−50	100
11	25	1,250	2,100	−850	−200	100

예를 들어, 기계 1대 사용과 노동 2단위 고용 시 기업의 생산비용을 구해 보면 기계구입비 1,000(= 1대×1,000)과 노동구입비 200(= 2명×100)을 더한 1,200이 총생산비용이 된다. 이때 기업의 판매수입은 9단위의 생산량 × 자동차 1대 가격 50 = 450이 되므로 이윤은 450 − 1,200이 되어 음(−)의 이윤의 크기 −750을 얻게 된다.

이 기업의 이윤을 관찰해 보면, 노동 7단위를 고용하여 총생산량 29단위를 생산하는 것이 이윤을 극대화(또는 손실을 극소화)하는 산출량임을 알 수 있다. 단기적으로 $P < MC$지만 29단위를 생산하여 노동고용비 700을 지불하고 남은 750을 기계구입비용에 충당하고 있다. 만일 이 기업이 생산을 아예 포기하면 이미 기계구입에 1,000을 지출하였으므로 1,000의 손실을 본다. 그러나 기계구입비 중 일부를 벌어들일 수 있으므로 250의 손실을 보면서 장기적으로 가격이 인상될 것을 기다리고 있는 상태라 볼 수 있다.

매출액 극대화 산출수준은 노동투입량 L = 8단위를 투입하는 30단위이다. 매출액 극대화는 여전히 총판매량에 관심이 있기 때문에 비용조건과는 상관이 없다.

05. 콘서트를 관람하기 위해 10만원을 지불하고 콘서트장에 갔다. 그런데 콘서트가 생각보다 너무 지루해서 짜증이 밀려왔다. 그래서 공연의 $\frac{1}{3}$쯤 지나 이 콘서트를 계속 봐야 할지 고민하게 되었다. 만약 이 사람이 콘서트장을 나오기로 했다면 이는 합리적인 선택이라고 할 수 있을까? 그 이유는 무엇인가?

해답 합리적인 선택이다. 왜냐하면 공연이 이미 $\frac{1}{3}$이나 지났기 때문에 티켓을 누군가에게 팔 수 없는 상황이기 때문이다. 이는 곧 티켓값이 곧 회수하지 못하는 매몰비용이라는 의미인데, 합리적인 소비자는 의사결정 시 매몰비용을 고려하지 말아야 한다.

06. 기업 A는 가능한 한 비용이 적게 드는 생산계획을 세우기로 하였다. 반면에 기업 B는 가능한 한 높은 수익을 가져오는 계획을 세우기로 하였다. 다음 질문에 답하라.

(1) 기업 A와 기업 B의 생산계획은 다를 것인가? 비용최소화를 위한 생산자균형조건을 이용하여 설명하라.

해답

$$\frac{MP_L}{MP_K} = \frac{w}{r} \quad \cdots\cdots\cdots\cdots\cdots\cdots \text{(생산자균형조건)}$$

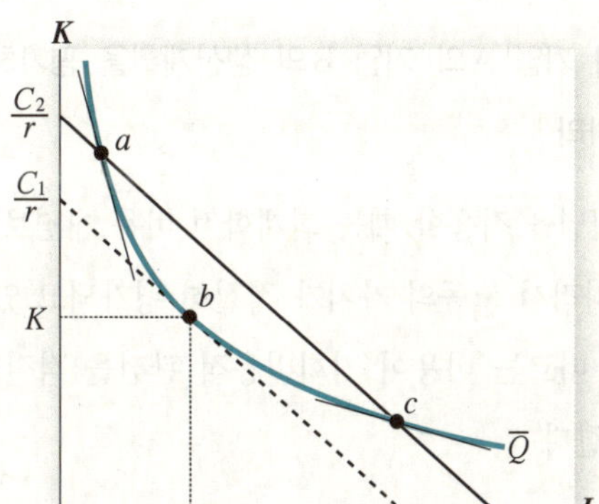

(a)

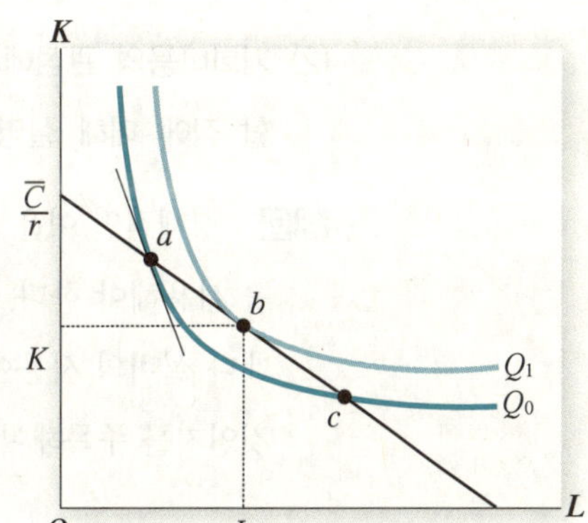

(b)

위의 그림 (a)에서 보는 바와 같이 생산목표량을 $\overline{Q}$로 정할 때 기업 A는 a나 c점 대신 b점의 요소결합으로 $C_1(<C_2)$이라는 최소비용 생산을 한다. b점의 생산요소 투입은 생산자균형조건을 만족시키면서 좀더 원점에 가깝기 때문에 생산비용 또한 C_2보다 작은 C_1만 지출할 수 있다. 그러나 a점과 c점에서는 각각 $\frac{MP_L}{MP_K} > \frac{w}{r}$와 $\frac{MP_L}{MP_K} < \frac{w}{r}$로 생산자균형조건에 위배되는 현상이 나타난다.

예를 들어 a점의 경우는 생산요소가격비율보다 자본과 노동의 한계기술대체율($MRTS = \frac{MP_L}{MP_K}$)이 훨씬 큰 상태이다. 이때는 $\frac{MP_L}{w} > \frac{MP_K}{r}$로 투입요소 단위당 가격에 비해 노동의 한계생산성이 훨씬 크기 때문에, 생산요소 K의 투입비율을 줄이고 노동(L)의 투입비율을 증가시킴으로써 최소비용조건을 충족시킬 수 있게 된다. c점의 경우는 독자가 스스로 생각해 보기 바란다. 이때 $\overline{Q}$의 생산수준에서 이윤도 극대화된다.

반면 기업 B는 생산비가 $\overline{C}$로 일정할 때 b의 요소결합 (L, K)로 a나 c점보다 더 큰 산출을 얻어 최대의 판매수익($P \times Q_1$)을 얻는다. a점에서 생산하는 경우 $\frac{MP_L}{MP_K} > \frac{w}{r}$이므로 $\overline{C}$의 동일한 생산비용을 지출하기는 하지만, 자본의 한계생산성이 노동의 한계생산성보다 작기 때문에 생산의 비효율성이 나타난다. 따라서 보다 작은 산출량 Q_0만을 생산하게 된다. 그러나 동일한 생산비용 $\overline{C}$를 지출하면서 자본과 노동의 투입비율을 조정하면 한계생산성이 더 큰 노동의 투입량을 증가시키고 자본의 투입량을 감소시킴으로써 생산자균형조건에 의해 생산의 효율성을 달성할 수 있고, a점보다 더 많은 산출수준 Q_1을 생산할 수 있게 된다. 따라서 최대의 판매수입($P \times Q_1$)이 달성된다. 물론 이때 두 기업 모두 이윤극대화를 달성한다. 따라서 A기업과 B기업의 생산계획은 비용극소화와 수입극대화로 표현되고 있으나, 이는 관점의 차이일 뿐 이윤극대화라는 측면에서 동일하다.

(2) 기회비용의 관점에서 기업 A와 기업 B의 생산계획을 평가하고, 기업 A가 주의할 점에 대해 설명하라.

해답 경제적인 이윤 개념을 적용할 때는 회계학적 비용 개념보다 기회비용의 개념을 사용해야 한다. 따라서 노동의 가치가 적절히 평가되고 있는지, 자본재 등 기계나 설비의 사용에 따르는 비용이 기회비용적 관점을 적절히 수용하여 산출된 것인지를 주목해야 한다.

07. 학용품 제작회사인 '잘써진다' 주식회사는 2년 전에 연 이자율 10%로 돈을 빌려서 1대당 1,000만원 하는 볼펜 제작용 기계 2대를 구입했다. 그후 2년 동안 1개에 200원 하는 볼펜 8만 개를 제작 · 판매했다. 그런데 최근 생산기술의 발달로 1대당 500만원 하는 기계가 제작되어 시판되고 있다.

(1) 지난 2년간 '잘써진다' 볼펜회사의 운영상태를 평가해 보라.

해답

$$이윤 = (200 \times 80,000) - (0.2 \times 10,000,000 \times 2)$$
$$= 16,000,000 - 4,000,000 = 12,000,000 > 0$$

이 식에서 비용에 주목해 보자. 이 기계는 한번 구입하면 전매할 수 없고, 지금의 용도 이외에 다른 용도에는 사용할 수 없다고 하자. 이때 자본(기계)의 사용에 따르는 기회비용은 0이다. 따라서 비용 계산 시 2,000만원에 대한 이자지급비용만을 고려하면 기업의 운영상태를 볼 때 이 기업은 초과이윤을 벌어들이고 있다.

(2) 최근 새로운 기계가 개발된 것을 감안할 때 이 회사의 운영상태는 어떻게 평가되는가? 기회비용의 관점에서 평가해 보라.

해답 만약 기업이 500만원짜리 기계로 대체할 것을 고려 중이라고 해보자. 이 기계 역시 전매와 타용도 사용이 불가능하다고 하자. 이때 2년 전에 구입한 기계는 공장에 방치해 두는 것이 된다. 따라서 500만원짜리 기계 사용 시의 비용에는 연간 이자지급비용 100만원 이외에 1,000만원짜리 기계를 놀리면서 지출하게 되는 이자지급비용 200만원도 포함되어야 한다. 따라서 500만원짜리 기계를 새로이 도입하려고 할 때 지출되는 총비용은 100만원이 아니라 300만원인 반면, 기존의 기계 사용에는 200만원밖에 들지 않는다. 따라서 기업은 기존의 생산설비를 유지해야 한다.

08. 노동(L) 한 단위의 가격이 6, 자본(K) 한 단위의 가격이 3이고, 기업의 생산함수는 $Q = \min\{L, K\}$라고 하자. 다음 물음에 답하라.

(1) 노동의 한계생산과 자본의 한계생산을 도출하라.

해답 $L > K : MP_L = 0,\ MP_K = 1$

$L < K : MP_L = 1,\ MP_K = 0$

(2) 비용극소화조건을 고려하여 노동과 자본이 어떤 방식으로 생산과정에 투입되는 것이 가장 효율적인 생산방식인지 설명하라.

해답 $L > K$일 때 K를 초과하는 L은 한계생산성이 0이므로 비효율적이고, $L < K$일 때 L을 초과하는 K는 한계생산성이 0이므로 비효율적이다. 따라서 $L = K$만

이 효율적이다.

(3) 노동과 자본의 수요함수를 구하라.

해답 $L = K = Q$

(4) 이 기업의 총비용함수와 평균비용함수를 구하라.

해답 $TC = WL + RK = 6Q + 3Q = 9Q,\ AC = 9$

09. 투입요소 상대가격비율의 변화율에 대한 투입요소비율의 변화율을 대체탄력성이라고 한다(대체탄력성 = 요소투입비율의 변화율/요소 상대가격비율의 변화율). 아래와 같은 등량선이 주어져 있을 때 각각 대체탄력성은 어떻게 나타날지 설명하라.

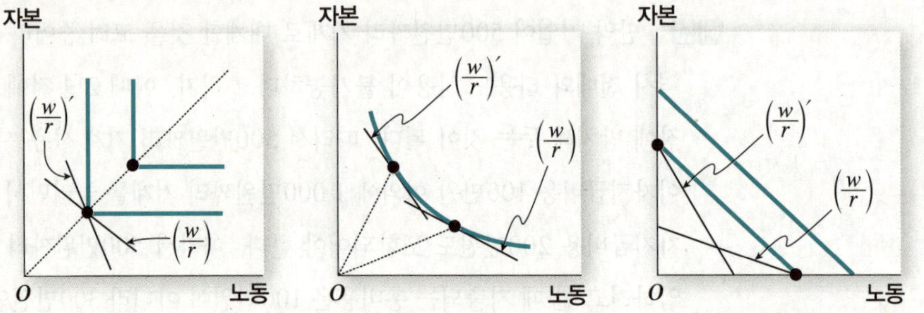

(a) (b) (c)

해답 대체탄력성은 다음과 같이 정의할 수 있다.

$$\sigma = \frac{\frac{\Delta(K/L)}{K/L}}{\frac{\Delta MRTS}{MRTS}} = \frac{\frac{\Delta(K/L)}{K/L}}{\frac{\Delta(w/r)}{w/r}}$$

여기서 $MRTS$(Marginal rate of technical substitution)는 한계기술대체율을 의미하고, 2절에서 배웠듯이 생산자의 최적 균형에서 $MRTS_{L,K} = -\Delta\left(\frac{K}{L}\right) = \frac{MP_L}{MP_K}$가 성립한다.

(a) 완전보완재의 경우로, 요소가격 비율($\frac{w}{r}$)이 변화해도 투입비율($\frac{K}{L}$, 원점에서 나온 직선)이 변하지 않으므로 대체탄력성 $\sigma = 0$이 된다.

(b) 요소가격 비율($\frac{w}{r}$)이 증가하면 노동의 투입량이 감소하고 자본의 투입량이 증가하므로, 즉 $\frac{K}{L}$가 커지므로 $\sigma > 0$가 된다.

(c) 완전대체재의 경우로, 요소가격 비율의 작은 변화에도 투입비율은 극단적으로 바뀌므로 $\sigma \to \infty$이 된다.

10. 어떤 기업의 총비용함수가 $C = 2{,}000 + 250Q$라고 한다. 다음 질문에 답하라.

(1) 이 기업의 생산환경이 단기와 장기 중 어떤 상태라 할 수 있는지 타당한 근거를 제시하여 답하라.

해답 교재의 〈그림 4-8〉에서 볼 수 있듯이, 단기비용곡선은 고정비용을 포함하고 있다. 문제의 총비용함수는 고정비용을 2,000만큼 가지고 있으므로 이 기업은 단기적인 생산환경에 있다고 볼 수 있다.

(2) 산출량이 5단위일 때 평균비용과 한계비용을 구하라.

해답

1) 한계비용

산출량이 $Q = 5$일 경우 총비용 $C = 2{,}000 + (250 \times 5) = 2{,}000 + 1{,}250 = 3{,}250$

산출량이 $Q = 6$일 경우 총비용 $C = 2{,}000 + (250 \times 6) = 2{,}000 + 1{,}500 = 3{,}500$

따라서 산출량이 $Q = 5$에서 $Q = 6$으로 한 단위 증가할 때 총비용은 3,500 - 3,250 = 250 증가하였기 때문에 한계비용 $MC = \frac{250}{1} = 250$이 된다.

2) 평균비용

산출량이 $Q = 5$일 경우 총비용은 3,250이므로 평균비용 $AC = \frac{TC}{Q} = \frac{3{,}250}{5} = 650$임을 알 수 있다.

11. 다음 두 명제는 동일한가? 그 이유를 설명하라.

(1) 장기총비용곡선은 단기총비용곡선의 포락선이다.

(2) 장기평균비용곡선은 단기평균비용곡선의 포락선이다.

해답 다음 그림에서와 같이 두 명제는 동일하다. 단기비용은 현재의 자본구조를 변화시킬 수 없는 가운데 산출된 비용이다. 반면 장기비용은 현재의 자본구조가 비효율적일 때 적절한 대체를 할 수 있는 상황에서 도출된 비용이므로 주어진 산출수준에 대하여 장기비용은 결코 단기비용보다 클 수 없다.

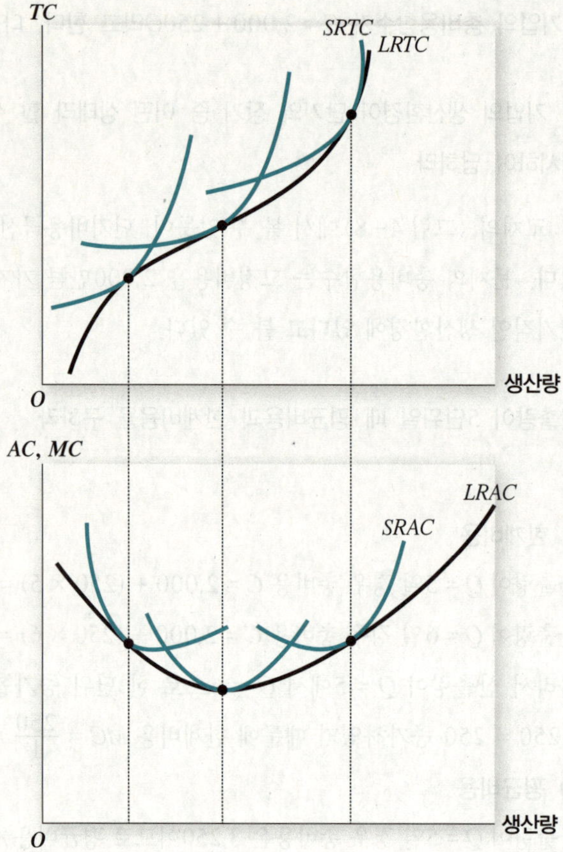

12. A기업에서는 규모의 경제가, B기업에서는 규모의 불경제가 존재한다고 하자. 이들 기업의 장기평균비용곡선의 모양을 각각 나타내고, 어떤 경우에 이런 형태가 나타날 수 있는지 설명하라.

해답

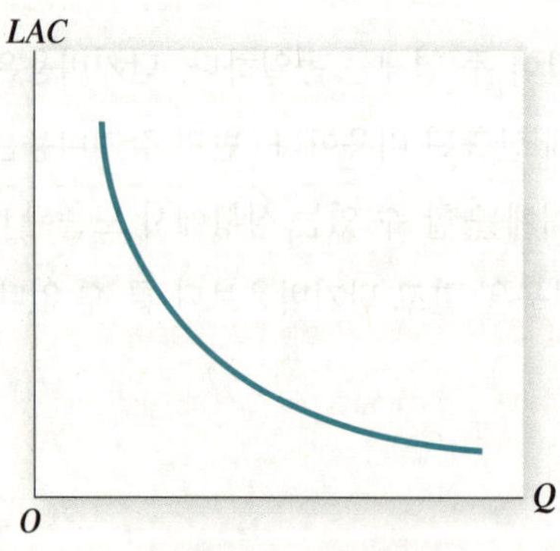

(a) 규모의 경제 존재

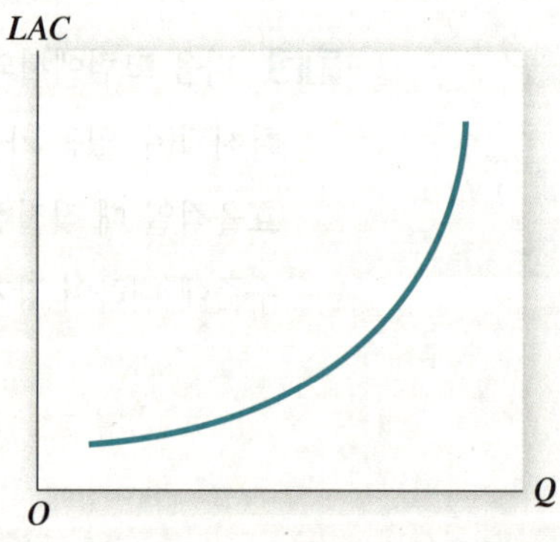

(b) 규모의 불경제 존재

먼저 규모의 경제는 생산량이 증가함에 따라 장기평균비용이 감소하는 경우로 대량생산의 이점이 있을 때 나타난다. 이 경우 장기한계비용은 장기평균비용보다 작다. 한편 규모의 불경제는 생산량이 증가함에 따라 장기평균비용이 증가하는 경우로 소량생산 시 일반적으로 나타난다. 이 경우 장기한계비용은 장기평균비용보다 크다.

[응용문제]

01. 최근 들어 '돈많다' 은행이 지속적으로 창구업무 담당 직원의 수를 늘려왔다고 하자. 다른 업무환경에 변화가 없다고 가정할 때, '돈많다' 은행 창구업무의 생산성은 어떻게 변화되었다고 예상할 수 있는지 타당한 근거를 제시하여 설명하라.

해답 금융서비스 제공을 위해 전산시스템, 지점 공간 확보, 사무기기 구비 등 고정투입요소를 갖춘 상태에서 그동안 지속적으로 가변투입요소에 해당하는 창구담당 직원의 수를 증가시켜 왔다는 점에서 '돈많다' 은행은 현재 2절에서 배운 단기적인 상황의 생산함수를 가지고 있다고 볼 수 있다. 기술적 변화 등의 생산성 변화를 줄 만한 요소는 없으므로 총생산곡선은 그대로 있을 것이나, 노동투입량을 늘리기 이전 노동투입 수준이 어느 정도 되는지 모르므로 그 수준에 따라 답은 달라질 것이다. 왜냐하면 여기서 생산성은 한계생산 수준으로 대표되기 때문이다. 만약 노동투입 수준이 교재 〈그림 4-1〉 (b)의 L_2보다 작고 추가적 투입량이 L_2를 넘어가지 않는다면 생산성은 증가하겠지만, 추가적 투입량이 많아지거나 추가로 노동을 투입하기 전 노동투입량이 L_2보다 많았다면 총생산량은 늘겠지만 생산성은 오히려 감소할 것이다.

02. 역사적으로 미국의 자동차산업 노동자들이 높은 임금을 받아온 것은 다른 산업에 비해 노조가 임금인상 교섭을 통해 임금을 지속적으로 상승시켜 왔기 때문이다. 그렇다면 현재 임금수준이 상대적으로 높다는 사실을 고려할 때 장기적으로 자동차산업에서의 노동-자본 투입은 어떻게 변할 것인가? 생산함수의 특성을 고려하여 설명하라.

해답 생산함수는 기본적으로 한계생산체감의 법칙을 가지며 이는 노동과 자본에 공통적으로 적용된다. 따라서 미국의 자동차산업 노동자들이 노조의 협상력을 이용해 정상적인 수준보다 높은 임금을 받고 있을 경우, 그들은 자신의 한계생산성보다도 높은 임금을 받고 있을 가능성이 크다. 왜냐하면 시장에서 자유롭게 결정되는 임금은 노동자들의 생산성을 반영하여 형성되지만 노조는 임금교섭을 통해 시장가격보다 높은 수준의 임금을 요구할 것이기 때문이다.

따라서 단기적으로 노동과 자본을 생산요소로 가지고 있는 기업은 노동을 과잉보유할 수밖에 없으며 이는 곧 노동의 한계생산성이 자본의 한계생산성보다 낮다는 것을 의미한다. 따라서 임금인상에 따라 근로자들의 생산성이 적어도 시장균형보다 높게 설정된 현재 임금에 맞추어 증가하지 못한다면 고용주에게는 노동의 투입을 줄이고 자본의 사용을 늘릴 유인이 발생한다. 따라서 장기적으로는 노동에 비해 상대적으로 자본투입 비율이 증가할 것이다.

03. 민호는 1년에 8천만원의 연봉을 받으며 기계 디자이너로 활동하고 있다고 하자. 그는 직장생활을 그만두고 그동안 모아둔 5천만원의 예금으로 개인 사무실을 구해서 프리랜서로 활동하는 것을 고민하고 있다. 민호가 알아본 프리랜서의 수입과 비용은 다음과 같다.

> 연 수입 1억 8천만원, 사무실 임대비용 3천만원, 사무실 직원 1인 임금 4천만원, 컴퓨터 및 사무기기 구입비용 1천만원, 예금금리 4%, 대출금리 6%

(1) 민호가 프리랜서로 개업을 해야 하는지, 현재의 직장생활을 계속해야 하는지 합리적으로 결정하고 그 이유를 설명하라.

해답

	수입	회계적 비용	암묵적 비용	회계적 이윤	경제적 이윤
프리랜서	1억 8천만원	8,180만원	8,200만원	9,820만원	1,620만원

프리랜서 개업에 대한 수입 = 1억 8천만원

프리랜서 개업에 대한 회계적(명시적) **비용**

= 사무실 임대비 3천만원 + 직원 임금 4천만원 + 기기 구입 1천만원 + 대출금 이자 180만원 = 8,180만원

* 대출이자 = 대출금(3,000만원 = 8,000만원 − 5,000만원) × 0.06 = 180만원

프리랜서 개업에 대한 암묵적 비용

= 5천만원 예금액에 대해 받을 수 있는 예금이자 200만원 + 연봉 8,000만원

= 8,200만원

* 예금이자 = 5000만원 × 0.04 = 200만원

프리랜서 개업에 대한 회계적 이윤

= 수입 − 회계적 비용 = 1억 8천만원 − 8,180만원 = 9,820만원

프리랜서 개업에 대한 경제적 이윤

= 수입 − (회계적 비용 + 암묵적 비용)

= 수입 − 기회비용 = 1억 8천만원 − 1억 6,380만원 = 1,620만원

경제적 이윤이 양(+)의 값을 가지므로 프리랜서 개업을 하는 것이 낫다.

(2) 프리랜서 사무실 개업 후 어느 날 민호와 직원 수지가 나눈 다음의 대화를 읽고 누구의 견해가 합리적인지 근거를 제시하여 설명하라.

수지 : 사장님, 우리가 개업하면서 1천만원 주고 구입한 컴퓨터 및 사무기기를 A사가 5백만원에 빌려줄 수 있는지 문의요청이 있습니다. 제가 알아보니 렌탈은행에 가면 동일 성능의 기기를 3백만원에 빌릴 수 있답니다.

민호 : 이미 1천만원이나 주고 구입한 기기가 있는데 왜 렌탈은행에서 임대해서 씁니까? 3백만원씩이나 지불해야 하는데… A사에게 렌탈은행에서 빌려 쓰라고 하세요. 우리는 1천만원을 이미 지불했기 때문에 더 이상 기기를 위한 비용지출은 할 수 없답니다.

수지 : A사는 아직 신생기업이라 렌탈은행에서 기기임대신청을 할 수가 없다네요. 우리 기기를 빌려주고, 우리는 렌탈은행에서 빌려서 쓰는 것이 어떨까요?

민호 : 아, 글쎄. 이미 1천만원을 지출했기 때문에 안 된다니까요!

수지 : …

해답 이 문제에서 핵심은 컴퓨터 및 사무기기의 값 1천만원이 매몰비용이냐 아니냐이다. 만약 사무기기 산 것을 재판매할 수 있다면 1천만원은 매몰비용이 아니므로 의사결정에서 고려해야 하겠지만, 재판매가 불가능하다면 1천만원은 매몰비용이므로 의사결정 시 고려해서는 안 된다. 여기서는 재판매가 불가능하다고 가정하자. 그렇다면 만약 A사에 기기를 임대해 주지 않는다면 얻게 될 수입은 0일 것이다. 하지만 A사에게 임대해 주고 5백만원을 받은 뒤, 수지가 말한 렌탈은행에서 3백만원을 주고 동일 기기를 빌린다면 2백만원의 이득을 누릴 수 있다.

따라서 사장은 수지의 의견을 따라야 할 것이다.

04. 작은 여인숙을 경영하고 있는 민호네가 어느 날 한 투숙 손님을 받게 되었다고 하자. 이 여인숙의 하루 숙박비용은 10만원이지만 이 손님은 몹시 가난한 관계로 5만원밖에 낼 수 없다. 현재 방은 모두 비어 있으며 투숙객 방 정리나 룸서비스 등을 위해 고용할 수지의 하루 일당은 2만원이다. 다음 질문에 답하라.

(1) 민호가 경제학 공부를 통해 기회비용의 개념을 잘 알고 있다면 적은 돈을 가지고 있는 이 손님을 받아들일 것인가?

해답 손님을 받을 것이다. 민호가 손님을 받을 경우와 그렇지 않을 경우로 나누어서 기회비용을 생각해 보자. 민호가 만약 손님을 받지 않을 경우에는 그날 수지를 고용하지 않고 빈 방을 놓아 둠으로써 0원의 이익을 올릴 수 있다. 하지만 손님을 받을 경우에는 손님에게 5만원을 받고 그중 2만원을 수지에게 지급함으로써 3만원의 이익을 얻을 수 있다. 따라서 특별한 일이 없다면 민호는 손님을 받지 않을 경우 발생하는 3만원의 기회비용을 고려하여 손님을 받을 것이다.

(2) (1)을 참고하여 5만원밖에 없는 이 손님이 민호네 여인숙에 투숙하기 위해서는 최소한 얼마의 돈이 필요한지 설명하라.

해답 2만원. 민호의 입장에서는 이 손님이 2만원 이상의 돈만 가지고 있다 하더라도 손님을 받을 경제적 유인이 있다. 손님에게 방을 내주고 수지를 고용함으로써 단돈 10원의 이익이 발생하더라도 그 선택은 손님을 거절함으로써 0원의 이익을 올리는 것보다 나은 선택이기 때문이다.

(3) 수지의 임금과 손님이 가진 돈 사이에는 어떠한 관계가 성립하는가? 예를 들어 수지의 임금이 일당 6만원으로 상승한다면 어떤 일이 벌어지겠는가?

해답 수지의 임금은 이 상황에서 민호가 고려할 수 있는 유일한 비용이다. 따라서 (손님이 낸 숙박비 − 수지의 임금)의 값이 0보다 크다면 민호는 손님을 받을 용의가 있다. 즉, 손님이 낼 숙박비는 최소한 수지의 임금보다 커야 하며, 따라서 만약 수지의 임금이 6만원으로 상승하게 된다면 5만원밖에 가지고 있지 못한 이 손님은 민호에게 문전박대를 당할 수밖에 없을 것이다.

05. 다음 두 주장에 대해 각각 논평하라.

(1) 장기평균비용곡선은 한계생산이 체증할 때는 우하향하고 한계생산이 체감할 때는 우상향하므로 U자형을 이룬다.

해답 장기라는 개념은 모든 생산요소가 가변적일 수 있는 상황이다. 따라서 장기평균비용곡선은 다른 투입요소들이 고정되어 있고 하나의 생산요소만이 가변적일 때 추가적인 가변투입요소 한 단위가 생산에 기여하는 정도, 즉 한계생산성의 크기에 의해 결정되는 것이 아니다. 장기평균비용곡선은 모든 생산요소가 변화하는 상황, 즉 생산규모의 변화에 따른 규모수익의 체증 · 체감 · 불변에 의해 규정되는 것이다. 장기평균비용곡선이 우하향할 때는 규모수익체증일 때이고, 우상향할 때는 규모수익체감일 때이다.

(2) 장기비용함수가 U자 모양을 가진다는 가정 하에 기업은 항상 장기평균비용곡선의 최저점에서 생산하고자 할 것이다.

해답 생산점은 해당 산업의 경쟁 정도에 따라, 그리고 단기냐, 장기냐에 따라 달라질 수 있다. 우선, 앞으로 배우겠지만 완전경쟁시장에서는 단기에 생산시설 확장의 어려움으로 장기평균비용곡선의 최저점에서 생산하지 못하지만 장기에는 가능하다. 하지만 독점, 독점적 경쟁, 과점 등의 시장에서는 단 · 장기 모두 장기평균비용곡선의 최저점에서 생산하지 않을 수 있다.

[연습문제]

01. 개별 기업이 직면하는 수평의 수요곡선이 의미하는 바가 무엇인지 논리적으로 설명해 보라.

해답

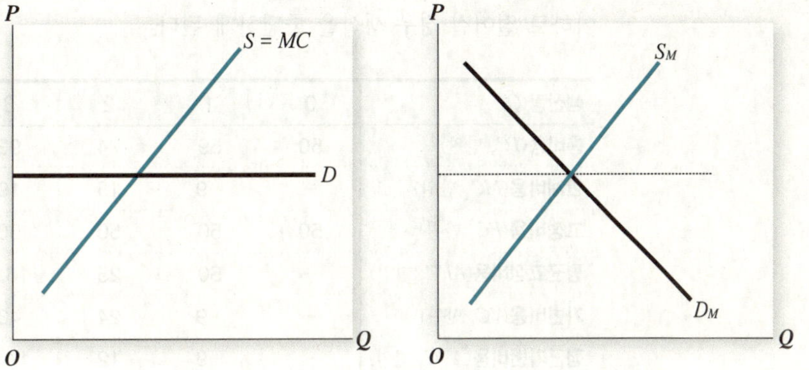

(a) 개별 기업　　(b) 시장

전체 시장규모에 비하여 생산규모가 월등히 작은 개별 기업은 자신이 산출량을 아무리 늘리거나 줄이더라도 시장가격 수준을 변화시킬 수 없다는 것을 깨닫게 된다. 따라서 시장에서 균형가격 수준이 주어질 경우 그 가격수준에서 얼마든지 생산해도 전부 판매될 수 있다고 믿는다. 그 때문에 개별 기업이 인식하는 수요곡선, 즉 각 가격에서 얼마만큼 판매할 수 있는가를 나타내는 주관적인 수요곡선은 시장에서 결정된 균형가격 수준에서 수평이 되는 것이다.

그러나 사실 균형가격이란 이 개별 기업들의 한계비용곡선의 수평합인 시장 공급곡선과 시장 전체의 수요곡선에 의해 결정되는 가격이므로 수평인 개별 수요곡선은 균형상태에서 나타나는 특성이다. 이때 각 기업의 생산량은 해당 개별 기업의 비용구조에 의해 배분된다. 결과적으로 기업이 생산량을 결정할 때에는 수요측면의 제약을 생각하지 않더라도 비용조건에 의한 제약과 시장의 힘이 기업에게 전체 시장 생산물 중 극히 일부분의 생산을 담당할 수 있도록 배분하여 주는 것이다.

02. 완전경쟁시장에서 활동하고 있는 한 기업의 생산량에 대한 총비용이 다음과 같다고 하자.

Q(생산량, 단위)	0	1	2	3	4	5	6
TC(총비용, 만원)	50	59	74	93	128	175	234

고정비용의 절반을 회수할 수 있는 경우 조업중단가격과 단기공급곡선을 구하라.

해답 2절의 〈그림 5-6〉에서 보았듯이 생산 중단 시 고정비용을 계속 부담해야 하는 경우 평균가변비용곡선(AVC)의 최저점이 조업중단점이 된다. 따라서 만약 생산 중단 시 고정비용 절반을 회수할 수 있다면 $AVC+\frac{AFC}{2}$의 최소값이 조업중단가격이 될 것이다. 다음의 표에서 최소값이 22.65만원이므로 가격이 22.65만원 이하로 떨어질 경우 생산을 중단하게 된다.

생산량(Q)	0	1	2	3	4	5
총비용(TC, 만원)	50	59	74	93	128	175
한계비용(MC, 만원)	–	9	15	19	35	47
고정비용(FC, 만원)	50	50	50	50	50	50
평균고정비용(AFC, 만원)	–	50	25	16.7	12.5	10
가변비용(VC, 만원)	–	9	24	43	78	125
평균가변비용(AVC, 만원)	–	9	12	14.3	19.5	25
평균비용(AC, 만원)	–	59	37	31	32	35
$AVC+\frac{AFC}{2}$	–	34	24.5	22.65	25.75	30

생산량이 4, 5, … 단위일 때는 생산이 지속되는 반면, 3단위까지는 생산하지 않는 것이 유리하다. 따라서 $Q=0$에서는 수직축으로, 생산량 $Q=$ 4, 5, … 단위에서는 $AVC+\frac{AFC}{2}$보다 큰 한계비용의 크기를 표시하여 연결하면 단기공급곡선을 그릴 수 있다

03. 완전경쟁시장의 기업들은 장기적으로 0의 경제적 이윤을 얻는다. 그럼에도 불구하고 이들이 시장에 남아 있는 이유는 무엇인가?

해답 0의 경제적 이윤, 즉 정상이윤율에는 생산활동에 따른 기회비용이 포함되어 있기 때문이다. 다시 말해, 회계이윤은 0이 아닐 수 있다. 또한 기업의 고정비용은 매몰비용(sunk cost)에 속하기 때문에 합리적인 기업가의 의사결정에 영향을 미치지 못한다. 따라서 완전경쟁시장의 기업이 장기균형에서 평균가변비용

(AVC)에 해당하는 이윤을 얻게 된다면, 설사 이미 지출된 고정비용을 충당할 수 없더라도 기업의 입장에서는 시장을 떠날 경제적 유인이 존재하지 않는다.

04. 제2절(경쟁기업의 단기균형과 공급곡선)에서 풀어본 [연습문제 2]에 계속 이어서 다음 질문에 답하라.

(1) 완전경쟁시장에서 활동하고 있는 이 기업은 손익분기점에서 정상이윤을 벌어들인다. 완전경쟁시장에 있는 개별 기업들이 초과이윤이 아닌 정상이윤에서도 기업경영을 하는 이유는 무엇인가? 단기적인 측면에서 현재 이 기업과 같이 정상이윤에서 기업경영을 하는 현상이 자원배분 측면에서 비효율적일 수 있다는 견해를 이윤극대화 조건에서의 생산과 비교하여 설명하라.

해답 완전경쟁시장에서 기업은 초과이윤을 남기지 못한다. 하지만 경제학에서 말하는 이윤은 기회비용을 제거한 값이기 때문에 정상이윤은 존재한다. 따라서 기업경영을 할 이유가 존재한다. 단기적인 측면에서 정상이윤에서도 기업이 생산을 한다면 $P = SMC = SAC$가 되지만, 장기적 최적배분점인 $P = LMC = LAC$를 보장할 수 없으므로 장기평균비용곡선의 관점에서 보면 장기 최적균형 생산량보다 작거나 크다. 따라서 장기 최적 수준에 비해 비효율적인 자원배분이라 볼 수도 있다.

(2) 단기적으로 이 기업이 정상이윤에서 생산활동을 한다는 점이 자원배분의 비효율성을 초래한다면 생산환경에 어떤 변화를 줌으로써 효율적인 자원배분을 가능하게 할 수 있는지 설명하라.

해답 비효율적인 자원배분을 제거하기 위해서는 만약 장기균형생산량보다 작은 상태에 있다면 단기에서 초과이윤을 누릴 수 있게 정부에서 보조금을 주거나 대량구입을 해주고, 더 많은 상태에 있다면 세금을 매기거나 제재를 통한 수요감소를 통해 많은 기업들이 시장에서 나가게 함으로써 장기균형생산량에 도달하게 만들 수 있다.

[응용문제]

01. 꽃을 재배하는 농부 민호는 자신의 토지에 코스모스를 재배하고 있다. 그는 코스모스를 꽃시장에 내다 팔아 수입을 얻고 있는데, 가끔씩 코스모스가 풍년일 때에는 꽃을 시장에 내다 팔지 않고 대부분을 불살라 버리는 경우가 있다. 이러한 민호의 행동이 자신의 이윤극대화를 위한 합리적인 선택이라고 가정한다면, 그의 행동에 영향을 끼친 경제적 요인은 무엇인지 설명하라.

해답 기업의 이윤극대화 준칙에서 살펴본 기업의 이윤극대화조건은 다음의 세 가지이다. (1) 가격은 적어도 평균가변비용을 충당해야 한다. (2) 한계수입은 한계비용과 같아야 한다. (3) 한계비용곡선은 한계수입곡선을 아래로부터 교차해야 한다.

꽃에 대한 수요와 공급의 가격탄력성이 상대적으로 낮은 편임을 감안할 때, 코스모스가 풍년일 경우 코스모스의 가격은 매우 낮은 수준에 형성될 것이다. 이때 코스모스를 꽃시장으로 운반하는 비용이나 코스모스가 운반되는 동안 꽃이 시들지 않게 관리하는 비용 등 평균가변비용이 오히려 시장에서 형성된 코스모스의 가격보다 높을 경우 민호는 코스모스를 꽃시장에 팔 경제적 유인이 없다. 민호에게는 차라리 코스모스의 대부분을 없앰으로써 시장에서 남은 코스모스의 가격을 높이고 가변비용을 낮추는 편이 경제적으로 유리한 선택일 수 있다. 이는 다른 산업에 비해 수요와 공급의 가격탄력성이 낮은 농업 및 축산업에서 상대적으로 빈번하게 나타나는 사례 중 하나이다.

02. 완전경쟁적인 치즈산업이 있다. 현재 경기가 불황이라 정부가 다음과 같은 대책을 내놓았다. 이러한 정책으로 치즈산업의 장기균형에서 총생산량, 기업의 수, 개별 기업의 생산량이 어떻게 변할지 예측해 보라. (단, 기업의 평균비용곡선은 U자형이며, 요소비용은 생산량에 관계없이 일정하다고 가정한다.)

(1) 치즈의 대량구입

해답 기업의 평균비용곡선이 U자일 때 정부가 치즈를 대량구입하면 단기적으로 가격이 상승하고 초과이윤이 생길 것이다. 이에 따라 기존 기업은 시설을 확장하고, 새로운 기업들이 시장으로 진입할 것이다. 장기적으로 초과이윤이 0가 되는 시점까지 균형은 조절될 것이고, 결국 $LAC = LMC = P$인 점에서 균형을 이룰 것이다. 한편 시장 전체적으로는 신규 기업들이 진입하므로 공급이 늘어나고 이에 따라 가격은 하락할 것이다. 결국 요약하면 총생산량과 기업 수는 증가하고, 개별 기업 생산량은 불변이다.

(2) 치즈 생산자들에게 (생산량과 무관한) 일정 금액의 보조금 지급

해답 보조금 지급은 생산비용을 낮추므로(평균비용곡선 아래로 이동) 단기적으로 초과이윤 상태가 발생한다. 이후 과정 및 결과는 (1)과 같다.

제6장 독점시장

[연습문제]

01. 현실경제에서 독점시장의 구체적 예를 조사하여 그 시장에 독점이 발생하게 된 원인을 서술하라.

해답 **한국전력** : 현저한 규모의 경제가 존재할 경우 자연독점이 발생할 수 있다. 전력산업의 경우 대표적인 사례가 될 수 있다. 단, 전력산업 등의 기간산업은 그 공적인 성격상 국가 운영 하에 독점되고 있다.

02. 단기적으로 자본이 5로 고정되어 있는 어떤 독점기업이 노동량을 변화시킬 때 얻을 수 있는 생산량은 다음과 같다고 하자.

L	1	2	3	4	5	6
생산량	17	24	30	35	39	42

이 독점기업의 수요곡선 식은 $P = -\frac{1}{2} \cdot Q + 50$이라고 한다.

(1) 한계생산을 구하라.

해답 한계생산

L	1	2	3	4	5	6
생산량	17	24	30	35	39	42
한계생산	17	7	6	5	4	3

(2) 한계수입을 구하라.

해답 한계수입($P = -\frac{1}{2}Q + 50$이므로 $MR = -Q + 50$이다)

생산량	17	24	30	35	39	42
한계수입	33	26	20	15	11	8

(3) 임금이 50이라면 최적생산량과 최적고용량은 얼마인가?

해답 기업은 다음의 식이 유지되는 수준에서 노동을 고용할 것이다.

$$MR \times MP_L = W$$

이 식의 의미를 살펴보자. W는 노동을 한 단위 더 고용할 때 추가적으로 드는 비용이다. MR은 생산량을 한 단위 더 늘렸을 때의 수입증가분이고, MP_L은 추가적인 노동 한 단위의 생산량이다. 즉, 좌변은 노동을 한 단위 더 늘렸을 때 기업의 수입이 증가하는 정도를 나타낸다. 문제에서 만약 노동을 1단위 고용한다면 $33 \times 17 > 50$이므로 기업은 고용량을 늘릴 것이다. 노동을 2단위 고용할 때 추가적인 비용지출은 50인 반면, 추가적인 수입은 7×26이므로 여전히 이익이 된다. 그러나 노동을 5단위째 고용하려 하면 수입의 증가분은 44이므로 비용증가분보다 작다. 따라서 기업은 4단위까지 노동의 고용을 늘려 35단위를 생산한다.

03. (1) 어떤 독점기업의 고정비용이 24이고, 가변비용이 생산량 1단위당 2라고 한다. 이 기업의 평균비용 및 한계비용을 구하고, 이를 그래프 상에 나타내 보라.

해답 $FC = 24,\ VC = 2Q$이므로 $TC = FC + VC = 2Q + 24$

$$\therefore\ AC = \frac{TC}{Q} = 2 + \frac{24}{Q},\quad MC = 2$$

그래프는 다음과 같다.

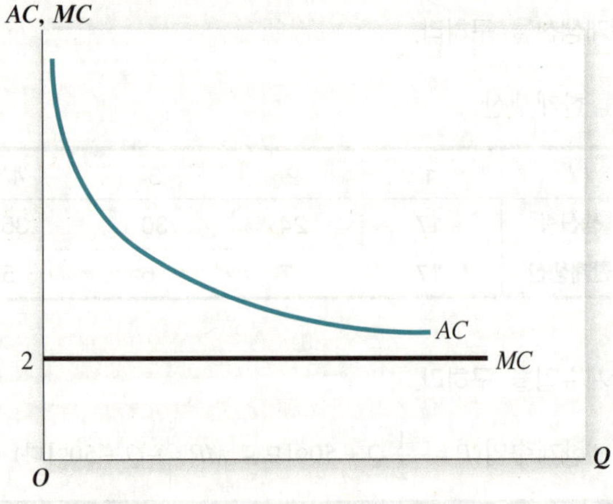

(2) 이 독점기업이 직면하는 수요곡선의 식이 $P = 10 - \frac{1}{2} \cdot Q$라고 할 때 이윤극대화를 추구하는 이 독점기업의 균형생산량은 얼마이며, 이때의 가격과 평균비용, 이

윤은 각각 얼마인가?

해답

$$P = 10 - \frac{1}{2}Q \text{이므로}$$

$$TR = PQ = 10Q - \frac{1}{2}Q^2$$

$$\therefore\ MR = 10 - Q$$

이윤극대화조건은 $MR = MC$이므로 $MR = 10 - Q = 2 = MC \quad \therefore\ Q = 8$

$$P = 10 - \frac{1}{2} \cdot Q = 6$$

$$\Pi = TR - TC = 48 - (16 + 24) = 8$$

$$AC = \frac{TC}{Q} = 2 + \frac{24}{8} = \frac{40}{8} = 5$$

(3) 장기적으로 볼 때 이 독점기업의 이윤을 증가시킬 수 있는 방법은 존재하는가?

해답 장기적으로는 고정비용이 없어지고 모든 비용은 가변비용이 된다. 이것은 생산규모를 신축적으로 조정할 수 있기 때문이다. 따라서 현재의 생산시설이 최적규모가 아니라면 생산설비를 조정함으로써 비용을 감소시키고 이윤을 증가시킬 수 있을 것이다. 또한 축적된 독점이윤을 R&D로 돌리거나 경영혁신을 통해 불필요한 비용지출을 없앰으로써 이윤을 증대시킬 수 있다. 이 기업의 산출량과 가격, 독점이윤의 크기는 다음 그림을 참조하라.

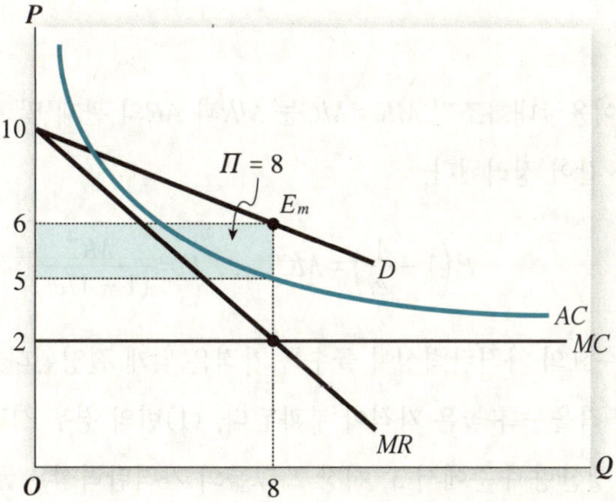

04. '깊은맛'은 전통차를 재배하여 공급하고 있는 기업이다. 이 기업은 소비자를 두 집단으로 구분하여 전통차를 각각 다른 가격에 판매하고 있는데, 각 수요곡선은 다음과 같고 전통차 생산의 한계비용은 3이다.

$$Q_1^D = -7P_1 + 42$$
$$Q_2^D = -P_2 + 150$$

해답 $MC = 3$

$$\begin{cases} P_1 = 6 - \frac{1}{7}Q_1 \\ P_2 = 150 - Q_2 \end{cases} \rightarrow \begin{cases} MR_1 = 6 - \frac{2}{7}Q_1 \\ MR_2 = 150 - 2Q_2 \end{cases}$$

(1) 각각의 가격과 생산량, 그리고 총생산량을 구하라.

해답 가격차별화를 시행하려는 독점기업도 이윤극대화조건에는 변함이 없다. 즉, 독점기업이 구분한 두 시장에서의 한계수입과 한계비용은 같아야 한다. 따라서 $MR_1 = MR_2 = MC$가 성립될 때 독점기업의 가격차별화를 통한 독점이윤이 극대화된다.

시장 1 : $MR_1 = MC$; $6 - \frac{2}{7}Q_1 = 3 \quad \therefore Q_1 = 10.5,\ P_1 = 6 - \frac{1}{7} \cdot \frac{21}{2} = 4.5$

시장 2 : $MR_2 = MC$; $150 - 2Q_2 = 3 \quad \therefore Q_2 = 73.5,\ P_2 = 150 - 73.5 = 76.5$

시장 1+2 : $Q_1 + Q_2 = 10.5 + 73.5 = 84 \quad \therefore Q = Q_1 + Q_2 = 84$

(2) '깊은맛'이 구분한 두 집단의 예를 임의로 들어보고 가격차별의 효과를 설명해 보라.

해답 이윤극대화조건 $MR = MC$는 MR과 AR의 관계 및 AR과 P의 관계에 의해 다음과 같이 정리된다.

$$P_i\left(1 - \frac{1}{e_i}\right) = MC \quad \therefore P_i = \frac{MC}{(1 - 1/e_i)} \quad (i = 1,\ 2)$$

즉, 수요의 가격탄력성이 클수록 가격은 낮게 결정된다. 반대로 수요의 가격탄력성이 작을수록 높은 가격이 부과된다. (1)번의 경우 시장 1 그룹의 가격탄력성은 균형생산량 수준에서 3, 시장 2 그룹의 가격탄력성은 균형생산량 수준에서 1.04이다. 이 기업이 나눈 두 그룹의 예로는 도시와 농촌지역, 부유층과 빈곤계층, 회사원과 학생 등이 있는데 기업은 가격차별을 함으로써 시장 1 그룹의 수요를 유도하여 전통차의 소비를 더욱 크게 촉진시킬 수 있다.

05. 어떤 대형 제약회사가 유망한 중소제약사 몇 곳에 대한 인수를 추진하고 있으며, 중견 의류회사 두 곳이 합병(merger)하기로 결정하였다. 다음 물음에 답하라.

(1) 기업 간 인수 · 합병이 생산비용과 경제적 이윤에 어떤 변화를 가져오는지 설명하라.

해답 대형 제약회사의 중소제약회사 인수나 두 의류회사의 합병과 같은 수평적 인수 · 합병인 경우 두 기업의 생산량이 증가함에 따라 규모의 경제효과를 통해 평균생산비용을 절감시킬 수 있다. 만일 두 기업의 주력 시장이 서로 다르면, 인수 · 합병 후의 기업은 범위의 경제효과도 누릴 수 있다. 이와 같이 기업들 간의 인수 · 합병은 규모의 경제효과나 범위의 경제효과를 통해 생산비용을 절감시켜 주기 때문에 이윤에 긍정적인 영향을 준다.

(2) 기업 간 인수 · 합병이 시장구조와 소비자에 미치는 영향을 고려하여 본인이 공정거래위원회 인수 · 합병업무를 담당하는 공무원이라면 어떤 기준으로 기업 인수 · 합병 신청을 심사하겠는가?

해답 기업 간의 인수 · 합병에 의해 개별 기업의 시장지배력이 커진다 하더라도 규모의 경제효과나 범위의 경제효과에 의해 평균비용이 낮아지는 것만큼 소비자가격 또한 낮아질 수 있거나 큰 시장점유율을 가진 기업이 장기적 측면에서 기술개발이나 상품개발 등을 통해 소비자가 느끼는 효용(후생)을 증가시켜 줄 수 있다고 판단할 수 있는 경우라면, 인수 · 합병을 허용하는 것이 경제적으로 타당하다. 하지만 경제적으로 규모의 경제효과나 범위의 경제효과에 근거한 비용절감효과로 자원배분의 효율성은 기대할 수 있지만 기업결합에 의해 소비자들의 만족감이 더 많이 떨어질 수 있는 상태라면, 결정을 재고해야 할 필요가 있을 것이다.

[응용문제]

01. 어떤 독점기업이 생산하는 상품의 생산량과 가격은 $P=-aQ+b$의 관계를 갖는다. 또한 이 기업의 생산비용은 $MC=AC=\frac{b}{3}$의 관계를 갖는다고 한다. 다음 질문에 답하라.

(1) "생산량이 $Q=\frac{b}{2a}$에 도달하기 전까지는 생산량이 증가할수록 이 회사의 총수입이 증가한다"라는 사실을 수요의 가격탄력성을 이용하여 설명하라.

해답 $TR=PQ=P(Q)Q$,

$$\Rightarrow AR=\frac{TR}{Q}=\frac{P(Q)Q}{Q}=P(Q)$$

$$MR=\frac{dTR}{dQ}=P'(Q)Q+P(Q)$$

$$=P(Q)[1+P'(Q)\frac{Q}{P(Q)}]$$

$$=P[1+\frac{dP}{dQ}\frac{Q}{P}]$$

$$=P(1-\frac{1}{e_p})\ (\because \frac{dP}{dQ}\cdot\frac{Q}{P}=\frac{\frac{dP}{P}}{\frac{dQ}{Q}}=-\frac{1}{e_p})$$

따라서 $0<e_p<1$일 때는 수요량 Q가 증가함에 따라 MR은 감소하고, $e_p>1$일 때는 수요량 Q가 증가함에 따라 MR은 증가한다. 그런데 문제에서 $Q=\frac{b}{2a}$에 도달하기 이전이라고 하였기 때문에 $Q=\frac{b}{3a}$라 한다면 MR이 양(+)의 값을 갖는다는 사실을 확인할 수 있다. 따라서 $Q=\frac{b}{2a}$ 이전의 생산량에서는 생산량이 증가할수록 이 기업의 총판매수입은 증가한다.

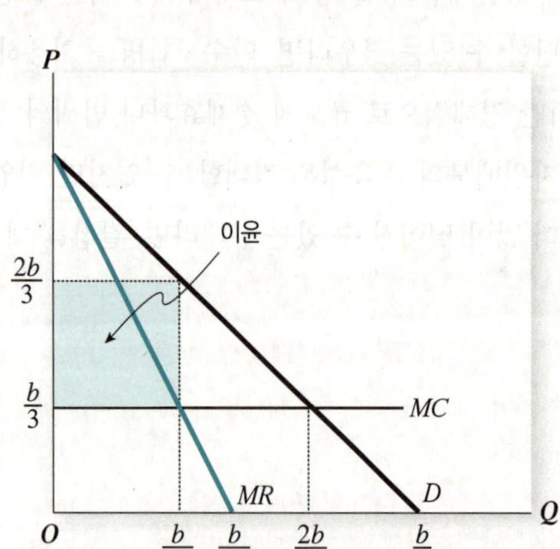

(2) 이윤을 극대화하는 생산량과 가격을 구하라.

해답 이윤극대화조건은 $MR = MC$이므로 $MR = -2aQ + b = \frac{b}{3} = MC \Rightarrow Q = \frac{b}{3a}$, $P = \frac{2b}{3}$가 된다.

(3) 생산량 1단위당 a원의 종량세를 부과한다면 생산량, 가격, 자중손실, 생산비용과 관련된 자원배분의 효율성에는 어떤 변화가 나타나는가?

해답 생산량 1단위에 대해 a원의 종량세를 부과하면 다음 그림과 같이 MC곡선이 상승하면서 생산량이 감소하고 가격이 상승하며 자중손실이 증가한다. 이에 따라 자원배분의 효율성이 악화된다.

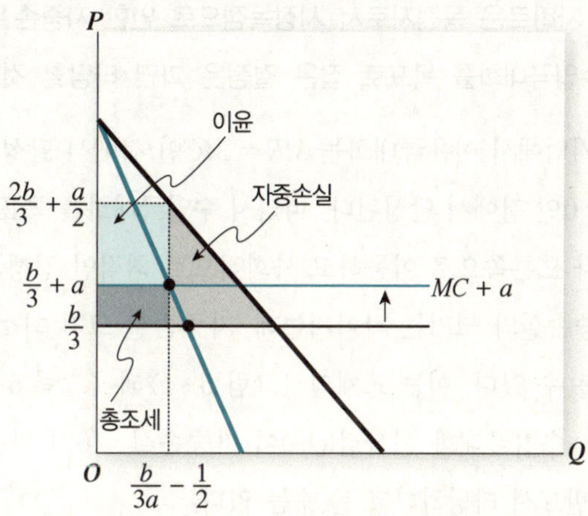

(4) 독점시장의 진입장벽이 사라지는 경우 이 회사의 생산량, 가격, 이윤 및 사회 전체의 후생이 어떻게 변하는지 설명하라.

해답 시장진입장벽이 사라지면 시장에 초과이윤이 존재하므로 새로운 기업들이 진입할 것이고 $P = MC$가 될 때까지, 즉 완전경쟁처럼 $MC = D(= \frac{b}{3} = -aQ + b)$인 생산량 수준까지 생산할 것이다. 이에 따라 시장 전체 공급량이 증가($Q = \frac{2b}{3a}$)하고, 가격은 하락($P = \frac{b}{3} = MC$)하며, 기업의 이윤은 0으로 감소한다. 이는 독점이윤이 소비자잉여로 전환되기 때문으로 자중손실이 사라짐에 따라 사회 전체의 후생이 증가한다.

02. [응용문제 1]의 독점기업이 이제 가격차별화를 통해 독점이윤을 증가시키려 한다고 하자. 이에 대해 시장은 이 회사의 가격차별화전략을 부정적인 시각으로 평가하고 있다. 만일 이 회사의 가격차별화전략을 긍정적으로 평가할 수 있다면 어떤 요인 때문

인지를 사회후생과 자원배분 측면에서 설명하라.

해답 극단적인 예로 독점기업이 완전가격차별을 하려 한다고 가정하자. 〈그림 6-5〉는 일반적인 독점기업과 완전가격차별을 하는 기업을 비교하고 있다. 두 시장의 주요한 차이는 자중손실이 발생하지 않는다는 것이다. 즉, 완전가격차별을 하면 비록 자원배분면에서 소비자잉여가 모두 사라진다는 단점이 있지만 자중손실이 사라지면서 사회후생이 증가한다는 장점이 있다.

03. 한 독점기업을 운영하고 있는 수지가 기업 목표를 이윤극대화가 아닌 수입극대화로 정했다고 하자. 이때 독점시장에서 자중손실의 크기는 어떻게 변하게 되는가? 만약 독자가 매우 자비로운 독점자로서 시장독점으로 인한 자중손실의 크기를 최소화하고자 한다면, 수입극대화를 목표로 잡은 결정은 과연 타당할 것인가에 대해 논평하라.

해답 독점기업에서 이윤극대화는 $MR = MC$인 점에서 달성되는 반면, 수입극대화는 $MR = 0$인 점에서 달성된다. 따라서 수입극대화를 목표로 삼았을 경우에 균형점은 보다 오른쪽으로 이동하고 사회적으로 최적인 경쟁균형에 가까워진다. 따라서 자중손실의 크기는 작아지는데, 자중손실 크기 최소화가 목적이라면 타당하다고 볼 수 있다. 이는 교재의 〈그림 6-1〉과 〈그림 6-2〉를 통해 확인할 수 있다. 단, 수입극대화 생산점(Q_{TR})이 자중손실 = 0인 완전경쟁 생산점(Q_C)보다 큰 경우 반드시 타당하다고 볼 수는 없다.

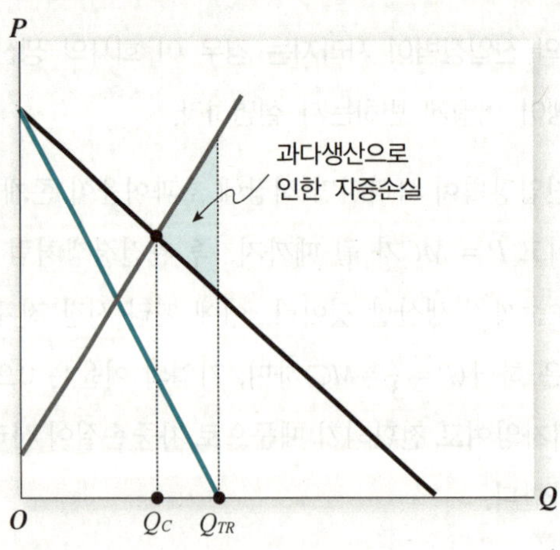

[연습문제]

01. 기업 A가 생산하는 상품에 대한 수요의 가격탄력성이 2이고 이 상품을 생산하기 위한 한계비용이 5라고 하자. 다음 질문에 답하라.

(1) 현재 기업 A가 시장에서 독점적 위치를 차지하고 있다면, 상품의 가격을 얼마로 책정하겠는가?

해답 이윤극대화조건($MR = MC$)에 따라 $MR = P(1-\frac{1}{e_p}) = P(1-\frac{1}{2}) = 5 = MC$이므로 $P = 10$.

* 식 유도과정은 제6장의 [응용문제 2]의 (1)을 참고하라.

(2) 기업 간 경쟁이 치열해져서 언제 어떤 기업이 기업활동을 그만두어야 할지 모르는 상황이라면, 시장에서 퇴출당하지 않고 살아남기 위해 A사는 상품가격을 얼마로 책정해야 하는가? 그 이유를 설명하라.

해답 우선 이 기업만이 시장에 존재한다면, 가격은 다음과 같이 결정된다.

$$MR = P(1-\frac{1}{e_p}) = P(1-\frac{1}{2}) = MC = 5$$

$$\therefore P \cdot \frac{1}{2} = 5 \quad \therefore P = 10$$

그런데 치열한 경쟁이 예상되고 실제로 그렇게 된다면 기업이 결정하는 가격은 완전경쟁 수준에서 결정된다. 따라서 완전경쟁시장에서의 가격과 한계비용조건에 의해 다음과 같이 가격이 결정된다.

$$P = MC \quad \therefore P = 5$$

02. 상품의 가격과 생산량이 $P = -\frac{3}{2}Q + 3{,}600$의 관계를 갖고 0의 한계비용으로 생산된다고 하자. 이 상품의 수요가 다음과 같이 0단위부터 2,400단위 사이에 있다고 할 때 다음에 답하라.

수요량(Q)	0	200	400	600	800	1,000	1,200	1,400	1,600	1,800	2,000	2,200	2,400
가격(P)													

(1) 이 상품의 수요량에 맞는 가격(P)란을 채워라.

해답

Q	0	200	400	600	800	1,000	1,200	1,400	1,600	1,800	2,000	2,200	2,400
P	3,600	3,300	3,000	2,700	2,400	2,100	1,800	1,500	1,200	900	600	300	0

(2) 이 상품을 생산하는 A사와 B사가 있다고 하자. 두 기업이 카르텔을 형성한다고 할 때 카르텔의 이윤을 극대화하는 생산량과 가격은 어느 수준에서 결정되는가?

해답 A사와 B사가 카르텔을 조성한다는 것은 이미 이 시장이 독점시장과 같아진다는 것을 의미한다. 따라서 독점기업의 이윤극대화원리를 적용하여 가격과 생산량을 결정할 수 있다.

$$P = -\frac{3}{2}Q + 3{,}600,\ MC = 0\text{이므로 } Q = Q_A + Q_B$$

$$TR = PQ = -\frac{3}{2}Q^2 + 3{,}600Q$$

$$MR = \frac{dTR}{dQ} = -3Q + 3{,}600$$

$$MR = MC \Leftrightarrow -3Q + 3{,}600 = 0$$

$$\therefore\ Q = 1{,}200,\ P = 1{,}800$$

(3) 정부가 두 기업의 담합을 금지한다고 발표하자, A사와 B사는 상대방 기업의 전략을 고려하여 가격 경쟁을 한다고 하자. 두 기업이 생산하는 생산량과 가격은 얼마이며, 시장 전체의 생산량과 가격은 얼마로 결정될 것인가?

해답 A사와 B사가 동질적 과점시장에서 가격경쟁을 하는 모형을 버트란드 경쟁모형이라 배운 바 있다. 버트란드 모형에서는 균형가격이 과점산업 내의 최저한계비용에 의해 결정되므로 $P_A = P_B = MC$에 따라 두 기업 모두 가격을 0으로 책정하게 된다. 따라서 시장 전체의 가격은 0, 생산량은 2,400이 된다. 이때 A사와 B사의 생산량은 0과 2,400의 범위에서 유동적인데, 두 기업이 동일하게 행동한다면 각각 1,200만큼을 생산하게 된다.

(4) 문제 (3)과 같은 상황에서 A사나 B사가 가격선도전략을 적용한다면 두 기업의 생산량과 가격 및 시장 전체의 생산량과 가격에는 어떤 변화가 있는가?

해답 만일 A사가 가격선도기업이라고 한다면, A사는 위 문제 (3)에서 구한 B사의 생산량을 주어진 것으로 인식하고 자신의 생산량과 가격을 결정할 것이다. 따라서

$$P_A = -\frac{3}{2}(Q_A + Q_B) + 3,600 = -\frac{3}{2}(Q_A + 1,200) + 3,600$$
$$= -\frac{3}{2}Q_A + 1,800$$

$$TR_A = -\frac{3}{2}Q_A^2 + 1,800Q$$

$MR_A = -3Q_A + 1,800$, $MR_A = MC$에 의해 $Q_A = 600$, $Q_B = 1,200$, $P = 900$이 된다.

03. 모래 소유권을 갖고 있는 어떤 지방자치단체가 모래를 건축자재로 판매하는 좋은모래(주)와 깨끗한모래(주)에게 모래 채취권한을 주었다. 이에 따라 건축자재 모래시장은 두 기업으로 양분되었다고 하자. 다음 질문에 답하라.

(1) 좋은모래(주)와 깨끗한모래(주)가 생산량 경쟁을 하는 경우 모래 가격이 떨어져서 기업의 이윤이 줄어들 가능성이 존재한다. 두 기업이 모래 채취량을 줄이는 경우 두 기업의 기대이윤은 각각 6억원인 반면, 두 기업이 모래 채취량을 증가시키는 경우는 기대이윤이 각각 3억원이라고 하자. 또한 좋은모래(주)는 채취량을 감소시키고 깨끗한모래(주)는 채취량을 증가시키는 경우 좋은모래(주)는 1억원을, 깨끗한모래(주)는 8억원을 벌어들일 수 있고, 반대로 좋은모래(주)가 채취량을 늘리고 깨끗한모래(주)가 채취량을 줄이면 두 기업은 각각 8억원과 1억원을 벌어들일 수 있다고 한다. 각 상황에서 두 기업이 기대할 수 있는 이윤을 보수행렬로 표현하라.

해답

		깨끗한모래(주)	
		감량	증량
좋은모래(주)	감량	(6억원, 6억원)	(1억원, 8억원)
	증량	(8억원, 1억원)	(3억원, 3억원)

(2) 문제 (1)의 보수행렬에서 내쉬 균형과 우월전략 균형은 무엇인가?

해답 우선 깨끗한모래(주)나 좋은모래(주) 모두 '증량' 전략을 택하는 것이 상대기

업의 전략에 관계없이 항상 더 높은 보수를 제공하므로 둘 다 '증량'을 선택하는 것이 우월전략균형이다. 즉, 우월전략균형 = (좋은모래(주), 깨끗한모래(주)) = (증량, 증량) = (3억원, 3억원)이다. 한편 두 명의 게임참여자 모두에게 '증량'이 우월전략이므로 내쉬 균형도 우월전략균형과 같다. 하지만 만약 협조가 가능하고 무한반복이 가능하다는 전제조건이 있다면, (감량, 감량) = (6억원, 6억원)도 내쉬 균형이 될 수 있다.

(3) 이제 모래채취시장에서 두 기업이 협조하여 안정적인 기업활동을 추구하는 경우 내쉬 균형은 무엇인가? 이러한 현상을 무엇이라 하는지 설명하고 소비자와 기업에 미치는 영향을 설명하라.

해답 두 기업이 생산량 감량에 합의하는 것이 내쉬 균형이 될 것이다. 이처럼 동질적 과점시장에 있는 기업들이 생산량 감량에 합의하는 것과 같이 단일한 의사결정에 합의하여 명시적인 담합구조를 이루는 것을 카르텔(cartel)이라 부른다. 과점기업들이 카르텔을 조성하는 경우 독점시장과 같은 원리에 따라 과점기업의 이윤은 증가할 수 있으나, 소비자의 만족도는 줄어들 가능성이 크다. 이는 과점기업들의 담합에 의해 소비자가 구입가능한 상품의 수량이 줄어들 뿐만 아니라 가격이 상승하기 때문에 소비자잉여의 축소가 예상되기 때문이다.

04. 다음의 표는 수지가 운영하는 토끼인형가게와 민호가 운영하는 펭귄인형가게의 전략과 그에 따른 보수를 나타내고 있다.

		민호	
		전략 1	전략 2
수지	전략 1	(6, 15)	(8, 6)
	전략 2	(13, 8)	(12, 7)

(1) 수지네 가게와 민호네 가게는 어떤 우월전략을 갖고 있는가?

해답 (전략 2, 전략 1). 민호가 전략 1을 선택한다면 수지는 12보다 높은 13의 보수를 얻기 위해 전략 2로 대응하는 것이 합리적이다. 민호가 전략 2를 선택하더라도 역시 수지는 전략 1을 선택하여 8의 보수를 얻기보다는 전략 2를 선택함으로써 12의 보수를 얻으려 할 것이다. 따라서 민호가 어떤 전략을 선택하든 수지는 전략 2를 선택할 유인을 가진다. 한편 수지가 전략 1을 선택한다면 민호는 15

의 보수를 얻을 수 있는 전략 1을 선택할 것이고, 수지가 전략 2를 선택하더라도 역시 8의 보수를 얻을 수 있는 전략 1을 선택할 것이다. 즉, 수지가 어떤 전략을 선택하든 민호는 전략 1을 선택할 유인이 있다. 이처럼 상대방의 전략에 관계없이 (전략 2, 전략 1)은 우월전략의 성격을 가진다.

(2) 이와 같은 상황에서의 내쉬 균형을 구하고 그 이유를 설명하라.

해답 우월전략은 항상 내쉬 균형이므로 (전략 2, 전략 1)은 각각 수지와 민호의 우월전략이자 내쉬 균형이다. 각자 상대방의 전략을 주어진 것으로 가정하고 자신의 최적 선택을 내릴 때 이 두 조합 이외의 다른 균형은 존재하지 않는다.

(3) 만약 (전략 2, 전략 1)의 보수가 (13, 8)에서 (5, 10)으로 바뀌었다고 생각해 보자. 이 경우에는 균형이 성립하는지, 만약 균형이 존재한다면 어떤 식으로 균형이 성립할 것인지 설명하라.

해답 바뀐 보수에서 민호의 전략 1이 주어질 때 수지의 최적선택은 전략 1을 선택하여 6의 보수를 얻는 것이다. 그러나 전략 2가 주어졌다면 수지는 전략 2로 대응하는 편이 합리적이다. 민호의 전략에 따라 수지의 전략도 달라질 유인을 가진다. 한편 민호의 경우에는 수지가 전략 1을 선택하든 전략 2를 선택하든 각각의 경우에 15, 10의 보수를 위해 전략 1을 선택할 유인이 있다. 따라서 민호에게는 전략 1이 여전히 우월전략의 성격을 지닌다.

이때 만약 수지가 자신의 어떤 전략에 대해서든 민호가 전략 1을 선택할 것임을 알고 있다면 그는 전략 1을 선택하게 될 것이다. 따라서 (전략 1, 전략 1)에서 균형이 달성되고 내쉬 균형의 성격을 가진다. 이때 수지의 전략은 우월전략의 성격을 가지고 있지 않음에 유의하기 바란다.

05. 시장구조가 기업의 생산량 및 가격 결정에 미치는 영향에 대해 체계적으로 설명해 보라.

해답 기업의 가격과 산출량 결정은 시장구조가 얼마만큼 경쟁적인가에 의해 크게 영향을 받는다. 여기서는 시장구조를 (1) 완전경쟁, (2) 독점, (3) 독점적 경쟁, (4) 과점으로 나누어 각 경우에 기업의 가격과 산출량이 어떻게 결정되는가를 살펴보자.

(1) 완전경쟁의 경우

완전경쟁시장에서는 ① 수많은 공급자와 수요자가 존재하고, ② 모든 상품은 동질적이며, ③ 시장정보는 완전하고, ④ 경제주체는 자유로이 시장에 진입 혹은 탈퇴할 수 있다. 이러한 상태에서 어느 한 기업이 직면하는 수요곡선은 아래 그림에서의 DD와 같이 수평선이 된다. 기업이 산출량을 변화시키더라도 가격에는 전혀 영향을 미칠 수 없기 때문이다. 또한 수요곡선이 수평선이므로 평균수입과 한계수입이 모두 가격과 일치하게 된다.

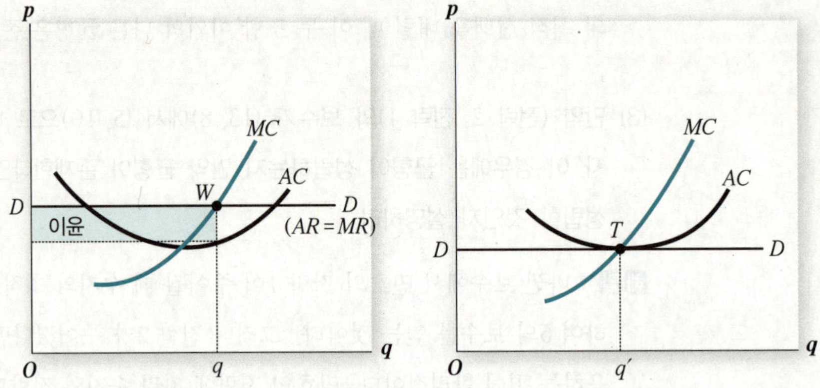

(a) (b)

기업의 평균비용곡선, 한계비용곡선이 위의 그림과 같이 AC, MC로 각각 나타난다고 하자. 이때 기업은 이윤극대화 원칙에 의하여 한계비용과 한계수입이 일치하는 W점에서 생산량을 결정함으로써 이윤을 극대화(혹은 손실을 극소화)할 것이다.

그런데 완전경쟁 하에서 이와 같은 양(+)의 초과이윤은 단기에서만 가능하다. 왜냐하면 초과이윤이 존재할 경우 많은 다른 기업들이 새로이 시장에 참여하여 수요를 잠식하고 가격을 낮출 것이기 때문이다. 반대로 손실이 존재할 경우에는 일부 기업이 이탈함으로써 가격을 높이게 된다. 따라서 장기적으로는 앞의 그림 (b)에서와 같이 이윤이 0이고 평균비용곡선의 최하점인 T에서 균형을 이루게 된다. 이때의 0의 이윤을 정상이윤이라 한다. 즉, 완전경쟁시장에서 모든 기업들은 정상이윤만을 벌어들인다.

(2) 독점의 경우

독점시장은 독점현상이 나타나는 원인이 수요부문에 있는지 공급부문에 있는지, 수요와 공급 모두에 있는지에 따라 각각 수요독점, 공급독점, 쌍방독점으로 구분된다. 여기서는 공급독점의 경우를 살펴본 후 추가적으로 공급독점자가 독점이윤을 극대화하기 위한 시도로 가격을 차별하는 경우 가격과 생산량이 어떻게 결정되는지 알아보도록 하자. 수요독점과 쌍방독점은 미시경제학 교재에서 보다 자세히 살펴보기 바란다.

① 공급독점

공급독점의 경우 독점기업은 생산량을 조절함으로써 가격을 변화시킬 수 있다. 즉, 공급독점은 우리가 앞에서 살펴본 일반적인 독점기업을 의미하는 것으로 공급독점자는 우하향하는 수요곡선을 대하고 있는 것이다. 수요곡선은 평균수입곡선을 의미하므로 여기서 한계수입곡선을 도출할 수 있는데, 평균수입곡선이 우하향하므로 *MR*곡선은 언제나 *AR*곡선의 하방에 위치하게 된다.

이제 기업의 평균비용곡선 및 한계비용곡선이 다음 그림과 같이 주어지면 기업은 이윤극대화의 원칙에 의해 한계비용과 한계수입이 일치하는 점에서 생산량 q_m을 결정한 후 시장에서의 수요상태를 관찰하여 가격 p_m을 결정할 것이다. 따라서 완전경쟁과 비교해 볼 경우 생산은 감소하고 가격은 높게 책정된다. 이때 독점기업은 Π_m만큼의 양(+)의 초과독점이윤을 벌어들인다. 이와 같은 초과이윤은 단기뿐만 아니라 장기에서도 그 규모는 작아질 수 있으나 여전히 유지된다. 다른 기업이 시장에 진입하지 못하기 때문이다.

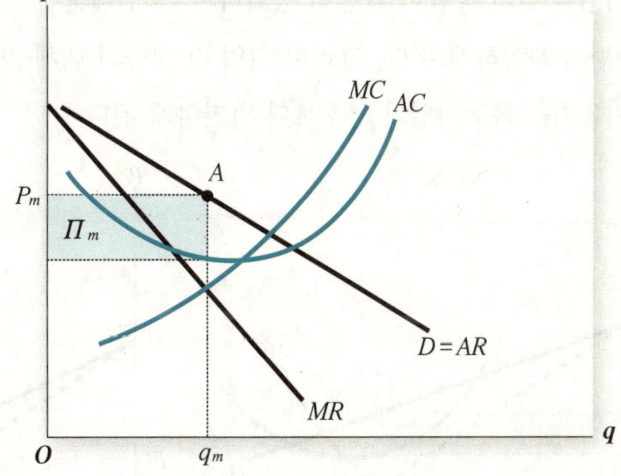

② 독점과 가격차별

독점기업이 직면하는 시장이 상품의 이동이 불가능한 몇 개의 시장으로 완전히 분리되어 있을 경우 독점기업은 가격을 차별화함으로써 이윤을 증대시킬 수 있다. 시장이 분리된 상태에 있는 기업이 이윤을 극대화하기 위한 기본 원칙은 각 시장에서의 한계수입이 동일해야 한다는 것이다. 만일 A시장에서의 한계수입이 B시장에서의 한계수입보다 크다면 이 기업은 B시장에서 공급을 줄이고 A시장에서의 공급을 늘림으로써 이윤을 높일 수 있기 때문이다.

그리고 이 기업의 총생산량은 한계비용이 각 시장에서의 한계수입과 일치하는 점에서 결정된다. 이 점은 아래 그림에서 각 시장에서의 한계수입곡선을 더한 *MR*과 기업의 한계비용곡선 *MC*가 일치하는 점 *F*에서 구할 수 있다.

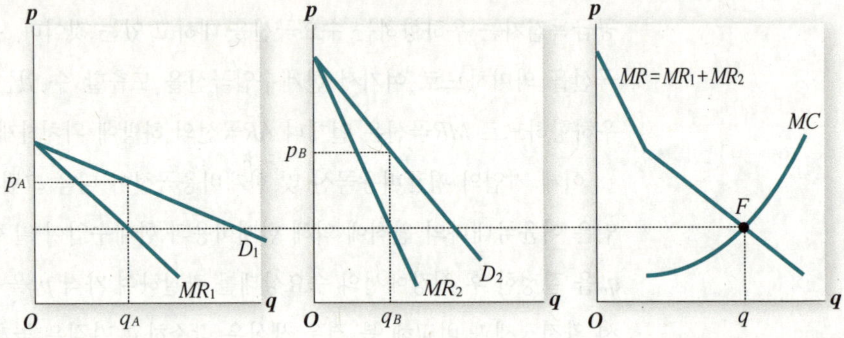

(3) 독점적 경쟁

독점적 경쟁에서는 진입과 탈퇴가 자유로운 점이 완전경쟁과 유사하지만, 다른 기업들 간의 상품이 완전히 동일하지 않기 때문에 수요곡선은 독점기업의 경우처럼 우하향하게 된다. 그러나 기업 간 상품의 대체성이 높기 때문에 수요곡선의 기울기는 독점기업의 경우보다 완만하게 된다.

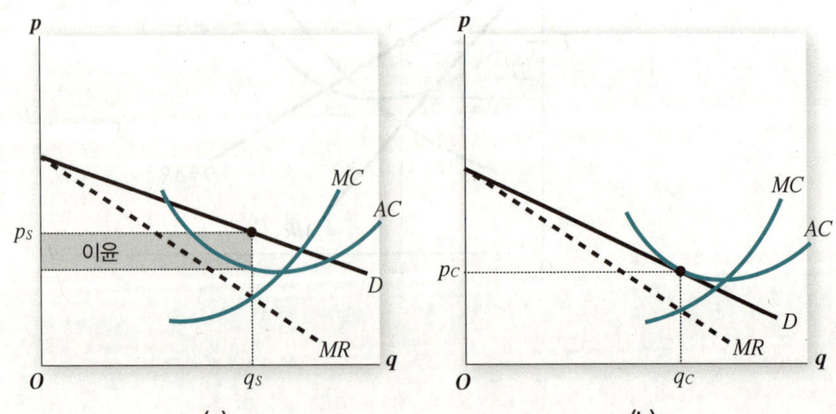

단기 독점적 경쟁기업의 균형은 독점의 경우와 크게 다를 바 없다. 그림 (a)에서처럼 한계수입과 한계비용이 일치하는 점에서 생산량과 가격을 결정함으로써 이윤을 극대화하게 되는 것이다. 이때의 이윤은 물론 초과이윤이다.

그러나 장기적으로는 초과이윤이 존재할 수 없다. 왜냐하면 진입과 탈퇴가 자유로우므로 초과이윤이 존재할 경우 다른 기업들이 새로 시장에 참가함으로써 수요를 잠식하고 수요곡선을 좌측으로 이동시킬 것이기 때문이다. 따라서 그림 (b)에서와 같이 평균비용곡선이 수요곡선과 접하는 점에서 독점적 경쟁기업의 장기균형이 이루어진다. 이 점이 *AC*의 최저점이 아니라는 것이 완전경쟁의 경우와 다르다.

(4) 과점

과점은 공급자가 소수인 경우이다. 이러한 경우의 중요한 특징은 한 기업의 의사결정이 다른 기업에 직접적인 영향을 미친다는 것이다. 과점상태 하의 각 기업은 자신의 이익을 추구하기 위하여 행동하게 되는데, 개별 기업들의 행동이 서로 복잡하게 얽혀 있기 때문에 여러 가지 상이한 행동방식이 가능하다. 그들은 서로의 이익을 위하여 극단적으로 싸울 수도 있고 정반대로 담합할 수도 있는데, 담합의 형태 역시 다양하다.

그래서 과점에 대한 분석은 용이하지 않으며 분석방법도 다양하게 존재한다. 자신의 의사결정에 의하여 다른 기업이 반응하지 않을 것이라 가정할 수도 있고, 다른 기업의 반응을 예상하고 있다고 가정할 수도 있으며, 게임이론에서와 같이 다른 기업의 반응을 확률적으로만 알고 있다고 가정할 수도 있다.

[응용문제]

01. 최근 치킨 한 마리를 5천원에 판매하겠다는 대형 할인마트의 마케팅전략이 사회적으로 큰 이슈가 된 바 있다. 현재 치킨시장은 여러 프랜차이즈(franchise) 상점이 경쟁하고 있다는 점에서 독점적 경쟁시장에 가깝다. 이 시장의 장기균형 상태를 자원배분의 효율성과 소비자후생의 측면에서 평가하라.

해답 교재 pp.224 ~ 226의 장기균형에 관한 논의를 참고하기 바란다.

02. 오랫동안 전문직 협회(의사협회, 변호사협회 등)에서는 전문직 종사자가 스스로를 광고할 수 있는 권리를 규제하자고 주장해 왔다. 이러한 규제를 도입하는 것이 기존의 전문직 종사자들에게 어떠한 경제적 유인으로 작용하는지 설명하라. 그리고 만약 규제가 도입된다면 새로 시장에 진입할 전문직 종사자들에게는 어떠한 영향을 줄 것인지 논하라.

해답 만약 전문직들이 광고를 통해 자신들이 공급하는 서비스와 가격에 대한 정보를 공개하게 된다면 상호 간의 경쟁 압력이 발생할 것이다. 이러한 경쟁 압력은 독점적 경쟁시장에서 누리고 있던 독점적 이윤을 감소시키며, 이는 기존 전문직 종사자들의 개인 이윤 감소로 이어질 것이다. 따라서 전문직 협회에서 광고 규제를 요구하는 것은 서비스의 수요자와 공급자 간 정보의 비대칭성을 이용하여 특정 직종의 기존 종사자들에게 독점적 이윤을 보장하려는 의도를 내포하고 있다. (정보의 비대칭성에 대해서는 제11장에서 보다 자세히 살펴볼 것이다.)

그러나 이러한 규제가 도입된다면 새로 시장에 진입한 전문직 종사자들은 피해를 입을 수밖에 없다. 왜냐하면 이들은 독점적 경쟁시장의 특성을 살려 수요자들을 끌어들여야 하는데, 그 과정에서 자신들의 독점적 서비스를 홍보할 수단인 광고가 제한되기 때문이다. 따라서 신규 종사자들은 기존의 전문직들에 비해 수요자를 확보하는 데 어려움을 겪게 될 것이다.

03. 과점시장은 최적 가격보다 높은 수준에서 시장가격이 정해지는 경우가 많다. 그러나 대형 마트의 출혈경쟁 등을 보면 오히려 완전경쟁시장보다 더 낮은 가격에 상품이 판매되는 경우도 있는데, 과점기업들이 손해를 감수하면서까지 이러한 과도한 경쟁을 벌이는 것에는 어떤 이유가 있겠는가?

해답 과점시장의 가장 큰 특징은 기업들이 전략적 상황에 놓여 있다는 것이다. 즉, 한 기업의 생산량이 시장가격의 변화를 야기해 다른 기업의 생산량에 영향을 주는 것이다. 따라서 과점시장의 기업들은 담합하여 생산량을 제한하고 이윤을 높이려는 유인을 갖는다. 그러므로 출혈경쟁을 하는 것은 비합리적인 행위로 보일 수 있다.

물론 출혈경쟁이 단기적으로 손해인 것은 명백하다. 그러나 만약 출혈경쟁에서 버티지 못하고 시장에서 퇴출되거나 경쟁을 포기하는 기업이 나온다면 결론은 달라진다. 경쟁에서 살아남은 기업들은 이전보다 더 많은 이윤을 누릴 수 있는 반면 도태된 기업들은 그만큼의 이윤을 포기해야 한다. 따라서 출혈경쟁이 벌어지는 배경에는 장기적인 이윤 증가에 대한 기대가 있는 것이다.

04. 우리는 제4절(과점시장의 비효율성)에서 과점의 폐해가 나타난 예로서 3대 신용평가사가 주도하는 신용평가시장을 살펴보았다. 이 밖에 현실경제에서 과점의 비효율성이 나타나는 시장을 조사하여 비효율성의 구체적 내용을 서술하라.

해답 첫째, 이동통신시장을 들 수 있다. SK텔레콤, KT, LG유플러스 등의 이동통신 3사는 과도한 단말기 보조금 지급, 통신사 간 USIM카드 전환 방지, 막대한 홍보비 지출 등을 통해 과다 경쟁함으로써 비효율적 자원분배를 유발하고 있다. 둘째, 자동차산업을 들 수 있다. 우리나라는 현대 · 기아차가 차량의 대부분을 차지한다. 이에 따라 소비자들의 제품 선택 폭이 좁아지고 가격은 상대적으로 높아지는 등의 문제점이 있다.

[연습문제]

01. WB사는 흰색 칠판(white board)를 만들어 시장에 공급하는 기업이다. 이 회사가 만드는 흰색 칠판은 규격과 재질이 동일하게 정해져 있기 때문에 동일 상품을 생산하는 기업이 무수히 많다고 한다. 최근 흰색 칠판의 가격이 5만원에서 3만원으로 떨어졌으나, WB사는 근로자들에게 여전히 1인당 200만원의 월급을 지급하고 있다. 다음 질문에 답하라.

(1) 흰색 칠판 가격의 인하가 노동의 한계생산에 영향을 주는지 설명하라. 흰색 칠판을 생산하는 노동의 한계생산가치(VMP)와 한계수입생산(MRP)에는 어떤 변화가 있는가? WB사가 고용하는 노동의 양은 어떤 영향을 받는가?

해답 가격변화 자체는 노동의 한계생산성에 영향을 주지 않는다. 하지만 $VMP = MP \times P$이므로 상품가격의 인하는 해당 상품을 생산하는 노동의 한계생산가치(VMP)를 감소시킬 것이다. 단, 상품시장이 완전경쟁이 아닌 경우 기업의 한계수입이 가격과 동일하다는 보장이 없으므로 노동의 한계수입생산에는 영향이 없다($MRP = MR \times MP$). 따라서 '상품가격의 인하 ⇒ 노동의 한계생산가치(VMP) 감소 ⇒ 노동수요 감소'가 나타날 것이다.

(2) 이제 WB사가 칠판을 규격에 맞게 절단해 주는 기계를 구입하여 생산과정에 투입한다고 하자. 이것이 WB사의 노동수요에 미치는 영향을 설명하라.

해답 '기계 구입 ⇒ 노동의 한계생산성 증가 ⇒ 노동의 한계생산가치 증가 ⇒ 노동수요 증가'가 나타나게 된다.

02. 다음 명제를 평가하라.

(1) 노동에 대한 수요곡선은 기업의 평균수입생산곡선과 같다.

해답 노동에 대한 수요곡선은 기업의 생산환경에 따라 달라진다. 만일 기업의 생산환경에서 노동만이 가변생산요소인 경우라면, 노동의 수요곡선은 기업의 한계수입생산곡선과 같아진다. 그러나 노동 이외에 자본 또한 가변요소인 경우는 자본의 한계생산(또는 한계수입생산)의 크기가 변화하므로 노동의 수요곡선은 기업의 한계수입생산곡선들의 변화에 의해 결정된다. 일반적인 경우 노동의 가격하락 시 노동고용량은 증가하는데, 노동고용량의 증가로 자본의 한계생산이 증가한다면 추가적으로 노동고용이 증가하면서 노동수요는 훨씬 더 크게 증가한다. 이러한 경우 노동의 수요곡선은 노동의 한계수입생산곡선의 변화에 의해 좀더 완만한 형태가 된다.

(2) 초과노동수당의 지급은 반드시 노동공급을 증가시킨다.

해답 개인의 선호체계에 따라 노동공급을 증가시키지 않을 수도 있다. 아래 그림이 이러한 경우에 해당한다. 즉, L^0 이상 일할 때 초과수당이 지급된다고 하더라도 이 사람은 여전히 $L-L^*$만큼의 노동만을 공급한다.

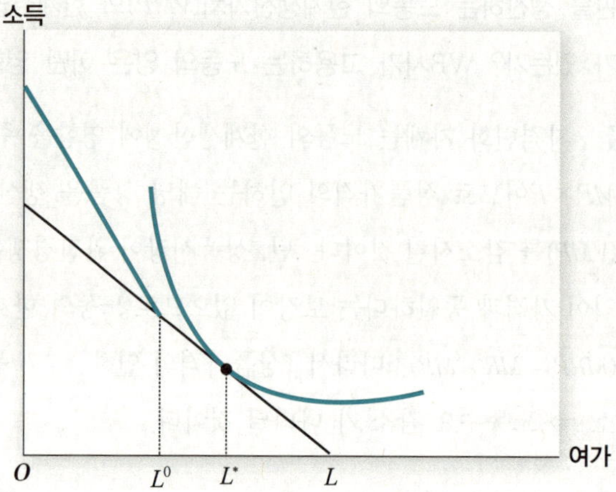

(3) 여가가 정상재(normal goods)라면 임금상승은 노동공급을 증가시킨다.

해답 임금상승이 노동공급에 미치는 효과는 대체효과와 소득효과로 나누어 볼 수 있다. 대체효과란 임금이 상승하면 여가의 기회비용이 증가하는 것이므로 여가의 소비를 줄이고 노동공급을 증가시키려는 효과를 말한다. 그리고 소득효과란 임금상승이 노동자의 소득을 증가시킴으로 해서 노동자가 노동보다는 여가를 즐기려 하는 효과를 말한다. 여가가 정상재라면 소득증가에 따라 여가의 소비가 증가하므로 소득효과는 노동공급을 감소시키는 요인으로 작용한다.

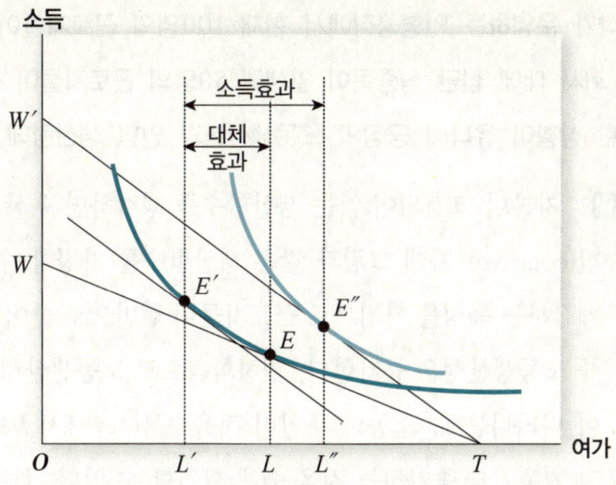

위의 그림은 대체효과와 소득효과를 나타낸 것이다. 균형점이 E에서 E'으로 이동한 것은 효용의 변화 없이 상대가격만 변화한 경우이므로 대체효과를 의미한다. 무차별곡선이 원점에 대하여 볼록하면서 우하향하는 일반적인 형태라면 대체효과에 의해서는 노동공급이 항상 증가하게 된다. 즉, L'은 항상 L보다는 왼쪽에 위치한다. 한편 균형점이 E' 에서 E''으로 이동한 것은 상대가격의 변화 없이 소득만의 증가에 의한 것이므로 소득효과를 나타낸다. 여가가 정상재라면 소득이 증가할 때 여가의 소비가 증가하므로 L''은 L' 보다 언제나 오른쪽에 있다. 그러나 L과 L''의 상대적인 위치는 일률적으로 말할 수 없다. 만일 소득효과의 크기가 대체효과보다 작다면 L''은 L보다 왼쪽에 있어 노동공급이 증가하는 경우이고, 소득효과의 크기가 대체효과보다 크다면 L''은 L보다 오른쪽에 있어 노동공급이 감소하는 경우가 될 것이다.

결론적으로 노동공급은 증가할 수도 있고 감소할 수도 있다. 즉, 여가가 정상재라는 것과 '임금이 상승할 때 노동공급이 증가한다' 라는 명제는 상관관계가 없는 것이다.

(4) 노동수요곡선이 우하향하는 경우 물가상승은 노동수요를 감소시킨다.

해답 우하향하는 노동수요곡선은 노동의 한계생산이 체감하는 것을 의미한다. 경쟁시장에서 $P = MR$이므로 $W = MRP = VMP = MP \times P$이다. 따라서 물가상승은 노동수요를 증가시킨다.

03. 유나가 운영하는 인형공장에서 현재 100명의 근로자들이 일하고 있다고 하자. 어느 날 회사 내에 집단 식중독이 발생해 50명의 근로자들이 근무하지 못하게 되었다. 이러한 상황이 유나네 공장의 노동생산성과 인형 생산량에 미칠 영향을 설명하라.

해답 자본이 고정되어 있는 생산함수를 생각하면 우상향하면서 원점에 대해 오목한(concave) 아래 그림과 같은 생산함수를 가정할 수 있다. 노동의 한계생산은 체감하는 특성을 가지므로 근로자들이 절반으로 줄어들 경우 노동의 한계생산성, 즉 노동생산성은 증가한다. 기하학적으로 노동생산성은 생산함수의 기울기와 같이 나타나는데, 노동의 투입이 적을수록(그림에서 N의 값이 왼쪽으로 이동할수록) 그 기울기가 증가하는 것을 쉽게 확인할 수 있다. 한편 인형 생산량의 경우 자본(인형 생산기계)이 고정되어 있는 상황에서 근로자들의 수가 줄어들었으므로(그림에서 N값의 좌측이동) 인형 생산량은 당분간 감소할 것이다.

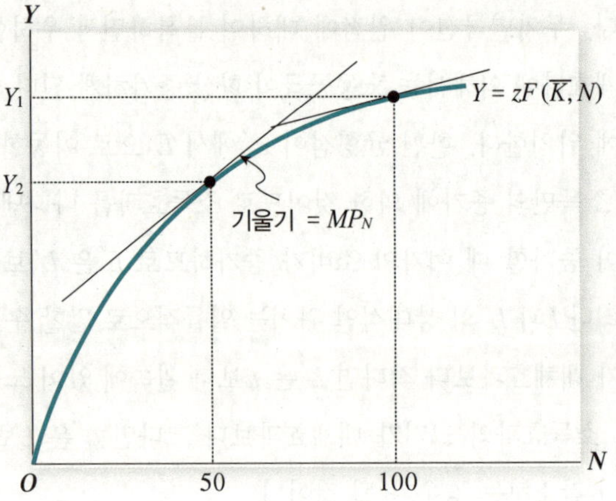

04. 재화 소비와 여가(또는 노동)에 대한 무차별곡선을 이용하여 소비자의 효용극대화로부터 노동공급이 결정되는 과정을 설명하라.

해답 다음 그림의 (b)를 보면 소득이 낮은 수준($W_1 \cdot (T-L_1)$)에서 임금률이 상승할 때 노동공급자는 충분한 소득을 얻을 때까지 노동을 증가시킨다(즉, 소득효과 < 대체효과). 그러나 소득이 충분히 커진 다음에는 임금률이 상승하더라도 정상재인 여가의 소비가 증가하여 노동공급을 줄이게 된다. 따라서 그림 (a)에서 보는 바와 같이 노동공급곡선은 우상향하다가 후방굴절한다.

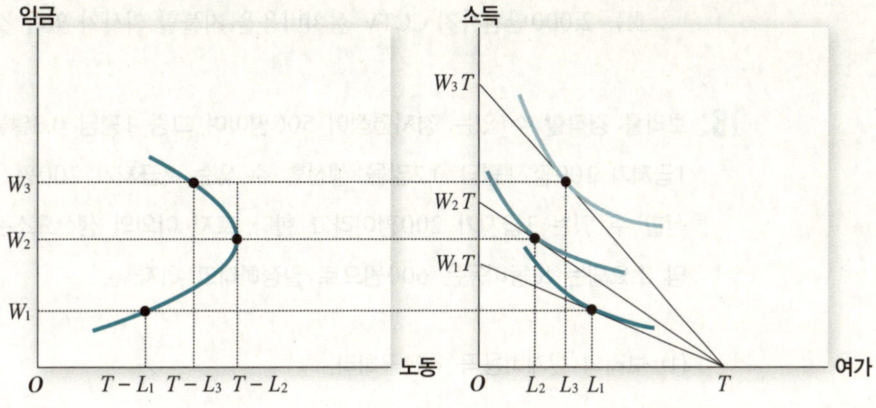

(a) (b)

05. 노동조합의 최저임금정책은 어떤 경우에 성공할 수 있는가? 그 근거를 제시하고 설명하라.

해답 노동시장이 경쟁적인 경우에는 노동조합의 정책이 성공하기 어렵다. 그러나 수요독점이 노동시장을 지배하고 있는 경우에는 성공할 수 있다. 단체교섭이나 최저임금제와 같은 적절한 임금정책이 수요독점적 착취를 해소할 수 있기 때문이다. 수요독점적 노동시장에서 노동조합의 정책효과에 대한 좀더 상세한 근거는 교재의 〈그림 8-5〉를 참조하라.

06. 현재의 재화와 미래의 재화는 동등하게 교환되지 않는다. 그렇다면 이때 두 재화를 교환할 수 있도록 해주는 매개변수는 무엇인가?

해답 이자율이다. 상이한 시점 간의 자원배분 문제를 고려하는 데 결정적인 중요성을 지니는 개념이 현재가치인데, 이는 이자율에 의해 표현된다.

07. 민호는 자신이 운영하는 음반매장에서 사람들이 CD를 몰래 가지고 나가는 것을 막기 위해 CCTV를 설치하기로 결심하였다. 지금까지의 피해액으로 추정해 본 결과 CCTV가 앞으로 5년 동안 약 5,000만원의 손실을 보전해 줄 수 있다고 하자. 시장에서의 이자율이 20%라고 할 때 민호가 생각하는 CCTV 설치비 및 운영비의 상한선은 얼마인가? 즉, 민호가 CCTV 설치에 지불할 의사가 있는 최대 금액은 얼마인가?

해답 시장에서 이자율이 변하지 않는다는 가정 하에 CCTV의 현재가치는 $\frac{5,000}{(1+0.2)^5}$와 같이 나타낼 수 있다. 이는 곧 민호가 CCTV에 지불하고자 하는 최대 금액을 의미한다. 따라서 이를 계산하면 약 5,000/2.5 = 2,000이 되므로 민호는 2,000만원까지 CCTV 설치비용을 지불할 의사가 있을 것이다.

08. 보리를 경작할 수 있는 경지면적이 500평이며, 그중 1평당 0.3말을 생산할 수 있는 1급지가 100평, 1평당 0.2말을 생산할 수 있는 2급지가 200평, 1평당 0.1말을 생산할 수 있는 3급지가 200평이라고 한다. 토지 이외의 생산요소는 노동뿐이며, 1평당 소요되는 노동비용은 600원으로 일정하다고 하자.

(1) 보리의 한계비용곡선을 구하라.

해답 만일 보리의 수요가 아주 적다면 1급지만이 경작될 것이다. 1급지에서는 1평당 0.3말의 보리를 생산하기 위해 600원이 소요되므로 단위(말)당 생산비용은 $600 \div 0.3 = 2,000$원이 된다. 1말을 더 생산하기 위하여 필요한 비용, 즉 한계비용 역시 2,000원이다. 1급지에서 생산할 수 있는 최대량은 30말이며, 수요가 30말을 초과할 경우 2급지에서도 경작이 이루어져야 한다. 2급지에서는 1평당 0.2말을 생산하는 데 600원이 소요되므로 단위당(말) 생산비용은 3,000원이며, 이것이 곧 보리 생산의 한계비용이 된다. 2급지에서 생산해낼 수 있는 최대량은 40말이므로 생산량이 30말에서 70말까지의 한계비용은 3,000원이다. 만일 수요가 70말을 초과하는 경우 3급지에서도 경작이 이루어져야 한다. 3급지에서는 0.1말의 생산을 위해 600원이 소요되므로 1말당 생산비용이 6,000원이며, 이것이 보리 생산의 한계비용이 된다. 3급지에서 생산할 수 있는 최대량이 20말이므로 70말에서 90말까지의 한계비용은 6,000원이 된다. 이상에서 구한 한계비용을 그림으로 나타내면 보리의 한계비용곡선은 다음 그림과 같이 실선으로 표시된 계단함수모형이 된다.

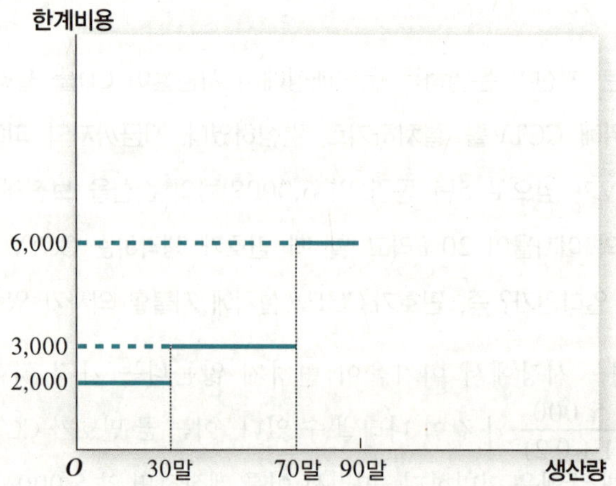

(2) 수요곡선이 다음과 같이 주어진 경우에 보리의 가격, 생산량, 전용수입, 지대 등을 각각 구하라(생산자는 무수히 많으며, 경작이 모두 소규모로 이루어진다고 가정한다).

① $D = 40 - \frac{P}{100}$　　② $D = 80 - \frac{P}{100}$　　③ $D = 140 - \frac{P}{100}$

해답 한계비용곡선은 곧 보리의 공급곡선이 된다. 그리고 시장은 소규모 다수로 구성된 완전경쟁 상태이기 때문에 보리의 생산량 및 가격은 수요곡선과 공급곡선이 만나는 점에서 결정된다.

① $D = 40 - \frac{P}{100}$일 경우

수요곡선이 $40 - \frac{P}{100}$로 주어진다면 균형점은 아래 그림에서의 E_1이 되며, 보리의 생산량은 20말, 가격은 말당 2,000원이 될 것이다. 여기서 평균비용 2,000원은 보리를 생산하기 위해 가변요소인 노동에 제공해야 하는 최소한의 비용이기 때문에 모두 전용수입이 된다. 따라서 지대는 0이다. 말당 전용수입이 2,000원이므로 산업 전체의 전용수입은 $(2,000 \times 20) = 40,000$원이 된다.

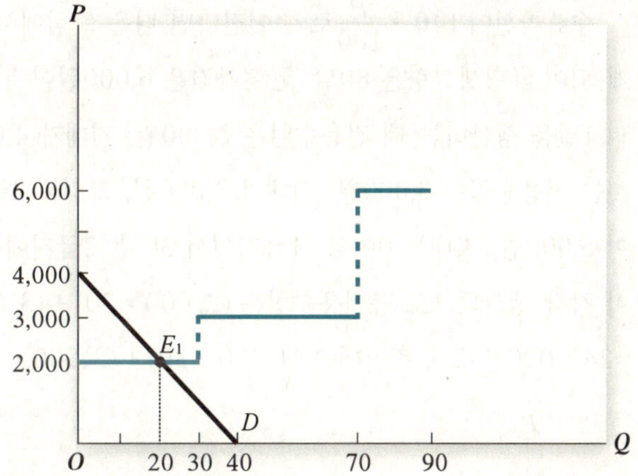

② $D = 80 - \frac{P}{100}$일 경우

수요곡선이 $80 - \frac{P}{100}$로 주어진다면 균형점은 다음 그림에서처럼 E_2가 되며, 균형가격은 3,000원, 균형생산량은 50말이 된다. 1급지에 대해서 살펴보면 평균수입은 3,000원인 데 비해 노동에 사용되는 평균비용은 2,000원이므로 1말당 1,000원은 토지의 소유자에게 돌아간다. 따라서 만일 경작자가 1급지의 토지를 임대하려 할 경우 1말당 1,000원의 지대를 내야 할 것이다. 즉, 1급지에서는 보리 1말을 생산하기 위하여 전용수입 2,000원에 지대 1,000원이 소요된다.

2급지에서는 1말을 생산하기 위한 노동비용이 3,000원이기 때문에 평균수입

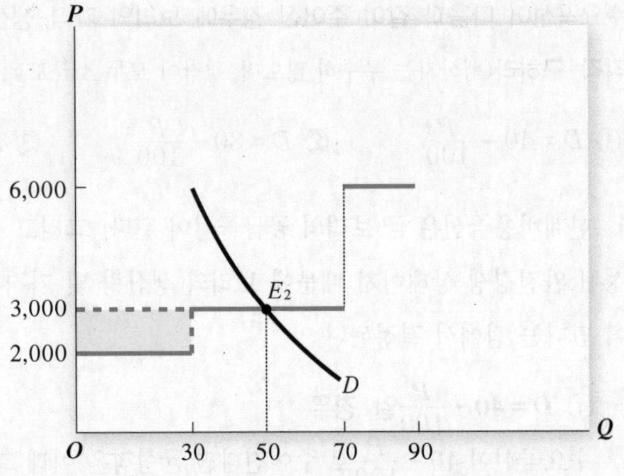

3,000원 전체가 전용수입이 되며, 지대는 0이다. 따라서 1급지에서 30말이 생산되고 2급지에서 20말이 생산되므로 총전용수입은 $(2,000 \times 30) + (3,000 \times 20) = 120,000$원이 되며, 총지대는 $(1,000 \times 30) = 30,000$원이 된다.

③ $D = 140 - \dfrac{P}{100}$의 경우

수요곡선이 $140 - \dfrac{P}{100}$로 주어진다면 다음 그림에서처럼 E_3에서 균형을 이루게 되어 균형생산량은 80말, 균형가격은 6,000원이 된다. 1급지에 대해서는 보리 1말을 생산하는 데 전용수입은 2,000원, 지대가 4,000원이며, 2급지에 대해서는 전용수입이 3,000원, 지대가 3,000원, 그리고 3급지에 대해서는 전용수입이 6,000원, 지대는 0이다. 1급지에서 30말, 2급지에서 40말, 3급지에서 10말이 각각 생산되므로 총전용수입은 $(2,000 \times 30) + (3,000 \times 40) + (6,000 \times 10) = 240,000$원이고, 총지대는 $(4,000 \times 30) + (3,000 \times 40) = 240,000$원이다.

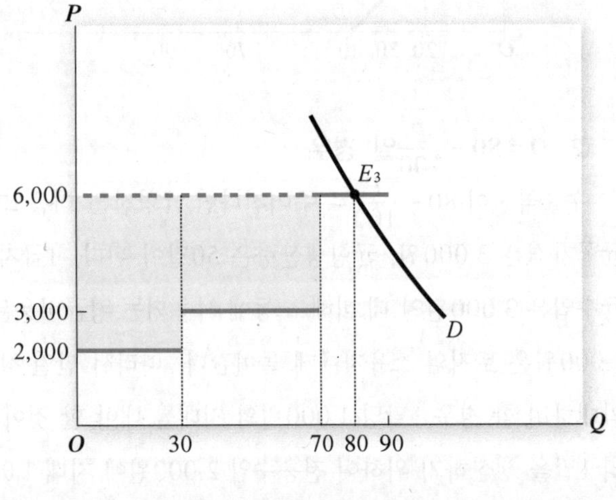

09. 회계사시험제도를 변경하여 회계 관련 교과목을 일정 학점 이상 이수한 사람에게 회계사 자격증을 수여하는 경우 공인회계사가 기대할 수 있는 전용수입과 경제적 지대에 어떤 변화가 예상될지 설명하라.

해답 경제적 지대는 감소하고 전용수입은 증가할 것이다. 다음 그림 (a)는 공급이 완전비탄력적일 때 회계사 공급 증가가 경제적 지대 크기에 미치는 영향을 보여주고 있다. 만약 회계사시험제도가 변경된다면 이전보다는 회계사의 공급곡선이 탄력적으로 변할 것이다. 이는 그림 (b)와 같이 공급곡선의 기울기를 변화시킨다. 그림에서도 볼 수 있듯이 경제적 지대(청색)는 감소하지만, 전용수입(회색)은 증가한다.

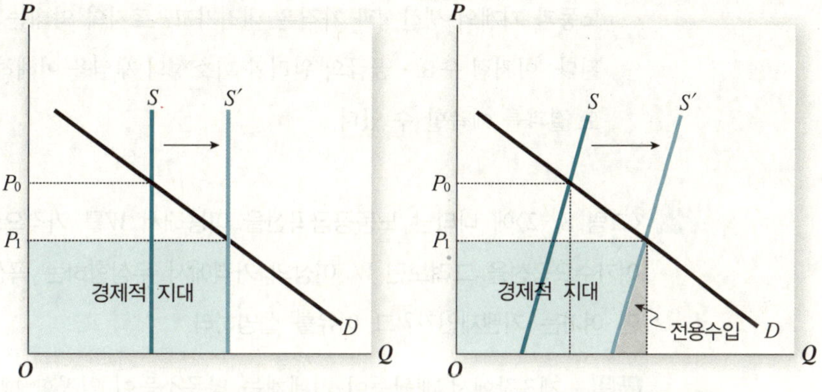

(a) 완전비탄력적 공급 (b) 비탄력적 공급

[응용문제]

01. 농업을 위주로 살아가는 한 마을이 있다. 농민들은 일정한 크기의 농지에서 자신들의 노동력과 몇 대의 기계를 이용하여 효율적으로 쌀을 생산하고 있다. 그러던 어느 날 갑작스런 폭우로 농지의 절반이 물에 잠기고 당분간 나머지 절반의 농지에서만 재배와 수확이 가능하게 되었다고 하자. 폭우로 인한 인명손실이나 기계의 손실은 없다고 가정할 때 토지와 노동, 자본의 한계생산성은 각각 어떻게 변할 것인가? 그리고 생산요소의 가격과 생산물의 가격에는 어떤 변화가 일어나겠는가?

해답 쌀은 농민들의 노동력과 기계, 그리고 토지라는 생산요소가 투입됨으로써 생산되는 생산물이다. 노동력과 기계는 변함이 없으므로 단기적으로 고정되어 있다고 하자. 이때 폭우로 인하여 토지가 절반으로 줄어들 경우 토지의 한계생산성이 증가하는 반면, 상대적으로 노동의 한계생산성과 자본의 한계생산성은 줄어든다. 이때 완전경쟁시장에서 생산요소의 가격은 곧 그 요소의 한계생산성을 반영하므로 노동력에 대한 임금과 기계에 대한 임대료가 감소하는 반면, 토지 임대비용은 증가할 것이다. 한편 토지의 감소에 따라 농작물 생산은 줄어들 가능성이 높으며 이에 따라 농작물의 공급곡선이 좌측으로 이동하여 농작물의 가격은 상승하게 된다.

이를 보다 직관적으로 이해하면 다음과 같다. 폭우로 인해 농지가 절반으로 줄어들었을 때 상대적으로 노동력과 기계는 넘쳐날 수밖에 없고, 수많은 사람들이 한꺼번에 일을 하게 된다면 효율성이 낮아져 생산성이 낮을 수밖에 없다. 따라서 노동과 기계의 생산성과 가격은 내려가고, 토지의 임대는 비싼 값에 이루어지게 된다. 이처럼 수요 · 공급의 원리와 희소성의 개념을 이해하고 있다면 직관적으로도 결과를 예측할 수 있다.

02. 〈그림 8-2〉에 나타난 노동공급곡선을 이용해서 W를 가격으로, l을 수량으로 하는 여가수요곡선을 그려보면 W_2 이상의 가격에서 우상향하는 곡선을 얻게 된다. 그렇다면 여가는 기펜재인가? 그 이유를 설명하라.

해답 제3장에서 배웠듯이 기펜재는 명목소득이 일정할 때 가격이 하락하는데도 음(−)의 소득효과가 양(+)의 대체효과를 압도하여 구매량이 감소하는 재화를 일컫는다. 그런데 여가와 임금 관계에서는 여가의 기회비용인 임금이 변함에 따라 명목소득도 바뀌기 때문에 기펜재의 정의에 어긋난다. 따라서 여가가 기펜재라 볼 수 없다.

03. 임금격차는 반드시 해소되어야 하는가? 그렇지 않다면, 그 이유를 설명하라.

해답 노동시장의 불완전성(노동수요 독점 등)에서 기인하는 임금격차는 해소되는 것이 바람직하지만, 작업조건이나 노동의 질에서 비롯되는 임금격차는 노동시장이 효율적이라는 근거가 된다.

04. 회계법인의 경우 생산요소(공인회계사)가 극도로 전문화되어 있는 특성 때문에 공인회계사들보다 그들을 고용하는 회계법인의 의사결정권이 더 크게 나타나는 경향이 있다. 회계서비스시장에서 회계법인이 단 하나만 있다고 가정하자.

(1) 회계법인의 공인회계사 균형고용량이 어떻게 결정되는지 그림을 이용하여 설명하라.

해답 공인회계사를 고용하는 회계법인이 하나이므로 수요독점시장이 형성되어 있는 상태이다. 따라서 아래 그림에서와 같이 회계사들의 균형고용량과 임금은 한계노동비용(MLC) = 한계수입생산(MRP)인 E' 점에서 균형이 이루어진다. 이때 균형고용량은 A, 회계사들의 임금은 W_1선에서 결정된다.

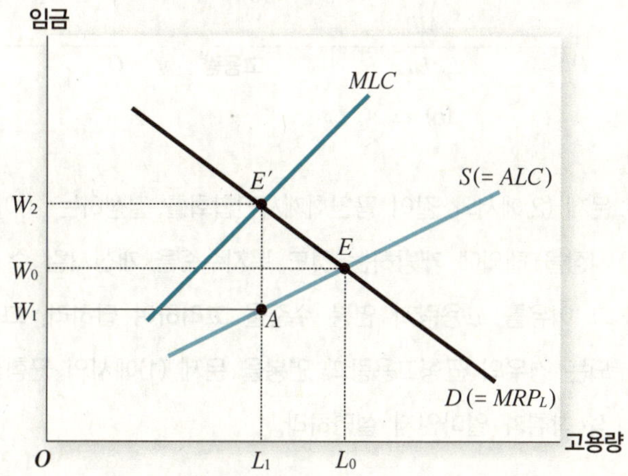

(2) 회계법인 내에 공인회계사연합회와 같은 단체를 결성하는 것이 허용된다면, 회계사들의 복지수준은 개선될 수 있을까? 고용량과 연봉 수준을 고려하여 설명하라. 그리고 공인회계사연합회가 회계법인을 상대로 협상할 수 있는 최고연봉 수준은 얼마인지 근거를 제시하여 설명하라.

해답 회계사들의 이익을 대변하는 공인회계사연합회와 같은 단체가 허용되면 이 시장은 쌍방독점 시장으로 변한다. 이 경우 고용량과 연봉은 회계법인과 공인회계사연합회의 협상력에 따라 달라진다.

다음 그림과 같이 두 단체가 원하는 고용량과 연봉 수준이 다르므로 그 협상력에 따라 값이 달라지는데, 연합회의 협상력이 강하면 W_S, 회계법인의 협상력이 강하면 W_D에 가까워진다. 하지만 아무리 연합회의 협상력이 강해도 W_S를 넘을 수는 없다.

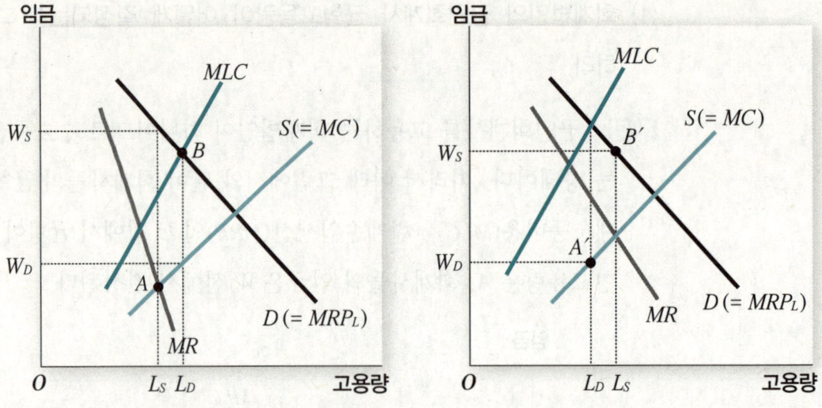

(a) $L_S < L_D$ (b) $L_S > L_D$

(3) 문제 (2)에서와 같이 공인회계사연합회를 결성하는 것이 쉽지 않다면 회계서비스 시장을 해외에 개방하는 것도 복지수준을 개선시킬 수 있는 방법이 될 수 있다. 그 이유를 고용량과 연봉 수준을 고려하여 답하라. 그리고 해외에 시장이 개방되는 경우의 균형고용량과 연봉을 문제 (1)에서의 균형상태와 비교하여 수요독점적 착취가 얼마인지 설명하라.

해답 회계서비스시장을 개방하는 경우 국내시장에 해외회계법인이 들어와서 영업을 할 수 있기 때문에 더 이상 수요독점시장이 유지될 수 없다. 극단적으로 완전경쟁시장이 된다고 한다면, 문제 (1)의 그림에서 연봉은 W_0, 고용량은 L_0에서 결정되기 때문에 수요독점시장에 비해 연봉과 고용량이 모두 증가하여 회계사들의 복지수준이 향상된다. 이때 수요독점적 착취는 $(W_0 - W_1)$으로 구해진다.

05. 현실경제에서 슘페터의 혁신설이 적용되는 구체적 사례를 조사해 보라.

해답 슘페터에 따르면 혁신이란 어떤 상품의 발명만을 의미하는 것이 아니라, 새로운 생산방법의 고안, 생산조직의 개선, 새로운 판로의 개척 및 새로운 원료공급원의 개발 등을 총칭하는 개념이다. 슘페터의 혁신설이 적용되는 구체적인 사례로서 제1장의 〈표 1-4 : 혁신의 역사〉를 들 수 있다.

세대	특징	사례
1세대 (1915 이전)	개인 발명가 중심	구텐베르크의 인쇄활자, 에디슨의 전구, 라이트 형제의 비행기, 포드의 어셈블리 라인
2세대 (1915~1950)	기업의 대규모 연구실	듀폰(DuPont)의 나일론, 프록터 & 갬블(Proctor & Gamble)의 치약 · 기저귀 · 세제, 록히드마틴(Lockheed Martin)의 첩보비행기와 전투기
3세대 (1960~2008)	벤처캐피탈을 활용한 벤처기업	애플(Apple), 마이크로소프트(MicroSoft), 아마존(Amazon), 페이스북(Facebook), 구글(Google)
4세대 (2008~현재)	비즈니스 모형(생태계) : 대규모 기업들과 신규 창업자들의 아이디어가 연결된 상생 네트워크	아마존 킨들(Kindle)-콘텐츠, 구글-안드로이드(Android), 애플-애플리케이션 개발자

출처 : Anthony, S. D., "The New Corporate Garage," *Harvard Business Review*, 2012. 9.

[연습문제]

01. 〈그림 9-2〉에 나타난 우리나라의 지니계수 변동 추이를 보면 1990년대 이후 지니계수가 지속적으로 높아졌음을 알 수 있다. 이와 같이 우리나라에서 소득불평등이 증가해 온 이유를 설명하라.

해답 우선 실업을 가장 큰 이유로 들 수 있다. 외환위기 이후 한동안 노동시장에 참여하지 못했던 사람들의 근로소득이 급격히 감소하고, 재취업을 위한 교육을 따로 받지 못하는 등의 문제점이 있었기 때문이다. 둘째, 우리나라 성장의 특성과 성장력의 한계 때문이다. 과거 1970~1980년대만 해도 높은 경제성장률과 함께 일자리도 늘었지만, 최근 들어서는 경제성장률이 낮아질 뿐만 아니라 '고용 없는 성장'이 미국을 필두로 하여 나타나고 있기 때문이다. 이 외에도 대기업 · 중소기업, 정규직 · 비정규직 간의 양극화와 승자독식 시스템, 세계화 등을 들 수 있다.

02. 다음 질문에 답하라.

(1) [표 9-1]의 (b)를 이용하여 2003년부터 2012년까지 우리나라의 십분위분배율을 구하고, 그 변동 추이를 〈그림 9-2〉의 지니계수 변동 추이와 비교 · 설명하라.

해답 $$\text{십분위분배율} = \frac{\text{최하위 40\% 소득/전체 소득}}{\text{최상위 20\% 소득/전체 소득}} = \frac{\text{(1분위 + 2분위) 비중}}{\text{5분위 비중}}$$

연도	십분위분배율
2003	0.545
2004	0.530
2005	0.510
2006	0.504
2007	0.490
2008	0.487
2009	0.500

2010	0.520
2011	0.521
2012	0.524

표에서도 알 수 있듯이 2003년부터 2008년까지는 십분위분배율이 감소하며 불평등이 증가했으나, 2009～2012년은 십분위분배율이 증가하며 불평등이 감소하였다. 이는 〈그림 9-2〉의 지니계수 변화 추이와 유사하다. 단, 지니계수는 그 값이 클수록 불평등이 심각해짐을 의미한다.

(2) 2003년부터 2010년까지 OECD 국가의 지니계수를 조사하고, 국가별 변동 추이를 우리나라의 지니계수 변동 추이와 비교 · 설명하라.

해답 www.oecd.org의 통계데이터를 확인하기 바란다.

03. 현재 근로장려세제(earned income tax credit ; EITC)를 도입 · 시행하고 있는 OECD 국가들에서 실제로 이 제도가 근로유인을 높이는 효과를 가져오고 있는지 조사해 보라.

해답 EITC의 효과가 긍정적이지만은 않다. 예를 들어 미국은 EITC를 1975년에 시행하여 계속 확대해 왔다. 국제노동기구(ILO)의 조사결과에 따르면, 1975～1994년까지 미국 중위소득 50% 미만 인구의 가처분소득을 기준으로 한 빈곤율은 오히려 증대하고 있고 빈곤 감소의 기미는 보이지 않고 있다.

[연습문제]

01. 시장의 자원배분 기능이 효율적으로 작동하지 않는 것을 시장실패라고 한다. 시장실패를 불러오는 요인들은 크게 몇 가지가 있겠는가?

해답 경쟁균형이란 경제 내의 모든 시장에서 가격조정에 의해 수요와 공급이 일치하는 것을 말한다. 공급곡선과 수요곡선이 만나는 점에서는 한계편익과 한계비용이 일치하며, 이는 사회 전체적으로도 상품의 생산과 소비에 대한 한계적인 비용과 편익이 일치해 더 이상 개선이 불가능한 상태, 즉 효율적 자원배분을 의미한다.

이러한 효율적 자원배분의 실패를 가져오는 요인은 크게 불완전경쟁, 외부성과 공공재이다. 예를 들어 독점시장에서는 한계편익과 한계비용이 일치하지 않는 점에서 균형이 성립된다. 또한 경쟁시장에서 수요곡선과 공급곡선이 일치하는 곳에서 균형이 성립하더라도 외부성이나 공공재가 존재하는 경우 사회적 한계편익과 사회적 한계비용이 일치하지 않게 된다. 이 밖에 경제주체 간 정보의 비대칭성도 비효율적 자원배분을 가져올 수 있다.

02. 양봉업자 A와 과수업자 B, C 3명이 존재하는 사회를 가정하자. 양봉업자 A가 꿀벌의 통수를 증가시키고 B와 C는 아무런 행동도 취하지 않을 때, A의 비용 및 A, B, C의 수입액은 다음과 같다.

꿀벌 통 수	양봉 비용	총수입(A)	총수입(B)	총수입(C)
1	7	15	112	112
2	15	27	121	121
3	24	36	127	127
4	34	44	131	131
5	45	51	133	133
6	57	57	134	134

(1) 양봉업자 A가 자신의 이윤을 극대화하기 위해서는 꿀벌을 몇 통 놓아야 하는가? 또 사회 전체적으로 보아 이윤이 극대화되는 꿀벌의 통 수는 얼마인가? 이 둘은

일치하는가? 만약 일치하지 않는다면 그 이유는 무엇인가?

해답 양봉업자와 과수업자의 총비용과 총수입을 관찰하여 각각의 한계비용과 한계수입을 비교해 보면 최적양봉의 수를 결정할 수 있다. 다음 표에서 볼 수 있듯이 A의 총수입과 양봉비용의 차이를 계산해 보면 양봉의 한계비용과 한계수입이 9로 같게 되는 3통을 기를 때 이윤이 12로 극대화된다. 그러나 사회 전체적으로 보았을 때는 꿀벌통 수가 4통 또는 5통일 때 이윤은 272로 극대화된다. 이러한 차이가 발생하는 것은 생산의 외부성이 존재하기 때문이다. 즉, 꿀벌의 수가 많아지면 이들이 과수원 나무의 꽃가루 운반을 더 많이 해주고, 이에 따라 과수업자는 더 많은 열매를 얻을 수 있게 된다. 그러나 양봉업자가 자신의 이익만을 생각할 경우 사회 전체적으로 더 큰 이익을 얻을 수 있는 꿀벌통 수보다 적은 수의 벌을 기르게 된다.

꿀벌통 수	양봉비용		양봉업자 A의 수입		과수업자 B의 수입		과수업자 C의 수입		A+B+C의 이윤과 한계수입	
	TC	MC	TR_A	MR_A	TR_B	MR_B	TR_C	MR_C	이윤	MR
1	7	7	15	15	112	112	112	112		
2	15	8	27	12	121	9	121	9		
3	24	9	36	9	127	6	127	6		
4	34	10	44	8	131	4	131	4		
5	45	11	51	7	133	2	133	2	272	11
6	57	12	57	6	134	1	134	1		

(2) 현재 양봉업자 A가 꿀벌을 3통 놓고 있다고 하자. 이때 B 혹은 C가 A로 하여금 꿀벌을 더 기르게 하면서 모두가 이익을 볼 수 있는 방법이 있겠는가? 만일 그러한 방법이 있음에도 행동을 취하지 않고 있다면 그 이유는 무엇인가?

해답 있다. 3통을 기르는 경우 B와 C의 수입은 각각 127이다. 그러나 4통을 기르게 되면 이들의 수입이 각각 4만큼 증가한다. 따라서 이들이 각각의 수입에서 2만큼 떼어 A를 준다면 A는 결과적으로 14의 이윤을 얻게 되고, 이는 12의 이윤보다 큰 액수이므로 A는 기꺼이 4통을 생산한다. 그리고 B와 C는 수입이 2만큼씩 증가하게 된다. 그러나 이러한 자발적 거래는 성립하기가 쉽지 않다. 우선 B와 C는 A에게 각각 1만큼씩만 주려 할 것이다. 그러나 B와 C가 더 줄 여력이 있다는 것을 아는 A는 비록 이윤이 12로서 3통을 기를 때와 동일해지더라도 이를 받아들이려 하지 않을 것이다.

이 경우 B와 C 중 한 명이 1만큼을 더 부담하여 A에게 3을 준다고 하면 A는 이 조건을 수용할지 모른다. 그러나 B와 C는 과연 누가 1을 더 낼 것인가의 문제로 대립하게 된다. 따라서 자발적 거래가 발생하기 어렵다.

(3) 사회적 최적배분 상태에 도달하려는 자발적인 노력이 행해지지 않고 있다고 할 때, 최적배분 상태에 도달하게 할 수 있는 방안을 제시해 보라.

해답 꿀벌의 외부효과를 내부화시키는 것이다. 즉, 외부성의 권리를 법제화하는 것이다. 예를 들면 정부가 나서서 꿀벌이 생산증대에 미치는 효과에 대해 설명하고, 과수업자들은 양봉업자에게 2만큼의 이윤을 지불하라고 법제화하면 외부성은 시장기구 안으로 내부화되며, 좀더 효율적인 경제가 될 수 있다. 다른 방법은 국가가 양봉업을 국유화하는 것이다. 즉, 양봉업자로부터 꿀벌사업을 사들여 사회적으로 바람직한 생산수준을 유지시키는 것이다. 마지막으로 과수 재배와 양봉업을 합병시키거나 양봉업자에게 보조금을 지급할 수도 있다.

03. 민호와 수지는 서로 이웃한 지역에서 식당을 운영하고 있는데, 주방에서 종종 화재가 발생하곤 한다. 이 때문에 이들은 공공재인 소방서비스를 이용하고자 한다. 소방서비스의 한계비용은 1,000원으로 고정되어 있다. 이제 P를 소방서비스의 가격이라 하고 F를 소방서비스에 대한 수요량이라고 하자. 민호네 식당은 소방서비스에 대한 수요곡선이 $P = 5{,}000 - F$인 반면 수지네 식당의 수요곡선은 $P = 2{,}000 - 2F$와 같이 나타난다.

(1) 근처에 식당이 민호네와 수지네 둘밖에 없다고 할 때 공공재인 소방서비스에 대한 수요곡선을 도출하라.

해답 소방서비스는 공공재에 속하므로 민호네와 수지네의 소방서비스 수요곡선을 수직으로 더함으로써 다음 그림과 같이 구할 수 있다.

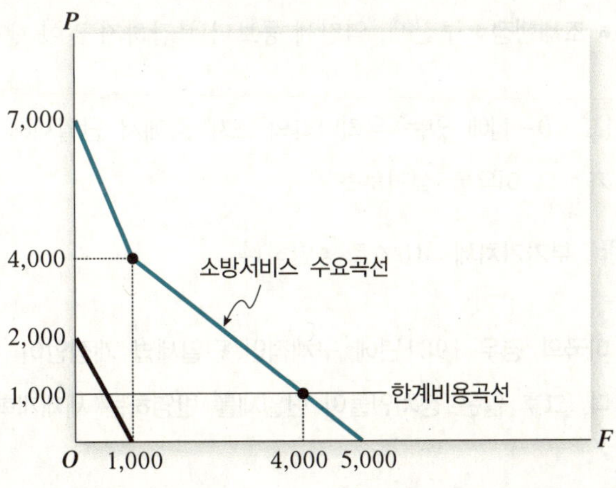

(2) 소방서비스의 효율적인 산출량은 얼마인가?

해답 도출된 수요곡선과 한계비용 1,000원이 만나는 점을 구하면 $F=4,000$에서 두 곡선이 만나게 된다. 따라서 소방서비스의 효율적인 산출량은 4,000이다. 이는 상대적으로 수지네보다 훨씬 더 커다란 규모의 식당을 운영하고 있는(또는 소방서비스가 더욱 많이 필요한) 민호네의 식당에 맞추어 소방서비스가 운영된다는 사실을 의미한다. 물론 그렇다고 해서 민호네가 모든 소방서비스의 비용을 부담하는 것은 아니다. 수지네 식당의 소방서비스 수요곡선과 한계비용곡선이 만나는 점, 즉 500만큼의 소방서비스에 대한 비용은 수지가 부담하게 될 것이다.

04. 1960년대 프리드먼(Milton Friedman)에 의해 처음 고안된 단일세(flat tax) 제도는 저소득층에 대해 완전히 면세해 주고 기업이나 개인에게 소득의 많고 적음에 관계없이 똑같은 낮은 단일세율을 적용하는 것이다. 또 세액공제 등 특별제도를 폐지함으로써 조세징수절차를 최대한 단순화하는 것이다. 다음 물음에 답하라.

(1) 단일세제의 장점을 정부의 조세수입, 조세저항 및 조세행정의 측면에서 서술하라.

해답

- **조세수입** : 누진세제 하에서 상대적으로 높은 한계세율이 적용되는 고소득층은 일정한 비용을 들여서 절세(또는 탈세)하려는 유인을 갖게 된다. 그러나 고소득층에게 상대적으로 낮은 단일세율 하에서는 비용을 들여 절세하는 것이 더이상 유리하지 않기 때문에 고소득자들도 기꺼이 납세의무를 이행할 것이다. 그 결과 세원(tax base)이 확장됨에 따라 조세수입이 증가한다.
- **조세저항** : 모두에게 같은 세율을 적용하기 때문에 조세저항은 적은 편이다.
- **조세행정** : 누진세, 역진세 등보다 복잡하지 않아 행정적으로 유리하다.

(2) [표 10-1]에 있는 우리나라의 조세 중에서 단일세에 가장 가까운 것은 무엇인가? 그 이유를 설명하라.

해답 **부가가치세** : 10%로 동일하다.

(3) 미국의 경우 1981년에 구체적인 단일세법 개정안이 처음으로 의회에 제출되었다. 그후 많은 정치인들이 단일세를 반영하는 세제개혁 법안을 의회에 지속적으

로 제출하였으나, 한 번도 의회를 통과하는 데 성공하지 못하였다. 그 이유는 무엇으로 추측할 수 있는가? 제4절에서 살펴본 조세의 목표와 원칙에 기초하여 서술하라.

해답 4절의 조세의 목표와 원칙에 비추어 평가해 보자. 우선 단일세는 더 많은 조세를 납부할 수 있는 능력을 지닌 사람에게 더 많은 조세를 부과해야 한다는 능력원칙에 위배된다. 왜냐하면 부의 크기에 관계없이 동일한 세율을 매기기 때문이다. 둘째, 수평적 평등의 원칙에도 위배되는데, 이는 소득의 성격에 관계없이 일정한 세율을 매기기 때문이다.

05. 만일 정부가 시장실패에 대해 완전한 정보와 합리성을 가지고 대응할 수 있다면 정부실패는 발생하지 않을 것인가? 그렇다면 현실의 정부실패에서는 어떤 요인들이 정부가 잘못된 판단을 내리게 하는가?

해답 정부가 완전한 정보와 합리성을 바탕으로 정책을 편다면 정부실패는 발생하지 않을 것이다. 현실에서 정부실패를 유발하는 요인 중 대표적인 것이 바로 정보의 불완전성이기 때문이다. 구체적으로 시장 상황이 어떠한지, 정책이 어떤 파급경로를 거쳐 시장에 영향을 미치는지, 정책이 시장에 영향을 미치기까지 걸리는 시간 등에 대한 정보가 부족하면 정책당국은 의도한 결과를 거두기 어려울 것이다.

또한 정보가 완전하더라도 현실의 정부는 그에 따른 합리적인 선택을 하지 않을 가능성도 있다. 유권자들의 표를 의식하여 장기적으로 최적인 정책보다는 우선 단기간에 효과가 나타날 수 있는 정책을 택할 수 있는 것이다.

[응용문제]

01. 몇몇 사람들은 "결함이 있는 상품을 만들어 시장에서 판매하는 것도 시장실패가 될 수 있다"라고 주장한다. 이러한 주장에 대해 경제원론을 공부한 독자들은 어떻게 답변할 것인지 유추하라.

해답 시장실패의 일종이다. 결함이 있는 상품이 판매된다는 것은 불완전정보가 존재함을 의미하기 때문이다. 실제로 만약 어떤 사람이 완전정보를 가지고 있다면 그는 결함이 있는 상품을 결코 구매하지 않을 것이다. 하지만 현실에서 정보는 비대칭적으로 존재하므로 결함이 있는 상품도 팔리고 있다. 이는 한계편익과 한계비용이 불일치하는 자원배분이라는 점에서 시장실패라 할 수 있다. 불완전정보가 존재할 경우 발생할 수 있는 여러 문제는 제11장에서 보다 자세히 다룰 것이다.

02. 흔히 정치학자들은 좋은 교육을 받은 시민들이 많은 나라에서 민주주의가 발전한다는 이론을 제시하고 있다. 이 주장을 경제학적 관점에서 검토해 보기로 하자. 만약 교육을 시장에 맡길 경우 어떤 문제가 발생할 것인가? 만약 정부가 적절한 정책을 사용하여 시장의 불완전성을 해결하고자 한다면 그 정책수단에는 무엇이 있겠는가?

해답 기본적으로 일반론적인 교육이 무조건 민주주의를 발전시킨다고 보기는 어렵다. 따라서 여기서 '좋은 교육'을 민주주의와 관련된 요소들(자유, 평등 등)에 대한 것으로 한정하자. 사교육을 제외한 공교육은 보통 공공재의 성격을 지닌다. 교육으로부터 파생되는 이익은 비배제성과 비경합성을 가지기 때문이다. 따라서 교육을 시장에 맡길 경우에는 공공재의 성격상 사회 전체적으로 필요한 양보다 덜 생산될 수밖에 없다. 즉, 모든 사람들에게 충분한 교육 기회가 부여되지는 못한다. 따라서 교육을 보조하는 정부정책은 민주주의를 발전시키는 데 기여할 수 있다. 의무교육제도의 보편화, 대학 등 교육기관에 대한 지원은 좋은 교육을 받은 시민들을 증가시켜 민주주의 발전에 기여할 것이다.

03. 한 국가가 국방서비스를 제공하는 경우 해당 국가 국민들이 실감하는 국방서비스 편익의 크기는 국민들마다 다를 수 있다. 동일 지역에 살고 있는 민호는 10시간의 국방서비스가 제공되는 경우 8,000유틸의 한계편익을, 15시간의 국방서비스에 대해서는 4,000유틸의 한계편익을 각각 느낀다고 한다. 반면에 수지는 10시간의 국방서비스에 대해서는 10,000유틸의 한계편익을, 15시간의 국방서비스에 대해서는 4,000유틸의 한계편익을 느낀다고 한다. 민호와 수지는 각 국방서비스를 통해 느끼는 한계편익만큼을 국방서비스에 대한 가격으로 지불할 의사를 갖고 있다. 다음 질문에 답하라.

(1) 국방서비스시장에서의 시장수요곡선을 도출하라.

해답 국방서비스시장에서의 시장수요곡선은 민호와 수지의 국방서비스수요곡선을 수직으로 합하여 구할 수 있다. 즉, 10시간에 대한 가격은 18,000, 15시간에 대한 가격은 8,000이 된다. 공공재 시장수요곡선 도출과 관련해서는 교재의 〈그림 10-3〉을 참조하기 바란다.

(2) 국방서비스 제공시간에 대한 가격이 다음과 같다고 할 때, 이 국가가 최적 수준의 국방서비스 제공을 위해 민호와 수지에게 받을 수 있는 가격을 구하라.

시간	10시간	15시간	20시간
가격(원)	4,000원	8,000원	12,000원

해답 수요와 공급이 같을 때 시장균형이 성립되기 때문에 민호와 수지에게 8,000원을 받아 15시간의 국방서비스를 제공하면 된다.

(3) 국가가 민호와 수지로부터 문제 (2)에서 구한 가격을 국방서비스 제공에 대한 대가로 받고자 한다. 이와 같이 국방서비스에 대한 가격을 각 경제주체의 한계편익의 크기만큼 받고자 하는 경우 나타날 수 있는 문제는 무엇인가? 그 이유를 설명하고 이러한 문제를 보완할 수 있는 방법을 제시하라.

해답 국방서비스는 비배제적이며 비경합적인 특성을 갖는 공공재이기 때문에 공공재 사용을 위한 비용을 자발적으로 지불하지 않으려 하는 무임승차자 문제를 가지고 있다. 따라서 모든 사람이 비용부담을 하지 않으려 하게 되고, 이에 따라 공공재가 사회 필요량보다 적게 공급될 수 있다. 따라서 국가가 조세징수를 통해 공공재 공급비용을 충당하여 필요한 공공재를 공급한다면 이러한 문제를 해결할 수 있을 것이다.

04. 미국 서브프라임 모기지 사태로 촉발된 2007~2008 글로벌 금융위기는 시장실패와 정부실패에 기인한 것으로 보는 견해가 많다. 글로벌 금융위기를 통해 나타난 시장실패와 정부실패의 구체적 예를 조사해 보라.

해답

- **시장실패** : 단기 성과 위주의 보상체계로 인한 체계적 위험(systemic risk)의 증가, 그림자금융시스템(shadow banking system)을 이용한 투기거래, 금융소비자들의 무지(ignorance), 은행 및 신용평가기관의 도덕적 해이
- **정부실패** : 금융기관 감독 실패, 거시건전성 관리 실패, 미국 주택정책 실패, 일관성 없는 위기대응

[연습문제]

01. 유나가 주식시장에서 '잘나가' 라는 기업의 주식을 구입하고자 한다. 현재 주식가격은 1,000원에 형성되어 있으며, 다음 날 이 기업의 주식가격이 3,000원으로 상승할 확률이 0.5, 파산할 확률이 0.5로 주어져 있다고 하자.

(1) '잘나가' 의 주식 1주 구입에 대한 기대수익을 계산하라.

해답 $\frac{1}{2}\times 3,000+\frac{1}{2}\times 0=1,500$이므로 다음 날 이 주식가치의 기댓값은 1,500원이다. 이때 주식가격이 현재 1,000원에 설정되어 있으므로 '잘나가' 의 한 주당 기대수익률은 50%나 된다.

(2) 이 기대수익을 현재 주식가격과 비교하고, 사람들이 이 주식에 대해 어떤 태도를 취할 것인가에 대해 설명하라. 유나가 위험중립적 소비자라면 '잘나가' 의 주식을 구매할 것인가?

해답 이 주식의 기대가치는 1,500원인 데 반하여 현재 주식가격은 1,000원이다. 유나가 위험중립적 소비자라면 당연히 1,500원의 소득에 대한 기대효용이 1,000원에 대한 기대효용보다 클 것이므로 주당 500원의 이익을 기대하면서 '잘나가' 의 주식을 구매할 것이다.

(3) 유나가 주식을 사기 위해 1,000원을 들고 왔다가 증권거래소에 도착한 후 돈을 잃어버린 것을 발견했다고 하자. 이러한 상황은 기존의 기대효용이론에서 1,000원을 주고 주식을 매입한 뒤 주식보유증서를 잃어버린 상황과 다른 점이 있는가?

해답 먼저 1,000원의 주식의 수익구조를 단순화하여 500원과 1,500원이 될 확률이 $\frac{1}{2}$씩이고, 각각의 돈은 $U(500)=10$, $U(1,000)=15$, $U(1,500)=18$의 효용을 준다고 가정하자.

다음 그림에서와 같이 위험기피적인 성향을 지닌 사람이 1,000원을 잃어버렸

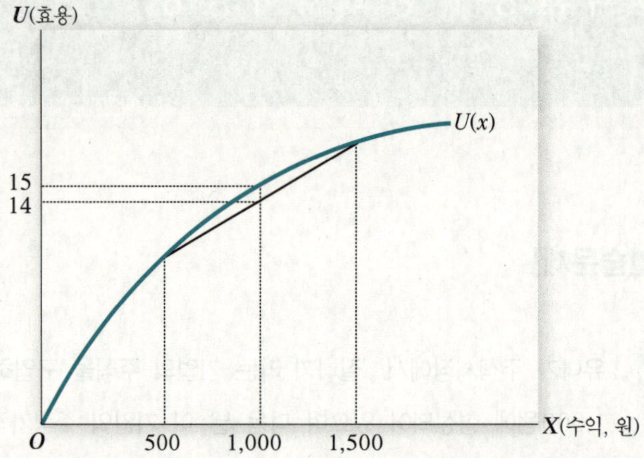

을 때는 15만큼의 효용이 줄지만, 주식보유증서를 잃어버리면 14만큼의 효용이 줄어든다. 따라서 두 상황은 다르다. (물론 확률과 기대효용함수를 어떻게 설정하느냐에 따라 같아질 수도 있다. 하지만 일반적으로 다름을 예제를 통해 위와 같이 보일 수 있다.)

02. 비대칭적 정보가 존재하는 자동차보험시장에서 평균 이상의 안전운전자들은 법적인 보장이 존재하지 않는다면 자동차보험에 가입하기를 꺼리는 경향이 있다. 그 이유는 무엇인가?

해답 자신의 운전성향을 잘 알고 있는 운전자들과는 달리, 보험회사는 개개인의 운전성향을 알기 힘드므로 평균적인 주의수준에 따른 보험료를 설정할 것이다. 그러므로 상대적으로 높은 주의수준을 가진 운전자는 보험가입 시 혜택 이상으로 보험료를 납부하게 되므로 법적인 보장이 없을 경우 보험가입을 꺼리게 된다.

03. 2010년 7월부터 라면, 과자와 빙과류 및 아이스크림에 대한 소비자권장가격제가 폐지되고 유통업자가 소비자가격을 설정하는 오픈프라이스(open price)제도가 시행되었다. 이 제도가 시행됨에 따라 해당 상품시장에서 역선택과 도덕적 해이 현상이 나타날 가능성이 있는지, 있다면 어떤 방법에 의해 경제주체들이 역선택과 도덕적 해이 현상을 방지할 수 있는지 관련 경제주체별로 구분하여 설명하라.

해답

1) 역선택

유통업체가 가격을 설정하므로 낮은 질의 제품에 대해 높은 가격을 설정하는 등의 역선택 행동을 보일 수 있다. 이를 해결하기 위해 우선 소비자는 상품의 질을 확인할 수 있는 제품의 구성요소, 제조사, 판매사 확인, 평판의 활용 등을 반드시 이행할 필요가 있다. 한편 유통업체는 시장에서 역선택 현상에 대해 우려하는 소비자들이 거래의사를 표출하지 않을 수 있다는 점을 고려하여 광고, 시제품 제공, 보증서 첨부, 시식회 등을 신호발송의 방법으로 고려해 볼 수 있다.

2) 도덕적 해이

유통업체는 물건을 판매한 후 책임을 다하지 않으려 할 수 있다는 점에서 도덕적 해이 현상이 나타날 수 있다. 따라서 소비자는 거래 이후에도 지속적인 서비스의 수혜가 가능한지를 관찰하고 확인하는 것이 필요하다. 한편 정부는 소비자들의 고발, 자체 조사 등을 통해 도덕적 해이가 만연하지 않게 제재할 필요가 있다.

[연습문제]

01. 다음은 행태경제학이나 행태재무이론(behavioral finance)에서 인간의 비합리적인 행태들로 여겨지는 사례이다. 실제로 인간이 합리적이라면 다음 각각의 사례는 어떻게 달라졌을까?

(1) 공돈은 쉽게 쓰고 월급은 아껴 쓰려는 심리적 회계

해답 동일한 성격의 돈으로 여기고 최소비용 및 최적화의 원칙에 따라 돈을 사용할 것이다.

(2) 이익 난 주식은 쉽게 팔지만 손해 본 주식은 끝까지 안 팔고 버티는 손실 회피 성향

해답 이익 난 주식과 손해 본 주식이 다음 기에 각각 손해, 이익이 날 것이라는 사실을 합리적으로 예상한다면 같은 행동을 보일 수 있다. 하지만 그러한 정보가 없다면, 이익 난 주식은 계속 이익을 내고 손해를 본 주식은 계속 손해를 입힐 것으로 예상하고 각각 보유 및 판매를 할 것이다.

(3) 과거에 손실(또는 이익) 본 투자는 잊고 최근에 이익(또는 손실)이 난 경험만을 훨씬 크게 생각하는 최근성 편향

해답 과거와 최근의 결과에 대한 가중치를 자신이 경험한 횟수에 근거하여 확률로 줌으로써 합리적 의사결정을 하려 할 것이다.

(4) 자신의 생각이나 능력에 대해 근거 없는 믿음을 가지는 자기 과신 편향

해답 자신의 믿음만이 아니라 주변의 객관적 평가도 반영하여 가장 합리적이고 객관적으로 스스로를 평가하려 할 것이다.

02. 우리는 제2절에서 법에 경제학을 적용하는 사례를 살펴보았다. 각자 최근에 체험하거나 관측한 법경제학의 구체적 사례를 서술하라.

해답 최근 있었던 재판을 사례로 개인적으로 생각해 보기 바란다.

(예 : 마이크로소프트(MicroSoft)사의 미디어플레이어를 윈도우(Windows)에 끼워 팔기와 관련한 반독점소송)

[연습문제]

01. 한국과 미국이 TV와 자동차 두 가지 제품을 생산하고 있다. 두 나라가 하루에 생산할 수 있는 각 제품의 양은 다음과 같다(생산요소는 노동뿐이다).

〈하루 생산량〉

	한국	미국
TV	5	10
자동차	2	6

(1) 무역이 없을 때 한국과 미국에서 두 제품의 교환비율은 얼마인가?

해답 한국에서 자동차 1단위를 생산하기 위해서는 TV 2.5단위를 희생해야 하며, TV 1단위를 생산하기 위해서는 자동차 0.4단위를 희생해야 한다. 이것은 자동차 1단위와 TV 2.5단위, 바꾸어 말하면 자동차 0.4단위와 TV 1단위가 교환되어야 함을 의미한다.

미국에서는 자동차 1단위를 생산하기 위해서는 TV 1.7단위를 희생해야 하며, TV 1단위를 생산하기 위해서는 자동차 0.6단위를 희생해야 한다. 이것은 자동차 1단위와 TV 1.7단위, 즉 자동차 0.6단위와 TV 1단위가 교환되어야 함을 의미한다.

(2) 한국이 수출하는 제품은 무엇인가?

해답 이와 같이 두 나라에서의 자동차와 TV의 상대가격이 서로 다른 점이 양국 간의 무역을 가능하게 하는 조건이 된다. 한국이 TV 1단위를 생산할 경우 국내에서는 자동차 0.4단위와 교환될 수 있지만 미국시장에서는 자동차 0.6단위와 교환될 수 있다. 따라서 한국은 자동차를 생산하지 않고 그 시간에 TV를 생산한 후 미국의 자동차와 교환하는 것이 유리하다. 한국에서는 TV가 상대적으로 저렴하므로 TV 생산에 비교우위를 갖고 있기 때문이다. 따라서 한국의 수출품은 TV가 된다.

(3) 가능한 국제가격의 범위를 구하라. 국제가격이 이 범위 밖에서 결정된다면 어떻게 되겠는가?

해답 자동차를 기준 재화(numeraire)로 보기로 하자. 한국의 경우 TV 1단위가 자동차 0.4단위 이상과만 교환될 수 있다면 TV를 수출할 것이다. 한편 미국의 입장에서 보면 TV 1단위가 자동차 0.6단위 이하의 가격이라면 기꺼이 TV를 수입할 것이다. 따라서 무역이 이루어지기 위해서는 자동차를 기준으로 한 TV의 상대가격이 0.4 이상 0.6 이하여야 한다. 이 범위 밖에서는 무역이 이루어질 수 없다. 만일 TV의 상대가격이 자동차 0.4단위 이하라면 한국이 TV를 수출하지 않을 것이고, 0.6단위 이상이라면 미국이 TV를 수입하지 않을 것이기 때문이다.

02. 어떤 경제가 갖고 있는 자원을 모두 사용하여 가장 효율적으로 생산할 수 있는 X재와 Y재는 $X+Y=7$로 표시된다고 하자. 이 경제를 구성하고 있는 사람들의 효용함수는 $U=\min\{X, Y\}$라고 할 때 X, Y를 각각 얼마씩 생산 · 소비하는 것이 바람직한가? 또 국제무역이 이루어져서 X, Y의 가격비율이 $P_X=2P_Y$라고 할 때, 이 경제는 X와 Y를 얼마나 생산하고 소비하며 또 얼마만큼 무역을 통해 거래하는 것이 적정한지 생각해 보라.

해답 무역이 이루어지고 있지 않은 상태일 때 사회후생을 극대화할 수 있는 생산과 소비는 다음 그림과 같이 X재를 3.5단위, Y재를 3.5단위 생산하여 소비하는 경우이다.

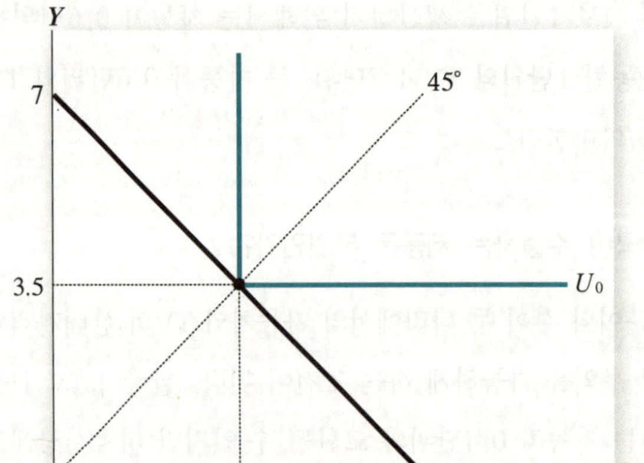

국제무역이 도입되는 경우 X재의 국제가격이 국내가격보다 더 비싸기 때문에 이 경제는 다음 그림에서와 같이 가능한 한 X재를 생산하여 수출하고 Y재를 수입

하려 할 것이다. 이때 $P_X = 2P_Y$이므로 소비가능집합은 $2X + Y = 14$가 된다. 소비는 무차별곡선 상의 점에서 이루어지므로 $X = Y$가 만족되는 상황에서 결정된다. 즉, 이 경제는 X재와 Y재를 각각 $\frac{14}{3}$단위씩 소비하는데, X재 생산을 특화하였으므로 X재를 $\frac{7}{3}$단위 수출하고 Y재를 $\frac{14}{3}$단위 수입하여 소비한다. 이와 같은 과정을 통해 사회후생이 U_0에서 U_1으로 증가함을 알 수 있다.

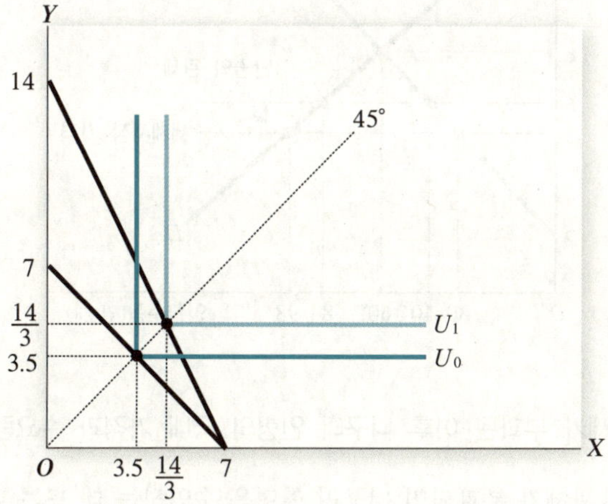

03. 현실경제에서 독점적 무역모형과 제품수명주기설이 각각 적용되는 무역의 사례를 조사해 보라.

해답

1) **독점적 무역모형** : 고급중형차를 생산하는 미국과 국민차로 유명한 독일은 모두 차별화된 자동차를 생산한다. 이들은 대체관계에 있지만 다른 제품으로 소비자들에게 인식되며, 대량생산으로 규모의 경제가 현저하게 나타난다.
2) **제품수명주기설** : 처음 휴대폰이 개발되었을 때 선진국인 미국, 일본 등이 주요 수출국이었으나(개발기) 지금은 한국이 휴대폰 시장의 대표 생산국이다(성숙기). 그리고 앞으로 저렴한 임금으로 빠르게 추격하는 중국 등에서 생산이 증가할 것이다(표준화기).

04. 다음에 주어진 그래프를 이용하여 정부가 수입품인 너구리 인형에 1만원의 관세를 부과했을 때 나타날 수 있는 현상에 대해 분석해 보자.

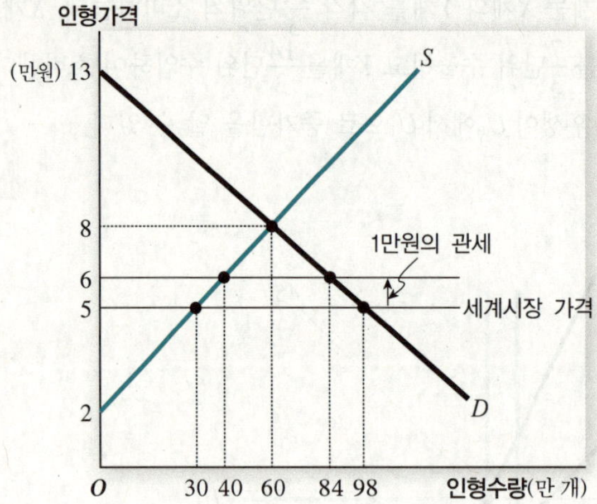

(1) 관세가 부과된 이후 너구리 인형의 국내 가격과 수요량은 얼마나 되는가?

해답 관세가 부과되면 너구리 인형을 수입하는 데 드는 비용이 그만큼 상승한다는 것을 의미한다. 위의 그림을 참고하면 너구리 인형의 가격은 6만원에 책정되며 수요량은 84만 개이다.

(2) 관세가 부과되기 이전과 이후에 외국으로부터 수입되는 너구리 인형의 수량은 각각 얼마나 되는지 설명하라.

해답 68만 개, 44만 개 : 관세가 부과되기 이전 세계시장에서 너구리 인형의 가격은 5만원에 책정되어 있었으며, 그중 국내의 공급자들이 30만 개를 공급하고 해외에서 68만 개를 수입함으로써 수요를 충족시키고 있었다. 이제 관세가 부과됨으로써 너구리 인형 가격이 6만원으로 상승함에 따라 국내 공급자들이 40만 개를 공급하고 해외에서 44만 개의 수입이 이루어지고 있다.

(3) 관세가 부과되기 이전과 이후에 나타나는 소비자잉여의 크기를 계산하라.

해답 ① **관세가 부과되기 이전** : $98 \times (13 - 5) \times \frac{1}{2} = 392$(억원)
② **관세가 부과된 이후** : $84 \times (13 - 6) \times \frac{1}{2} = 294$(억원)

너구리 인형의 가격이 상승함에 따라 기존에 너구리 인형을 원하던 사람들 14만 명이 너구리 인형을 살 수 없게 되었다. 그 결과 소비자잉여는 풀이와 같이 98

억원 감소하게 된다.

(4) 관세가 부과되기 이전과 이후에 나타나는 생산자잉여의 크기를 계산하라.

해답 ① **관세가 부과되기 이전** : $30 \times (5-2) \times \frac{1}{2} = 45$(억원)

② **관세가 부과된 이후** : $40 \times (6-2) \times \frac{1}{2} = 80$(억원)

너구리 인형에 관세가 부과됨에 따라 국내 공급자들은 보다 많은 너구리 인형을 공급할 수 있게 되었다. 이는 곧 국가에서 관세를 통해 국내 너구리 인형 산업에 대한 보호정책을 실시한 것과 같다.

(5) 관세로 인하여 정부가 얻는 수입의 크기를 구하라. 한편 관세로 인한 자중손실의 크기는 얼마나 되는가?

해답 관세를 부과한 이후 너구리 인형의 수입량은 44만 개이므로 정부의 수입은 44억원이 된다. 한편 자중손실의 경우 소비자잉여의 감소분 중 생산자잉여와 정부 수입으로 충당할 수 없는 부분과 동일하므로 다음 그림에서 청색의 음영으로 표시된 두 삼각형의 크기와 같다. 이를 계산하면 11억원이다.

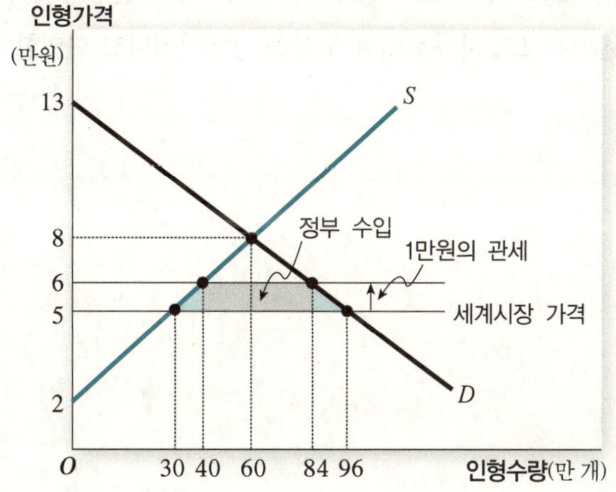

05. "관세 부과는 관세 부과국의 교역조건을 개선하고 후생을 증대시킨다"라는 주장을 논평하라.

해답 관세의 부과는 국내생산 증대효과, 국내소비 감소효과, 교역조건효과, 정부관세수입효과 등을 초래한다. 관세가 부과되면 대체로 가격이 상승하고 소비량이 감소한다. 그 때문에 소비자잉여는 감소하고 정부관세수입과 국내생산자의 생산자잉여가 증가한다. 그러나 관세 부과는 자원배분의 왜곡에 따른 자중손실을 가져올 수 있다.

06. 자유무역은 무역의 이익을 통한 후생의 증대라는 측면에서 강조되고 있다. 그러나 현실적으로 한계가 있다는 주장도 있는데, 그 한계란 무엇인가?

해답 첫째, 사회 전체 후생은 증가할지 몰라도 사회불평등이 더 심각해질 수 있다. 극단적으로 완전특화를 하는 경우 해당 산업에 종사하는 노동자들은 더욱 부유해지지만, 특화로 인해 일자리를 잃은 노동자들은 더 가난해질 수 있다. 실제로 국제통화기금(IMF) 자료에 의하면, 자유무역으로 인해 세계 전체 부는 증가하였으나 불평등 정도를 나타내는 지니계수는 악화되었고 삶의 질을 나타내는 인간개발지수(HDI)도 점차 양극화되고 있다. 둘째, 국가안보 등의 이유로 자유무역이 현실적으로 불가능하다. 우리나라의 경우 비교우위 정책에 따르면 농업을 완전히 포기하는 게 낫지만 전쟁이나 세계적 기근 등의 가능성에 대비하여 자급자족이 어느 정도 필요하기 때문에 그럴 수 없다. 셋째, 이론에서는 자유무역이 후생을 증대시킨다는 결론을 내리는 전제로 '완전경쟁'을 가정하고 있다. 하지만 현실적으로 국제시장 · 국내시장에서의 불완전경쟁(독과점, 관세, 유치산업 보호 등)이 존재하므로 자유무역이 후생을 증대시킨다고 단언할 수 없다.

제14장 국가경제의 실물순환

microeconomics + macroeconomics Economics

[연습문제]

01. 국가경제의 지출과 소득순환에서 총생산의 가치가 총소득의 가치와 같아지는 이유는 무엇인가?

해답 생산된 생산물의 총 가치는 그 생산물을 생산하는 데 투입한 요소소득이 되어 총소득으로 분배되기 때문이다.

02. 다음 질문에 간단히 답하라.

(1) 국민소득의 균형조건은 $Y^d = Y^s$라고 한다. 이것은 무슨 뜻인가?

해답 $Y^d = Y^s$는 국가경제 전체의 '총수요 = 총공급'의 균형을 의미한다.

(2) 폐쇄경제에서 (1)의 균형조건은 $I + G = S + T$라고도 한다. 이것의 의미는 무엇이며 $Y^d = Y^s$와는 무슨 차이가 있는가?

해답 주입$(I + G)$과 누출$(S + T)$이 동일할 때 국민소득 균형이 달성됨을 의미한다. 양변에 소비(C)를 더하면 $C + I + G = C + S + T$가 되는데, 좌변은 총수요(Y^d), 우변은 총공급(Y^s)이므로 결국 문제 (1)의 식과 같다.

03. 다음과 같이 국민소득 및 지출의 순환과정에 있는 4부문 경제에 대해 다음 질문에 답하라.

[경제 A] 저축 = 투자 = 200, 조세규모 = 정부지출규모 = 200, 수입 = 수출 = 100
[경제 B] 저축 = 250, 투자 = 200, 조세규모 = 100, 정부지출 = 200, 수입 = 150, 수출 = 100

(1) 4부문 경제의 누출과 주입을 고려하여 [경제 A]와 [경제 B]가 서로 어떻게 다른지 설명하라.

해답 경제 A는 저축과 투자, 조세와 정부지출, 수입과 수출이 각각 동일하여 각 시장에서 모두 균형인 데 반해 B는 누출($S + T + M = 250 + 100 + 150 = 500$)과 주입($I + G + X = 200 + 200 + 100 = 500$)은 동일하지만 각 시장에서는 초과수요와 초과공급이 존재하고 있다.

(2) 누출과 주입의 개념을 고려하여 [경제 B]의 상황을 자세히 설명하고, 이 상황을 개선하기 위한 방안들을 제시해 보라.

해답 이 경제는 재정수지 적자($T - G = -100$), 경상수지 적자($X - M = -50$)로 쌍둥이 적자를 보이고 있고, 그에 따라 투자가 저축에 못 미치고 있다. 이를 해결하기 위해 정부지출을 줄이거나 조세를 늘리는 방안 또는 수입을 줄이거나 수출을 늘리는 방안을 마련해야 한다.

04. 1985년에 새로 지어진 아파트가 2013년 들어 재건축 아파트에 대한 수요 증가와 함께 다시 팔렸다고 하자. 다음 물음에 답하라.

(1) 2013년에 다시 팔린 아파트의 가치는 2013년의 GDP에 포함되는가? 그 이유를 설명하라.

해답 1985년 건축 당시 GDP에 이미 포함되었기 때문에 포함되지 않는다. 거래시마다 포함되면 건축물 등 내구재는 2중, 3중으로 GDP에 포함되어 GDP가 실제보다 과다 추정되기 때문이다.

(2) 2013년에 아파트 매매를 도운 부동산 중개인에게 지급된 수수료는 2013년 GDP에 포함되는가? 그 이유를 설명하라.

해답 중개인이 중개라는 서비스를 제공하여 아파트 매매를 도움으로써 부가가치를 창출하였으므로 2013년 GDP에 포함된다.

05. 한국은행이 발간하는 『조사통계월보』나 『경제통계연보』 등에 수록된 최근 3년간의 자료를 이용하여 다음 표의 공란을 메워라.

연도	(A) 국내총생산 (real GDP)	(B) 교역조건 변화에 따른 실질 무역손익	(C=A+B) 국내총소득 (real GDI)	(D) 대외순수취 요소소득	(E=C+D) 국민총소득 (real GNI)
2010년					
2011년					
2012년					

해답 한국은행 홈페이지 참조(www.bok.or.kr)

06. 어떤 국가경제의 생산품 수량과 가격이 다음 표와 같다고 하자.

	2012년		2011년	
	수량	가격	수량	가격
컴퓨터	100	60	90	50
배	100	2	75	2
옷	50	25	50	30
껌	8,000	0.6	10,000	0.8

(1) 이 나라의 2012년 명목 GDP를 구하라.

해답 $(100 \times 60) + (100 \times 2) + (50 \times 25) + (8,000 \times 0.6) = 12,250$

(2) 2011년을 기준연도로 할 때 2012년의 GDP 디플레이터와 실질 GDP 성장률을 구하라.

해답

1) GDP deflator

$$= \frac{(100 \times 60 + 100 \times 2 + 50 \times 25 + 8,000 \times 0.6)}{(100 \times 50 + 100 \times 2 + 50 \times 30 + 8,000 \times 0.8)} \times 100 = 93.51$$

2) 실질 GDP 성장률 $= \dfrac{13,100 - 14,150}{14,150} = -7.4205\%$

2011년 실질 GDP :

$(50 \times 90) + (75 \times 2) + (50 \times 30) + (0.8 \times 10,000) = 14,150$

2012년 실질 GDP :

$(100 \times 50) + (100 \times 2) + (50 \times 30) + (8,000 \times 0.8) = 13,100$

07. Awoi 주민들은 소득의 전부를 감자, 고구마, 양파를 구입하는 데 지출한다. 2011년에 이들은 감자 120개를 개당 500원에, 고구마 70개를 개당 750원에, 그리고 양파 100개를 개당 300원에 구입하였다. 2012년에는 감자 100개를 개당 600원에, 고구마 80개를 개당 1,000원에, 양파 125개를 개당 350원에 구입하였다. 기준연도가 2011년이라면 2011년과 2012년의 소비자물가지수는 각각 얼마인가? 2012년의 인플레이션율은 얼마인가?

해답 2011년이 기준연도이므로 2011년의 소비자물가는 100이다.

2011년 = (120 × 500) + (70 × 750) + (100 × 300) = 142,500

2012년 = (120 × 600) + (70 × 1,000) + (100 × 350) = 177,000

따라서 2012년 소비자물가지수는 $\frac{177,000}{142,500} \times 100 = 124.21$이다. 한편 2012년 인플레이션율은 소비자물가지수의 변동율이므로 24.21%가 된다.

[응용문제]

01. 국가경제를 순환과정으로 분석하는 이유는 무엇인가?

해답 국가경제는 각 부문 사이에 연관관계가 존재한다. 그리고 이 연관은 부문 간에 계속적인 상호작용을 이루며 끊임없이 순환한다. 가계와 같은 경제주체의 관점에서 보면, 한편에서는 생산에 참여하여 소득을 얻고 다른 한편에서는 그 소득으로 생산물의 소비에 참여한다. 그리고 기업은 이 수요를 기반으로 새로이 생산과정을 시작함으로써 애초의 출발점으로 되돌아오게 된다. 또한 이러한 실물의 흐름 뒤에는 이에 상응하는 화폐의 흐름이 있다. 노동시장과 생산함수를 통해 결정되는 공급측면과 소비, 투자 등 생산물에 대한 수요측면, 그리고 이들에 영향을 미치는 화폐의 흐름 등의 순환과정을 이해하는 것은 국가경제를 총체적인 관점에서 파악하기 위해 필수적인 것이다.

02. 어떤 국가에서 기업들이 1년 동안 생산한 재화와 서비스의 총가치가 그것을 생산하는 데 투입된 생산요소의 가치보다 더 작았다고 하자. 이 국가경제에서 1년 동안 창출된 부가가치는 얼마가 되겠는가? 이러한 현상이 한동안 지속된다면 이 국가경제는 어떤 상황에 처하겠는가?

해답 생산요소 투입이 모두 생산되지 않고 일부는 누출되었다는 것으로 부가가치가 음(-)인 상황이다. 이런 경우 경제는 침체에 빠지고 장기간 지속되면 경제가 후퇴할 수 있다.

03. UN이 매년 발간하는 인간개발보고서(Human Development Report)에는 세계 여러 나라의 1인당 실질 GDP뿐만 아니라 각 국가의 인간개발지수(Human Development Index ; HDI)가 발표되고 있다. 각자 HDI에 대해 좀더 자세히 알아본 뒤 다음 질문에 답하라.

(1) 인간개발지수(HDI)가 1인당 실질 GDP에 비해 보다 넓은 의미의 생활수준 척도로 여겨지는 이유는 무엇인가?

해답 HDI는 문자해독률, 평균수명 등 비물질적인 요소까지 측정하여 인간의 행복이나 발전 정도를 단순히 소득수준에 의해 결정되는 것으로 보지 않기 때문이다.

(2) 1인당 실질 GDP가 높은 나라는 HDI도 높은가? 선진국과 신흥시장국(또는 개발도상국)을 포함하여 임의로 10개의 국가를 선택한 뒤, 2012년 현재 각국의 1인당 실질 GDP와 HDI의 비교를 통하여 이 두 생활수준 지표 간의 관계를 서술하라.

해답 HDI 자료는 http://hdr.undp.org에서, 실질 GDP 자료는 www.imf.org에서 구해 확인해 보기 바란다. 둘은 어느 정도 비슷한 관계를 보인다.

[연습문제]

01. 단기금융시장과 자본시장의 경제적 기능을 비교 · 설명하라.

해답 단기금융시장의 경제적 기능은 다음과 같다. 첫째로 경제주체에게 위험관리의 장을 제공한다. 단기금융시장에서 거래되는 단기금융상품은 금리변화에 따른 가격변동폭이 상대적으로 작기 때문이다. 둘째로 개별 경제주체들이 유동성을 적정하게 유지할 수 있도록 돕는 동시에 이들의 일시적인 자금과부족을 신속하게 조절할 수 있는 수단을 제공하여 불필요한 현금보유 등의 기회비용을 줄이고 자금운용의 효율성을 제고한다. 그뿐만 아니라 단기금융시장은 공개시장조작과 같은 중앙은행의 참여를 통해 통화정책을 수행하는 통로가 된다.

한편 자본시장의 경제적 기능은 다음과 같다. 첫째로 자본시장의 가장 중요한 기능은 국민경제의 자금부족부문과 자금잉여부문 간 수급 불균형을 조절하는 것, 즉 가계 등의 여유자금이 기업 등에 장기투자재원으로 공급될 수 있도록 촉진하는 것이다. 둘째로는 회사채 수익률과 주가 등 금융자산 가격을 결정함으로써 기업의 투자결정과 내부경영에 영향을 주는 미시적 기능도 수행한다. 셋째로 자본시장은 회사채, 주식 등 만기가 긴 장기금융상품으로 투자자에게 고수익 금융자산을 제공하며, 넷째로 중앙은행의 통화정책이 실물경제에 영향을 미치는 전달경로의 일부를 형성한다.

02. 국가경제의 자금순환에서 가계부문의 역할과 기업부문의 역할에 대해 간단히 설명하라. 이때 정부부문은 어떤 역할을 담당하는가?

해답 국가경제에서 자금은 금융시장을 통해 흑자부문에서 적자부문으로 흐른다. 전통적으로 가계부문은 소득이 소비보다 크기 때문에 자금의 흑자부문인 반면, 기업부문은 투자가 이윤보다 크기 때문에 자금의 적자부문으로 볼 수 있다. 즉, 가계부문과 기업부문은 금융시장에서 각각 자금공급부문과 자금수요부문의 역할을 한다. 한편 정부부문은 조세수입과 지출규모의 상대적 크기에 따라 적자부문(자금수요부문)이 될 수도 있고 흑자부문(자금공급부문)이 될 수도 있다.

03. 다음은 기업이 자금을 조달하는 방식에 관한 문제이다. 물음에 답하라.

(1) 기업이 자금을 조달하는 데에는 대표적으로 세 가지 방식이 있다. 주식 발행, 채권 발행, 그리고 은행대출이 그것이다. 각 방식을 설명하고, 장 · 단점을 비교하라.

해답

① 주식 발행

주식 발행은 회사의 지분을 분배하여 자금을 조달하는 금융형태로, 채권 발행과 달리 기업이 한번 조달한 자금을 다시 상환할 필요가 없다. 그리고 주주총회나 회사의 정관에 따라 배당금을 지급하면 된다. 또한 이윤을 내지 못하는 경우에는 배당금을 지급하지 않을 수도 있다.

② 채권 발행

채권 발행은 금융시장에서 회사채, 즉 일정 기간 후에 원금과 일정액의 이자를 지불할 것을 약속하는 증서를 발행해 자금을 조달하는 금융형태이다. 채권 발행은 재무구조가 상대적으로 안정되고 오랜 기간 시장에서 신뢰를 쌓은 기업들이 이용할 수 있는 자금조달 수단이다. 채권 발행은 직접 개인에게 발행하기도 하고 증권회사와 같은 금융기관이 채권을 인수하여 이를 개인에게 판매하거나 작은 단위로 다시 분할하여 개인에게 발행하기도 한다.

③ 은행대출

은행대출은 우리나라 기업들이 가장 많이 이용하는 금융수단으로 채권 발행과 마찬가지로 약속된 시기에 약정한 이자율에 따라 원금과 이자를 지급하는 금융형태이다. 은행은 기업의 사업계획, 회계자료 및 재무자료 등을 바탕으로 그 기업의 채무상환 가능성을 평가하고, 그에 따라 대출 여부, 대출 이자율 및 대출 기간 등을 결정한다.

④ 주식 발행의 장 · 단점

주식 발행의 장점은 자금을 조달함에 있어 부채가 아니기 때문에 기업의 재무구조를 개선시킨다는 것이다. 그리고 조달된 자금을 달리 상환할 필요가 없기 때문에 원금이나 이자 상환에 대한 기업의 부담감을 덜어준다는 장점도 있다. 하지만 주식을 구매한 주주가 그 기업의 주인이 되는 형태이기 때문에 주주들은 항상 기업이 투자계획을 잘 수행하고 있는지, 경영상태는 괜찮은지 경영자를 감시하려 할 것이다. 즉, 주식을 발행해 자금을 조달하면 그만큼의 경영권을 공유해야 하는 것이다.

⑤ 채권 발행의 장 · 단점

채권 발행의 장점은 이윤의 증가 · 감소와 관계없이 기업은 고정된 이자와 원금만을 상환하면 되고 이윤을 채권자에게 분배할 필요가 없다는 것이다. 그리고 주식 발행과 달리 자금조달을 통해 경영권 침해나 간섭 등의 우려가 없다는 장점도 있다. 하지만 반드시 정해진 이자를 지불해야 한다는 단점을 가지고 있다.

⑥ 은행대출의 장 · 단점

은행대출의 장점은 채권 발행과 같이 이윤의 증가 · 감소와 관계없이 기업은 고정된 이자와 원금만을 상환하면 되고 이윤을 채권자에게 분배할 필요가 없다는 것이다. 그리고 은행대출은 안정적이며 손쉬운 자금조달 수단으로써 채권이나 주식처럼 직접 자금을 차입해 오는 수고로움을 덜 수 있다. 하지만 은행대출 역시 채권 발행과 마찬가지로 정해진 이자를 지불해야 한다는 단점을 가지고 있으며, 회사의 규모가 작거나 회계자료가 부실한 경우 이용할 수 없어 이용에 따른 많은 제한이 따른다.

(2) 최근 기업들은 주식과 채권의 중간형태인 전환사채나 신주인수권부사채도 발행하고 있다. 이 증권이 각각 무엇인지 설명하고 기업과 채권자 입장에서 유리한 점을 각각 설명하라.

해답 회석증권(dilutable securities)은 기본적으로 부채의 성격을 가지고 있지만, 주식으로 전환될 수 있는 가능성을 갖고 있는 주식과 채권의 중간형태를 말한다. 그 대표적인 예가 신주인수권부사채(bond with stock warrants ; BW)와 전환사채(convertible bond ; CB)이다.

신주인수권부사채는 새로 발행되는 주식을 인수할 수 있는 권리(call option)가 부여된 채권이다. 이때 기업의 주식가격이 오르면 채권자는 정해진 행사가격으로 신주를 인수할 수 있으므로 보다 유리한 투자기회를 가질 수 있다. 또한 기업의 입장에서는 이러한 혜택을 부여하는 대신 좀더 낮은 이자율로 채권을 발행할 수 있기 때문에 부담이 적고, 신주 발행을 통해 자본금을 늘릴 수 있는 이점을 가진다.

전환사채는 대출을 주식으로 전환할 수 있는 청구권이 부여된 채권이다. 즉,

전환 전에는 사채권자로서의 권리를 행사하고, 전환 후에는 주주의 권리를 행사할 수 있는 채권이다. 이때 채권자의 입장에서는 안정적인 이자수익이 보전되면서도 회사의 주식가격이 오르게 되면 원리금청구권을 포기하고 주식으로 바꾸어 시세차익을 누릴 수 있기 때문에 유리하다. 한편 기업의 입장에서는 전환사채를 발행함으로써 금융비용을 절약할 수도 있고, 전환사채가 주식으로 전환되는 경우 기업의 재무구조가 개선되는 이점을 누린다.

04. 이 장의 [표 15-5]에 소개된 우리나라의 금융거래표(2008년)를 보고 다음 물음에 답하라.

(1) 금융 법인기업의 비금융계정(또는 자본계정)에서 저축액과 투자액을 구하라. 만약 저축과 투자가 차이가 난다면, 저축초과액 또는 저축부족액의 크기를 구하라.

해답 저축액은 32조원, 투자액은 11조원으로 저축액이 투자액보다 크다. 따라서 저축액에서 투자액을 뺀 저축초과액(즉, 저축 - 투자)은 21조원이다.

(2) 금융 법인기업이 금융계정을 통해 외부로부터 조달한 총 금액을 구하고, 그 조달수단을 열거하라. 이 중 금융자산의 형태로 운용된 자금을 구하고, 그 운용수단을 열거하라. 금융 법인기업의 경우 운용자금과 조달자금의 차액이 저축-투자 차액과 일치하는가?

해답 외부로부터 조달한 총 금액은 240조원으로 예금, 유가증권, 대출금 등을 통해 자금을 조달하였다. 금융자산의 형태로 운용된 자금은 251조원이며 운용수단은 대출금, 유가증권, 예금 등이다. 따라서 운용자금과 조달자금의 차액은 11조원으로 저축-투자 차액(21조원)과 일치하지 않는다.

(3) 개인부문에서의 투자와 저축은 일치하는가? 만약 일치하지 않는다면 저축초과액 또는 저축부족액의 액수는 얼마나 되는가? 개인부문의 운용자금 중 예금과 유가증권의 형태로 운용된 비율을 각각 구하라.

해답 투자는 -7조원, 저축은 49조원으로 투자와 저축이 일치하지 않는다. 이때 저축초과액(저축액 - 투자액)은 56조원이다. 개인부문의 운용자금(126조원) 중 예금이 88조원, 유가증권이 41조원이므로 예금과 유가증권의 형태로 운용된 비율은 각각 69.8%(= 88/126)와 32.5%(= 41/126)이다.

(4) 해외부문에서 도입된 외채의 크기를 구하라. 이 외채는 각각 어느 부문에서 얼마나 사용되었는가?

해답 금융거래표의 국외부문은 외국의 입장에서 기술한 것이기 때문에 우리나라가 해외로부터 조달한 자금은 국외부문의 금융계정 중 운용항목으로, 우리나라가 해외에서 운용한 자금은 원천항목으로 나타난다. 2008년 우리나라의 외채는 128조원만큼 상환되었다. 대출금(4조원)과 기타(2조원)의 경우 자금운용이 일부 늘어났으나 대외거래에서 137조원만큼의 운용자금이 회수되었다.

[응용문제]

01. 제2절(2.1 가계부문의 자금순환)의 〈현실과 경제학 : 고령화와 가계부채, 그리고 자산시장의 변화〉에서 살펴보았듯이 최근 소득창출 능력이 취약한 고연령층 차주의 경우 노후 및 대출상환 자금 마련을 위한 주택 재조정(주택 처분 또는 주택규모 축소)이 빠르게 진행될 것으로 예상된다. 인구 고령화로 인해 고가의 대형 주택에 대한 수요가 감소하는 상황에서 이러한 고연령층의 주택 재조정은 주택가격의 하락요인으로 작용할 수 있다. 이러한 주택가격의 하락이 가계부문, 기업부문, 그리고 금융부문의 자금순환에 미치는 영향을 설명하라. 실물부문에는 어떤 영향을 미치겠는가?

해답 주택가격의 하락은 기본적으로 가계의 자산가치가 떨어지는 것이므로 소비가 이것에 기반해 발생한다고 할 때 가계의 소비를 위축시킬 수 있다. 이는 곧 저축의 증가를 의미하는데, 저축의 대상으로 주택보다는 은행예금이나 금융자산 구매를 선호할 수 있다. 이에 따라 다른 조건이 동일하다면 금융기관은 예금을 이용하여 기업에 대출함으로써 이자수익을 얻고, 기업은 이러한 대출(간접금융)이나 주식 · 채권 발행(직접금융)을 통해 투자자금을 모아 투자를 좀더 원활히 할 수 있을 것이다.

한편 주택가격의 하락은 기업의 대차대조표 상의 자산가치 하락을 야기하여, 은행의 입장에서 대출의 담보가치 하락으로 인식되므로 신용(credit)공급이 축소되고 투자가 감소될 수도 있다.

제16장 국가경제의 특징

microeconomics + macroeconomics, Economics

[연습문제]

01. 우리는 제1절에서 우리나라의 실질 GDP가 장기적인 경제성장과 단기적인 경기변동 현상을 보여왔다는 사실을 확인하였다. 이러한 특징은 우리나라의 실질 GDP에만 관측되는가? 몇몇 나라의 실질 GDP를 이용하여 답하라.

해답 국제통화기금(IMF) 홈페이지(www.imf.org)에서 실질 GDP 자료를 이용하여 사실을 확인해 보기 바란다. 우리나라뿐만 아니라 세계 각국에서도 이러한 현상이 나타나고 있다.

[연습문제]

01. 다음 그림은 OECD 각국의 1960년 노동자 1인당 소득과 1960~2008년 연평균 성장률을 산포도로 나타낸 것이다. 이 그림에 의하면 OECD 국가들의 소득수준이 수렴하고 있는가, 아니면 수렴하지 않고 있는가? 그 이유를 설명하라.

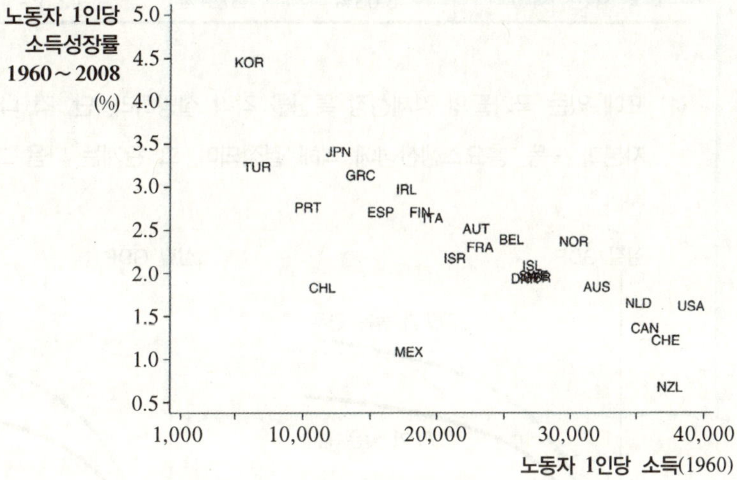

출처 : Jones, C. and Vollrath, D., *Introduction to Economic Growth*, 3rd ed., W. W. Norton, 2013, p.66.

해답 그림에서 1인당 소득수준과 그 성장률 사이에 존재하는 음(-)의 상관관계는 비교적 부유한 OECD 국가들의 1인당 소득수준이 1960~2008년 동안 수렴해 왔음을 의미한다. 왜냐하면 1960년에 1인당 소득수준이 낮은 국가일수록 1인당 소득성장률이 높기 때문이다.

02. 다음 표는 1960년대 중반부터 1990년경까지 동아시아 몇 개 국가와 미국의 실질 GDP 연평균 성장률에 자본과 노동, 총요소생산성이 상대적으로 기여한 정도를 보여주고 있다. 1960년대 중반 동아시아 국가들의 실질 GDP와 총요소생산성은 미국의 실질 GDP와 총요소생산성보다 낮은 수준이었다.

	실질 GDP의 연평균 성장률	상대적 성장 기여도		
		자본	노동	총요소생산성
한국(1966~1990)	10.17%	39.6%	43.8%	16.6%
싱가포르(1966~1990)	8.75%	64.6%	33.1%	2.3%
홍콩(1966~1991)	7.29%	40.9%	27.6%	31.5%
대만(1966~1990)	9.40%	33.6%	38.7%	27.7%
미국(1966~1990)	3.03%	37.9%	42.3%	19.8%

(1) 표에 있는 국가들의 경제성장 특징을 각각 설명하라. 단, 각 나라의 실질 GDP는 자본과 노동, 총요소생산성에 의해 결정되며, 그 관계는 다음 그림과 같다고 가정한다.

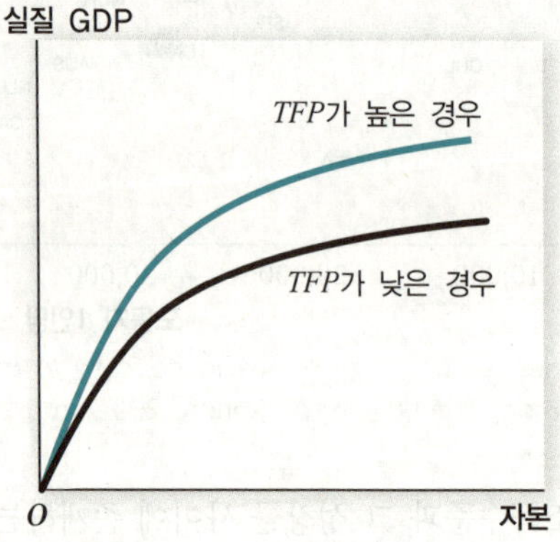

〈그림 1〉 노동이 일정한 경우

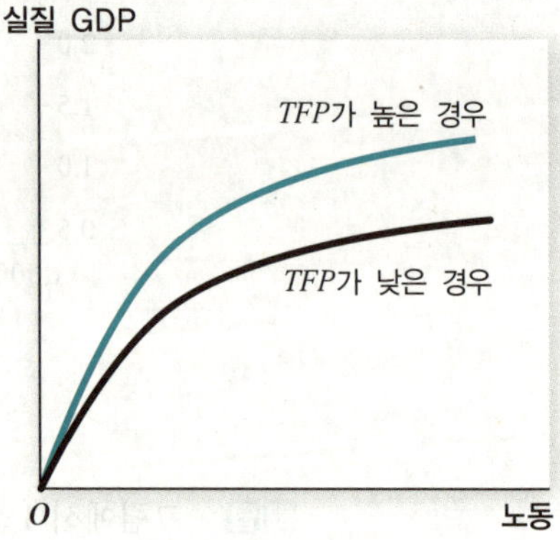

〈그림 2〉 자본이 일정한 경우

해답 표에 있는 개별 국가들의 경제성장 특성을 보면, 1960년대 중반부터 1990년경까지 동아시아 국가들 중 한국과 싱가포르의 높은 경제성장률은 대부분 높은 실물투자에서 비롯된 자본축적과 노동증가에 기인하였으며, 총투입생산성의 경제성장 기여도는 다른 국가들에 비해 비교적 낮은 편이었다. 반면 홍콩과 대만은 총투입생산성의 증가가 높은 경제성장률에 비교적 큰 기여를 하였다. 한편 미국은 이 기간 동안 표의 동아시아 국가들에 비해 낮은 경제성장률을 기록했으며, 총요소생산성의 성장 기여도가 한국이나 싱가포르보다 높았고 홍콩과 대만보다는 낮게 나타났다.

이제 이러한 특성을 〈그림 1〉과 〈그림 2〉를 이용하여 설명해 보자. 우선 1960년대 중반 동아시아 국가들의 실질 GDP와 총투입생산성은 미국에 비해 낮은 수준이었으므로 〈그림 1〉과 〈그림 2〉에서 당시 동아시아와 미국을 다음과 같이 나타낼 수 있다.

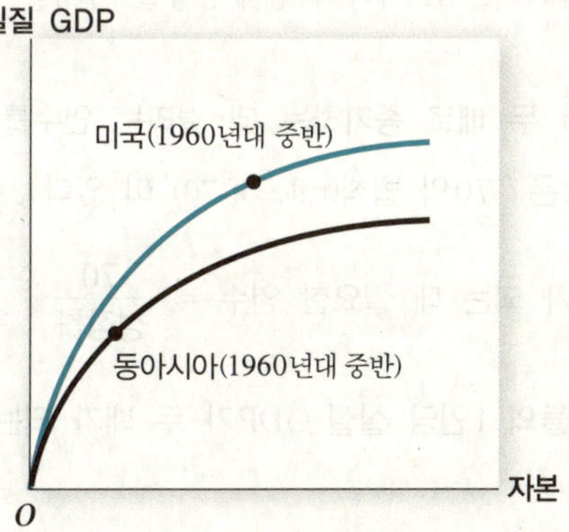

〈그림 1〉 노동이 일정한 경우

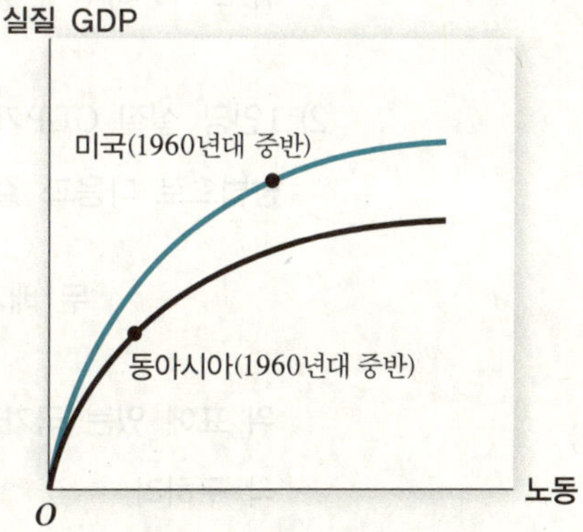

〈그림 2〉 자본이 일정한 경우

한 국가의 실질 GDP 증가가 자본 또는 노동투입 증가에 의존하여 이루어졌다는 것은 국가경제가 〈그림 1〉과 〈그림 2〉의 곡선 상에서 이동한 것으로 볼 수 있다. 한국과 싱가포르가 여기에 해당하는데, 이 기간 동안 자본 또는 노동의 증가만으로도 높은 성상이 가능했던 것은 1960년대 중반에 곡선의 가파른(즉, 자본 또는 노동의 한계생산성이 높은) 부분에 있었기 때문이다.

반면에 실질 GDP의 증가가 자본 또는 노동투입 증가보다 총투입생산성의 증가에 의존했다는 것은 〈그림 1〉과 〈그림 2〉의 곡선 자체가 위쪽으로 이동했던 것으로 볼 수 있다. 한국이나 싱가포르 이외의 나머지 국가들이 여기에 해당하는데, 곡선 상의 움직임뿐만 아니라 곡선 자체의 이동을 통해 실질 GDP가 증가한 것으로 볼 수 있다. 그 결과 1960년대 중반에 곡선의 가파른 부분에 있었던 홍콩과 대만은 높은 실질 GDP 성장률을 보였던 반면, 1960년대 중반에 실질 GDP와 총투입생산성 수준은 높지만 곡선의 평평한(즉, 자본 또는 노동의 한계생산성이 낮은) 부분에 있었던 미국은 비교적 낮은 실질 GDP 성장률을 기록하였다.

끝으로 표의 국가들이 1960년대 중반 이후 30여 년 동안 보여온 경제성장의 특성이 앞으로도 지속되는 경우 이러한 경제성장이 장기적으로도 지속 가능한지를 논의해 보자. 이 기간 동안 한국이나 싱가포르의 경제성장은 대부분 자본 또는 노동 증가에 의존하여 앞의 〈그림 1〉과 〈그림 2〉의 곡선 상을 따라서 이루어졌기 때문에, 앞으로도 자본 또는 노동 증가에 의존한다면 장기적으로 지속적 경제성장을 이루는 데 한계가 있을 것으로 보인다. 반면 총투입생산성의 성장 기여도가 상대적으로 높았던 국가들(예를 들어 홍콩, 대만, 미국)은 앞으로도 총투입생산성의 증가에 의존한다면 〈그림 1〉과 〈그림 2〉의 곡선 자체가 계속 위로 이동하면서 장기적으로 지속적 경제성장을 가져올 수 있을 것이다.

(2) 1인당 실질 GDP가 두 배로 증가하는 데 걸리는 연수를 쉽게 계산할 수 있는 방법으로 다음과 같은 '70의 법칙(rule of 70)'이 있다:

$$\text{두 배가 되는 데 필요한 연수} \fallingdotseq \frac{70}{\text{성장률}}$$

위 표에 있는 국가들의 1인당 실질 GDP가 두 배가 되는 데 걸리는 연수를 각각 구하라.

해답 한국 6.88년, 싱가포르 8년, 홍콩 9.6년, 대만 7.44년, 미국 23.1년

제18장 경제성장이론과 경제성장정책

[연습문제]

01. 제17장의 [연습문제 2]에서 알아본 각 나라의 경제성장 특징이 향후에도 그대로 유지된다고 하자. 다음 물음에 답하라.

(1) 각 나라가 장기적으로 지속적 경제성장을 보일 것인지에 대하여 논하라.

해답 자본과 노동의 증가에 의한 경제성장은 한계생산이 체감하여 성장속도가 저하될 수밖에 없다. 그러나 총요소생산성의 증가는 지속적인 경제성장을 가능하게 하는 요인으로 총요소생산성(총투입생산성)의 기여도가 높은 홍콩, 대만 등이 지속적인 경제성장을 보일 가능성이 높다.

(2) 국가들 간 소득수준은 장기적으로 수렴할 것인지에 대해 논하라.

해답 총요소생산성의 증가가 있을 경우 수렴하지 않을 것이다. 그러나 총요소생산성이 크지 않다 하더라도 조건부수렴가설에 따라 국가 간에 인구증가율, 저축률 등의 차이가 존재 시 수렴하지 않을 가능성이 높다.

(3) 문제 (1)과 (2)의 논의는 솔로우 모형의 예측과 일치하는가?

해답 솔로우 모형에서는 총요소생산성의 증가가 외생변수이기 때문에 모형 안에서 확인할 수 없다. 그렇지만 기본적으로 인구증가에 의한 노동축적과 저축에 의한 자본축적으로 경제의 생산성이 증가한다는 것은 솔로우 모형과 같은 논리이다.

02. 솔로우 모형은 부국과 빈국 간 1인당 소득의 상대적 격차가 줄어드는 수렴현상을 예측하고 있다. 그러나 실증분석 결과에 의하면 실제로 수렴현상이 나타나지 않고 국가 간 소득격차가 오히려 증가하는 경우가 많았다. 다음 질문에 답하라.

(1) 폐쇄경제를 가정하고 솔로우 모형에서 수렴이 발생하는 이유를 설명하라.

해답 교재(p.527~528)에서 알아본 것처럼 폐쇄경제 하에서 경제여건이 동일하다면 가난한 나라의 자본축적 속도는 부유한 나라보다 빠르게 되어 1인당 소득의 상대적 격차가 감소하는 수렴현상이 나타난다.

(2) 솔로우 모형을 개방경제로 확대하면 수렴은 더욱 촉진된다. 그 이유를 설명하라.

해답 개방경제 하에서는 가난한 나라의 높은 자본한계생산성을 좇아 부유한 나라의 자본이 가난한 나라로 이동하게 될 것이다. 따라서 가난한 나라의 자본축적 속도가 폐쇄경제보다 더 빠르게 되어 1인당 소득의 상대적 격차 감소도 빠르게 이루어질 것이다.

(3) 솔로우 모형의 예측과는 달리 실제로는 수렴이 발생하지 않는 이유는 무엇인가?

해답 교재(p.528)에서 논의되었듯이 국가 간의 경제여건이 서로 다르면 부유한 나라의 자본축적 속도가 가난한 나라보다 더 빠르게 나타날 수 있다. 또한 *AK*모형과 같은 내생적 성장모형에서는 균제상태에서 자본의 한계생산성이 체감하지 않고 저축률이나 인적자본 투자비율 등에 의해 결정된다. 따라서 일반적으로 가난한 나라의 자본축적 속도가 부유한 나라보다 더 클 유인이 없어지므로 경제는 서로 다른 수준으로 수렴하게 된다.

03. 30년 동안 고도성장을 이룩한 우리나라 경제는 1997년 말 경제위기를 맞은 후 1998년에는 마이너스 성장을 기록하였다.

(1) 1960년대 초 이래 우리나라 경제가 이룩한 성장과정의 주요 특징을 기술하라.

해답 영(Alwyn Young, 1995)의 분석에 따르면, 한국 경제의 고도성장은 대부분 노동과 실물자본의 축적에 의하여 이루어졌으며 총요소생산성(TFP)의 증가율은 다른 경제와 비교하였을 때 낮은 편이었다. 또한 우리나라의 경제성장은 주로 수출산업에 의해 견인되었기 때문에 상대적으로 내수산업의 성장이 부진하였다. 정부도 수출을 장려하기 위해 대기업에 집중적으로 산업·금융지원을 하였고, 이로 인해 성장과정에서 대기업과 중소기업 간의 불균형이 심화되었다.

(2) 우리나라 경제가 다시 높은 성장을 달성하기 위한 방안을 내생적 성장이론의 관점에서 논하라.

해답 내생적 성장이론 중 R&D모형에 의하면, 연구개발부문으로의 투자를 통한 기술진보가 경제성장의 원동력이다. 여기서 기술진보란 동일한 자본과 노동을 투입하더라도 종전보다 더 많은 생산을 가능케 하는 지식(knowledge)의 축적을 포함한다. 따라서 우리나라 경제가 고도성장을 하기 위해서는 우선 기업들이 연구개발을 통해 지식과 기술을 활발히 축적할 필요가 있다. 이를 위해서는 정부도 연구개발을 촉진시키는 정책을 수행하는 동시에, 재산권이나 특허법 등의 제도적 장치를 통해 연구개발의 성과를 보호해야 할 것이다.

한편 생산에 투입되는 실물자본과 인적자본이 동시에 축적되는 경우, 장기균형성장경로에서 자본의 한계생산성이 체감하지 않으므로 지속적 성장을 위하여 이 두 자본의 축적을 돕는 제도 및 정책이 필요할 것이다.

04. 어느 나라의 GDP가 10조, 세금이 1.2조, 민간저축이 0.7조, 정부저축이 0.3조이다. 폐쇄경제 하에서 소비, 정부지출, 총저축 및 투자를 구하라.

해답 $Y = 10$조, $T = 1.2$조, $Y - C - T = 0.7$조, $T - G = 0.3$조.

폐쇄경제이므로 균형국민소득은 $Y = C + I + G$을 만족하고, 이 식은 $(Y - C - T) + (T - G) = I$로 변형할 수 있다. 그러므로 투자($I$)는 민간저축($Y - C - T$) 0.7조원과 정부저축($T - G$) 0.3조원의 합인 1조원이다. 한편 소비(C)는 $Y - T -$ 0.7조원이므로 8.1조원이 되고 이를 모두 종합하면 G는 0.9조원이 된다. 정리하면, 소비 8.1조, 정부지출 0.9조, 국민저축 1조, 투자 1조이다.

05. 한 국가의 명목이자율이 5%이고, LTE 스마트폰의 가격이 80만원에서 다음 해에 84만원으로 상승하였다면 이 나라의 실질이자율은 어떻게 될까? 만약 다음 해에 LTE 2세대 스마트폰이 출시되어 10%의 성능 개선이 이루어졌다면 실질이자율은 어떻게 달라진다고 할 수 있을까?

해답 피셔방정식에 의해 실질이자율은 명목이자율 - 인플레이션율이므로

$$i = r - \pi = 5\% - \frac{84 - 80}{80} = 0\%$$

LTE 2세대 스마트폰은 성능이 개선되었기 때문에 물가상승이 없다 하여도 $80 \times (1 + 0.1) = 88$만원이어야 한다. 그러나 80만원이라는 것은 실질이자율이 -10%임을 의미한다.

06. 어떤 차입자와 은행이 합의하여 명목대출이자율을 결정하였는데, 예상보다 인플레이션이 높았다고 하자. 다음 물음에 답하라.

(1) 실질대출이자율은 예상보다 높은가, 아니면 낮은가? 그 이유를 설명하라.

해답 피셔방정식에 의해 명목이자율은 실질이자율과 예상인플레이션의 합으로 결정된다. 이를 실질이자율에 관한 식으로 정리하면 $r = R - \pi^e$가 되는데, 문제에서 예상보다 인플레이션이 높았다고 하였으므로 실질대출이자율은 예상보다 낮아지게 될 것이다.

(2) 1970년대의 인플레이션은 당초 사람들이 예상했던 것보다 훨씬 높았다. 예상치 못한 높은 인플레이션은 1960년대에 고정이자율로 주택자금을 대출받은 사람들에게 어떤 영향을 미쳤겠는가? 돈을 빌려준 은행에는 어떤 영향이 있었겠는가?

해답 예상치 못한 인플레이션은 대출을 받은 사람에게는 이득이 되고 빌려준 은행에게는 손해가 된다. 왜냐하면 상환 금액은 명목으로 정해져 있는데 인플레이션이 더 크게 발생하여 화폐가치가 하락하면 상환해야 하는 금액의 실질가치는 감소하기 때문이다.

07. 폐쇄경제에서 정부차입이 1조원 증가한다고 하자. 대부자금시장 모형을 이용하여 이자율과 투자, 민간저축, 정부저축, 총저축에 미치는 영향을 분석하라. 이들 변수의 변화량은 정부의 추가 차입액 1조원보다 더 많은가 아니면 더 적은가?

해답 정부차입 증가는 $(Y - C - T) + (T - G) = I$에서 정부저축의 감소와 국민저축의 감소를 유발한다. 따라서 다음 그림에서와 같이 대부자금시장에서 공급곡선이 감소하여 좌측으로 이동하는데, 그 결과 이자율은 증가하고 투자는 감소한다. 이때 투자의 감소분은 정부저축 감소량보다 작은데, 이는 이자율 상승에 따라 현재 소비의 기회비용(이자소득)이 증가하므로 소비는

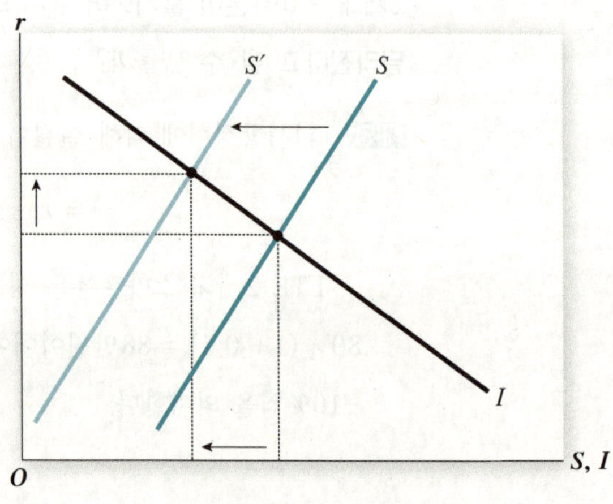

줄고 저축은 늘어나 정부저축 감소분을 일부 상쇄하기 때문이다.

08. 2008년 9월 리먼브라더스 사태를 전후하여 대규모로 유출되었던 외국인의 국내채권 투자자금이 2009년 하반기 이후 다시 우리나라로 유입되어 2010년 한 해 동안 약 20조원 증가했다. 개방경제의 대부자금시장 모형을 이용하여 외국인 채권투자자금이 이자율, 투자, 민간저축, 정부저축, 순자본유입에 미치는 영향을 분석하라. 이들 변수의 변화량이 채권투자자금 유입액 20조원보다 더 많은지 아니면 적은지를 설명하라.

해답 외국인의 채권투자 증가는 순자본유입을 의미하므로 국민저축이 증가하여 저축곡선이 우측으로 이동한다.

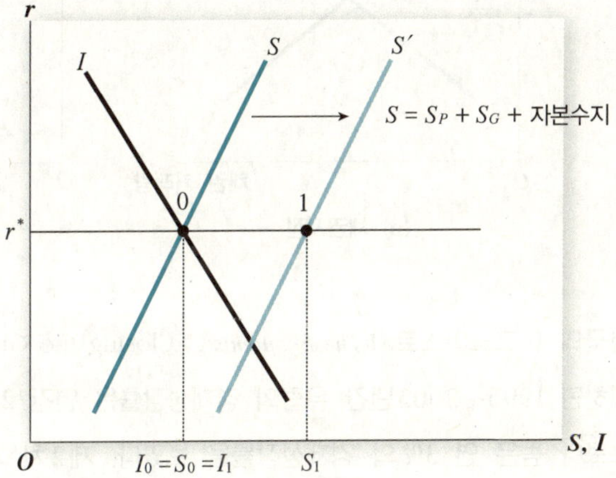

한편 개방경제에서는 국제이자율에 의해 저축과 투자가 결정되는데, 세계이자율은 일정하게 고정되어 있으므로(r^*) 이자율에 의해 결정되는 민간저축, 정부저축, 그리고 투자도 역시 모두 고정이다. 그리고 개방경제의 국민저축은 정확히 순자본유입액만큼 증가한다.

09. 채권시장과 대부자금시장은 동전의 양면과 같다. 이를 수요 · 공급 측면에서 설명하라.

해답 채권시장은 채권을 매개로 자금의 대차가 이루어지는 일종의 대부자금시장이라고 볼 수 있다. 채권에 대한 수요는 대부자금의 공급이 되고, 채권에 대한 공급은 대부자금에 대한 수요가 된다. 왜냐하면 직관적으로 채권과 자금이 서로 반대 방향으로 교환되기 때문이다.

보다 구체적으로 대부자금의 공급곡선이 우상향하는 것은 채권가격에 대해 채권수요곡선이 우하향하는 것과 같은 원리로 설명된다. 이자율이 상승하면, 즉 채권가격이 하락하면 자금공급자(채권수요자)는 대부자금을 더 공급하고자(채권을 더 수요하고자) 할 유인이 있다. 마찬가지로 대부자금의 수요곡선이 우하향하는 것은 채권공급곡선이 우상향하는 것과 같은 원리이다. 따라서 동전의 양면과 같이 채권시장의 수요곡선은 자금대부시장의 공급곡선에, 채권시장의 공급곡선은 자금대부시장의 수요곡선에 각각 대응한다. 이를 그래프로 표현하면 다음과 같다.

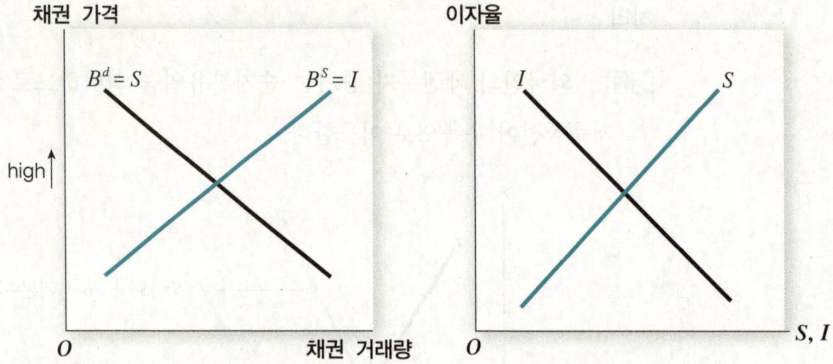

(a) 채권시장 (b) 대부자금시장

10. 영국의 이코노미스트지(*The Economist*, "Closing the Growth Gap," 2005. 10. 27.)에 의하면 1995~2005년간 유럽의 경제성장률은 연간 2% 정도였던 데 반해, 미국은 그보다 높은 연 3%의 경제성장률을 보였다. 제2차 세계대전 이후 30여 년 동안 유럽은 미국보다 빠른 성장을 해왔지만 점차 그 격차가 줄어들었으며, 1995~2005년에는 오히려 미국이 더 빠르게 성장했다. 이러한 현상이 발생한 원인에 대해 하버드대학의 아기온 교수와 브라운대학의 하윗 교수는 세 가지 이유를 제시하였다. 첫째, 유럽의 경우 성장단계에 적합한 제도와 정책(예를 들어 교육정책)이 부족했다. 둘째, 유럽에서는 기업의 시장 진입과 퇴출이 어려웠다. 셋째, 유럽의 자본시장이 평균적으로 미국에 비해 덜 발달되어 있다. 이 세 가지 이유가 각각 어떻게 유럽과 미국 간의 경제성장 차이를 가져올 수 있는지 설명하라.

해답 교재의 4절에서 배운 바에 의하면 각종 성장정책이 국가의 성장에 많은 영향을 준다. 유럽과 미국의 경제성장 차이도 결국 같은 맥락에서 두 교수가 제시한 이유들과 함께 설명된다.

첫째, 유럽의 경우 교육정책의 부족으로 인적자본 축적에 실패했다. 그들은 고등교육 투자를 통해 인적자본을 증가시킴으로써 생산성을 향상시킬 수 있었으나 고등교육에 대한 저조한 투자로 이를 달성하지 못했다. 둘째, 기업의 시장 진입과 퇴출이 어려운 것은 경쟁을 통한 효율성 제고의 실패를 의미하므로 경제성장에 해가 될 수 있다. 셋째, 유럽의 자본시장이 미국의 자본시장보다 덜 발전되었다면 유럽의 투자가 미국에 미치지 못했을 것이다. 왜냐하면 자본시장이 덜 발달되면 그만큼 소비나 투자를 위한 재원조달(fianancing)이 어렵기 때문이다.

[연습문제]

01. 다음은 우리나라를 제외한 몇몇 OECD 국가들의 소비, 투자, 실업률 및 물가수준과 각국의 실질 GDP 간의 상관관계를 막대그래프로 요약·비교한 것이다. 이들 나라에서도 우리나라에서 관측된 소비, 투자, 실업률 및 물가수준의 동조성이 그대로 나타나는가?

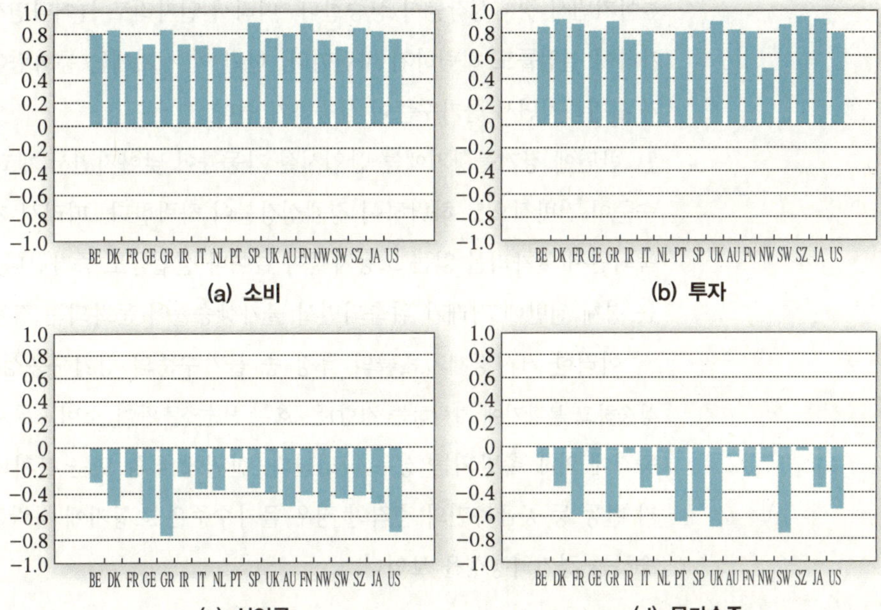

(a) 소비 (b) 투자 (c) 실업률 (d) 물가수준

해답 소비와 투자는 경기순응적이며 실업률과 물가수준은 역행적이므로 OECD 국가 모두 같은 특징을 보인다.

02. 다음은 암스트롱(Philip Armstrong)과 글린(Andrew Glyn) 및 해리슨(John Harrison)이 세계 자본주의 역사에 대해 서술한 *Capitalism since 1945*(1991)라는 책의 제12장 〈Overheating〉에 수록된 한 문단이다. 이 글을 읽고 다음 질문에 답하라.

> 선진국들은 1968년과 1969년 사이에 동시적으로 완만한 경기후퇴를 경험했다. 하지만 언제 그랬냐는 듯 1972년과 1973년 초반에 세계 자본주의는 급속한 성장기를 되찾았다. 이 시기에 총생산은 7%, 공업생산은 10% 증가했다. 이러한 '미니붐(mini-boom)'은 경기둔화에 대한 우려를 잠재우기에 충분했다. …… (중략) …… 그러나 미니붐은 한 시대의 종말을 보여주었다. 미니붐은 경기침체와 스태그플레이션, 그리고 대량실업이 시작되기 직전의 마지막 경기상승기였다.

(1) 경기호황기와 비교하여 경기불황기에 경제성장률, 실업률, 인플레이션율 등 여러 가지 거시경제지표들은 어떤 특징을 갖는지 설명하라.

해답 일반적으로 경기호황기에는 산업시설 가동률이 높아 산출수준이 전반적으로 높아지면서 경제성장률이 상승한다. 따라서 일자리도 늘어나면서 고용인구가 증가하여 실업률도 하락하기 마련이다. 한편 이 시기에는 통화량이 증가하고 거래가 활발해지면서 물가수준이 상승하기 쉽다.

반면에 경기불황기에는 산업시설 가동률이 낮아지면서 재고가 쌓이고, 산출수준이 전반적으로 하락하여 경제성장률이 하락한다. 따라서 기업의 투자가 위축되면서 일자리를 잃는 노동자들이 늘어나 실업률도 증가한다. 한편 이 시기에는 경제 전반에 거래가 위축되면서 물가상승률이 둔화되는 경향이 있다.

이러한 거시경제지표들의 특징 중 물가수준의 경기순응성(즉, 경기호황기에 상승하고 불황기에 하락하는 경향)은 호황 또는 불황이 소비·투자 등 수요측면의 충격에 의해 촉발되는 경우 나타난다. 반면에 호황 또는 불황의 원인이 국제유가 변동 등 공급측면의 충격인 경우 물가수준은 호황기에 하락하고 불황기에 상승하는 경기역행성을 보인다.

(2) 이 글에 설명된 것처럼, 역사적으로 볼 때 경기호황 뒤에는 거의 예외없이 경기불황이 뒤따른다. 자본주의 경제의 순환적 변동이 발생하는 원인이 무엇인지 생각해 보라.

해답 자본주의경제에서 발견되는 경기변동의 일정한 규칙성에 대한 연구는 과거부터 지금까지 끊임없이 진행되고 있다. 일반적으로 경기변동의 순환은 크게 세 가지로 구분된다. 먼저 약 40개월을 주기로 관찰되는 키친순환(Kitchin cycle)은 재고의 변동에 따라 발생하는 것으로 알려져 있다. 약 9년 반을 주기로 발생하는 쥬글러순환(Juglar cycle)은 개별적 기술혁신과 같은 요인에 의해 발생한다.

한편 약 50년을 주기로 관찰되는 콘드라티에프 파동(Kondratief wave)은 철도, 전기 등과 같은 자본주의경제의 모습을 뒤바꾸는 대발명에 기인하는 것으로 알려져 있다.

한편 이와 같이 경험적 관찰을 통해 경기변동을 연구하는 흐름과 함께, 경제주체들의 행위를 분석하여 경기변동의 원인과 그것이 지속되는 과정을 규명하려는 연구의 흐름이 이어져 왔다. 그 결과 경기변동의 원인을 각각 ① 민간기업의 투자지출 변화 등 수요측면의 실물적 충격, ② 통화량 변화와 같은 화폐적 충격, ③ 정보의 불확실성에 기인한 경제주체들의 기대변화, ④ 기술이나 생산성 변화와 같은 공급측 요인, ⑤ 선거와 같은 정치적 변화에 기인한 정치적 측면, ⑥ 해외부문 충격에 의한 파급효과 등에서 찾는 이론들이 전개되고 있다.

(3) 역사적으로 볼 때 자본주의는 경기호황과 경기불황의 부침을 거듭하면서도 지속적으로 성장해 왔다. 경제성장은 어떤 요인에 의해 어떤 방식으로 진행되는지에 대해 생각해 보라.

해답 교재의 제17장에서 알아보았듯이 자본주의경제는 순환적 변동을 겪으면서도 장기적으로는 지속적인 성장을 이룩해 왔다. 일반적으로 경제성장은 실질 GDP 혹은 1인당 실질 GDP의 증가로 정의되는데, 제2차 세계대전 이후 세계경제의 성장은 매우 괄목할 만한 수준이었다.

종전에는 경제성장의 원동력을 자본 · 노동과 같은 생산요소의 양적 증가에서 찾는 견해가 많았다. 그러나 이것만으로는 지속적인 경제성장을 설명하는 데 한계가 있었기 때문에 최근에는 기술진보와 같은 요인으로 설명하려는 경향이 강하다.

03. 다음 표는 2009년 경제활동인구조사에서 수집된 데이터 중 일부를 보여주고 있다. 빈칸을 채워라. 이때 고용률은 얼마인가?

15세 이상 인구	
취업자	23,506명
실업자	
실업률	3.6%
경제활동인구	
경제활동참가율	60%

해답 경제활동인구 = 취업자 × $\frac{100}{100-3.6}$ = 24,384명

실업자 = (경제활동인구 × 실업률) = 878명

15세 이상 인구 = 경제활동인구 × $\frac{100}{60}$ = 40,640명

04. 다음 표는 2009년 4월 ~ 2009년 7월 사이에 우리나라의 경제활동인구조사(구직기간 4주 기준) 결과를 요약한 것이다.

	실업률(%)	고용률(%)	15세 이상 인구(만 명)	경제활동인구(만 명)	취업자	실업자	비경제활동 인구(만 명)
2009. 4	3.82	58.84	3,997.8	2,445.6	2,352.4	93.3	1,552.1
2009. 5	3.80	59.26	4,002.7	2,465.8	2,372.0	93.8	1,536.9
2009. 6	3.85	59.80	4,007.8	2,492.7	2,396.7	96.0	1,515.1
2009. 7	3.75	59.38	4,012.5	2,475.6	2,382.8	92.8	1,536.9

자료 : 통계청, 『경제활동인구조사』

(1) 2009년 4월 ~ 5월 사이에 실업자가 5천 명 증가했는데도 실업률이 0.02% 감소했다. 그 이유는 무엇인가? 고용률은 증가했는가, 감소했는가?

해답 2009년 4월 ~ 5월 사이에 취업자가 크게 증가하면서 경제활동인구가 2,445만 6천 명에서 2,465만 8천 명으로 20만 2천 명 증가했기 때문이다. 이런 경우 실업자가 증가하더라도 실업률이 하락할 수 있다. 취업자가 크게 증가함에 따라 고용률도 상승하였다.

(2) 2009년 6월 ~ 7월 사이에 실업률이 0.1% 하락한 이유를 설명하라. 고용률은 증가했는가, 아니면 감소했는가? 고용시장의 상황을 나타내는 지표로서 실업률의

단점을 서술하고 고용률을 실업률의 보조지표로 사용하는 이유를 설명하라.

해답 2009년 6월 ~ 7월 사이에는 실업자가 3만 2천 명 감소했을 뿐만 아니라 취업자도 13만 9천 명 감소하면서 경제활동인구가 17만 1천 명 줄어들었다. 실업률 계산식의 분자와 분모가 모두 감소하면서 실업률이 하락한 것이다. 그러나 이 경우 실업률이 하락해도 취업자가 감소했기 때문에 고용률도 하락했다.

좀더 자세히 살펴보면 2009년 7월에 경제활동인구가 17만 1천 명 감소한 반면, 비경제활동인구가 21만 8천 명 증가했다. 경제활동인구에 속해 있던 실업자와 취업자의 상당수가 비경제활동인구로 이동한 것이다. 이처럼 실업률은 비경제활동인구의 변화로 인한 노동시장의 신호를 반영하지 못한다는 단점이 있다. 이것이 고용률을 보조지표로 활용하는 이유이다.

(출처 : 차성훈, "실업률이 낮아졌다고 고용사정이 개선된 것은 아니다!", 『KDI 클릭경제교육』, KDI 경제정보센터, 2011. 9.)

05. 한 달 사이에 취업자 수와 실업률이 동시에 하락했다고 하자. 이것이 어떻게 가능한지 설명하라.

해답 실업률 $= \dfrac{\text{실업자}}{\text{실업자} + \text{취업자}}$ 인데 취업자 수가 하락하고 실업자 수는 그대로라면 실업률이 늘어나겠지만, 기존 실업자가 실망실업자가 되어 실업자에서 배제되고 취업자 수도 함께 감소하면 실업률이 감소할 수 있다.

[연습문제]

01. 물물교환 경제에서 두 사람 사이에 거래가 일어나기 위해서는 각자가 다른 사람이 필요로 하는 것을 가지고 있어야만 한다. 이러한 교환의 필요조건을 욕망의 이중적 일치(double coincidence of wants)라고 부른다. 그러나 영국의 경제학자 스탠리 제본스(Stanley Jevons)는 1889년 『Money and the Mechanism of Exchange』에서 두 사람 사이에 욕망의 이중적 일치가 충족되어도 교환되는 재화와 서비스의 질(quality)에 대해서 서로 다른 정보를 가지고 있다면 거래가 이루어지기 어렵다는 점을 강조하였다. 특히 물물교환 경제에서 거래당사자 간 정보의 비대칭성 문제가 심각한 경우에는 교환이 일어나지 않을 것이다. 다음 물음에 답하라.

(1) 일반적으로 욕망의 이중적 일치가 충족되어 물물교환이 이루어지려면 상당한 시간과 에너지가 필요할 것이다. 이러한 상황에서 대부분의 사람들이 지불수단으로 받아들이는 화폐가 어떻게 물물교환의 거래비용을 줄일 수 있는가?

해답 상품으로만 바꿀 수 있는 경우 내가 원하는 상품을 가진 상대방이 원하는 상품을 내가 가지고 있어야 한다. 그러나 그렇지 않은 경우가 대부분이므로 내가 원하는 상품을 얻기 위해서는 여러 번의 교환단계를 거쳐야 한다. 그러나 교환할 때마다 이동해야 하는 등 비용이 발생하고 각 상품별 교환비율이 모두 정해져야 하고 상품의 단위가 다를 경우 자르거나 분해해야 하는데, 그것이 불가능한 경우(가분성)도 많다. 그러나 화폐는 앞에서 말한 특징들을 가지고 있으므로 이러한 불편을 줄일 수 있고 따라서 거래비용이 감소한다.

(2) 물물교환 경제에서 제본스가 강조한 정보의 비대칭성 문제 하에서 화폐를 통한 교환이 가능하기 위해서 화폐는 교환의 매개수단으로서 어떤 특성을 가져야 하는가?

해답 첫째, 동질성을 지녀야 한다. 만약 액면가치는 같은데 질이 다른 두 종류의 화폐가 유통된다면 질이 나쁜 화폐가 질이 좋은 화폐를 구축하는(악화가 양화를 구축하는) '그레샴의 법칙'이 나타나서 신용사회가 무너질 수 있다. 둘째, 내구성이 있어야 한다. 내구성이란 화폐로 사용되는 물질이 변질되지 않고 얼마나 오래 잘 버티는가를 나타낸다. 화폐는 재화와 서비스의 교환을 위해 여러 사람의 손을 거치므로 그런 유통에도 견딜 수 있을 만큼 내구성을 가질 필요가 있다.

02. 다음은 어떤 은행의 대차대조표이다.

자 산		부채 및 자본	
현 금	4,000	요 구 불 예 금	8,000
대 출	(A)	저 축 성 예 금	2,000
유 가 증 권	3,000	자 본 금	10,000
고 정 설 비	3,000		

이 은행의 고객 민호가 상품대금으로 받은 2,000원을 요구불예금에 넣고 은행은 이를 토대로 2,000원을 고객 수지에게 대출한 경우 대차대조표 상의 변화는 다음과 같다.

자 산		부채 및 자본	
현 금	(B)	요 구 불 예 금	(C)
대 출	12,000	저 축 성 예 금	2,000
유 가 증 권	3,000	자 본 금	10,000
고 정 설 비	3,000		

공란 (A), (B), (C)에 알맞은 값을 넣어라.

해답 우선 두 번째 대차대조표를 보면 대출항목이 12,000으로 되어 있다. 이 중 2,000은 수지에게 행한 신규 대출이므로 (A)에는 10,000이 기록되어야 한다. 이때 대출항목에 2,000이 기록되었으므로 부채항목에도 상응한 변화가 있어야 하는데, 이는 요구불예금의 증가로 기록된다. 따라서 민호의 예금 2,000과 합해져 (C)에는 12,000이 기록되어야 하며, (B)에는 민호의 예금이 현금으로 보관되므로 6,000이 기록되어야 한다.

03. 경기침체 현상이 오랜 기간 지속될 것이라는 전망 하에 한국은행이 1조원의 통화를 공급한다고 하자. 법정지급준비율이 20%이고 예금창조 과정에서 각 은행으로부터 대출받은 사람들이 대출액 중 40%를 현금으로 보유하고 60%만 은행에 예금하는 경우 총화폐공급량과 통화승수를 구하라.

해답 현금인출이 있는 경우 은행제도에 의한 예금창조는 어떻게 되는가를 살펴보자. 최초에 H만큼의 본원통화가 중앙은행으로부터 공급되어 민간부문으로 흘러 들어갔다고 가정하자. 민간의 현금보유비율을 c라 하면 사람들은 cH를 현금의 형태로 보유하고 $(1-c)H$를 은행에 예금한다. $(1-c)H$의 본원적 예금을 받은 은행은 $r(1-c)H$를 지급준비금으로 보유하고 나머지 $(1-r)(1-c)H$를 대출한다. 따라서 $(1-r)(1-c)H$만큼의 1차 파생적 예금이 창조된다.

대출을 받은 차입자가 이 금액을 지출하면 이를 지불받은 사람은 $c(1-r)(1-c)H$를 현금으로 보유하고, 나머지 $(1-r)(1-c)^2H$를 다른 은행(B은행)에 예금한다. 그리고 A은행과 B은행 사이에 결제가 이루어지면 A은행 요구불예금계정에서 $(1-r)(1-c)^2H$가 사라지고, B은행의 요구불예금계정에 같은 액수의 요구불예금이 발생한다. B은행에 새로 발생한 요구불예금(본원적 예금)은 $(1-r)^2(1-c)^2H$의 대출을 창출하고, 이러한 2차 파생적 예금 중에서 $c(1-r)^2(1-c)^2H$가 민간의 현금으로 보유되고 $(1-r)^2(1-c)^3H$는 C은행에 본원적 예금으로 유입된다. 이러한 과정은 더 이상의 파생적 예금창조가 불가능해질 때까지 계속된다.

표 1　　은행제도 전체에 의한 대출 및 예금창조(현금인출이 있는 경우)

	본원적 예금(D)	지급준비금(R)	대출(L)	민간보유현금(C)
				cH
은행 A	$(1-c)H$	$r(1-c)H$	$(1-c)(1-r)H$	$c(1-c)(1-r)H$
은행 B	$(1-c)^2(1-r)H$	$r(1-c)^2(1-r)H$	$(1-c)^2(1-r)^2H$	$c(1-c)^2(1-r)^2H$
은행 C	$(1-c)^3(1-r)^2H$	$r(1-c)^3(1-r)^2H$	$(1-c)^3(1-r)^3H$	$c(1-c)^3(1-r)^3H$
⋮	⋮	⋮	⋮	⋮
합계	$\frac{1-c}{c+r-cr}H$	$\frac{r(1-c)}{c+r-cr}H$	$\frac{(1-c)(1-r)}{c+r-cr}H$	$\frac{c}{c+r-cr}H$

현금인출이 있는 경우 예금창조 과정을 요약한 것이 [표 1]이다. 이 표에서 현금통화(C)와 예금통화(D)를 합치면 통화량(M)이 된다.

$$M = C + D = \left(\frac{1}{c+r-cr}\right)H$$

$M = \frac{1}{c+(1-c)r}H = \frac{1}{0.4+0.6\times 0.2}1\text{조} = \frac{1}{0.52}1\text{조} = 1.92\text{조}$이므로 총화폐 공급량은 1.92조, 통화승수는 $\frac{1.92}{1} = 1.92$이다.

04. 은행예금의 법정지급준비율이 10%이고 현금보유비율은 0일 때 아래 물음에 답하라.

(1) 은행들이 초과지급준비금을 보유하지 않는다고 하자. 중앙은행이 100억원 상당의 국채를 공개시장을 통해 매각한다면 지급준비금과 통화공급은 어떻게 변하겠는가?

해답 $r = 0.1$, $c = 0$, $e = 0$이므로 통화승수는 $\frac{1}{0.1} = 10$이 된다. 그런데 중앙은행이 100억원의 국채를 매각한다고 했으므로 100억원만큼의 본원통화(H)가 감소한다. 따라서 통화량은 10×100억원 $= 1{,}000$억원만큼 감소하고, 지급준비금은 그 10%인 100억원만큼 감소한다.

(2) 중앙은행이 법정지급준비율을 5%로 낮춘다고 하자. 이때 은행들이 스스로 예금의 5%를 초과지급준비금으로 보유한다면, 화폐공급과 신용승수에 어떤 영향을 미치겠는가?

해답 지급준비금(R) = 법정지급준비금(RR) + 초과지급준비금(ER)

본원통화(H) = 현금통화(C) + 지급준비금(R)

$$= C + RR + ER = cM + r(1-c)M + e(1-c)M$$

$e = \frac{ER}{H}$이라 정의하면, $M = \frac{1}{c + (1-c)(r+e)}H$이다. 따라서 문제의 조건에 의해 $r = 0.05$, $c = 0$, $e = 0.05$이므로, $M = \frac{1}{0.1}H$가 되어 신용승수와 화폐공급 모두 (1)과 동일해진다.

05. 화폐수량설에 의하면 통화량 증가율이 12%, 실질 GDP 성장률이 4%, 화폐유통속도 증가율이 −3%일 때 물가상승률은 얼마인가?

해답 수량방정식에 의해 $M \times V = P \times Y$인데, 변화율로 나타내면 $m + v = \pi + g$이므로 통화량 증가율 $m = 12\%$, 실질 GDP 성장률 $g = 4\%$, 화폐유통속도 증가율 $v = -3\%$를 대입하면 $\pi = 5\%$이다.

06. 제3절의 〈역사와 경제학 : 초인플레이션의 역사〉에 있는 1923~1924년대 초인플레이션 당시의 사진에서 왜 독일의 한 여성이 땔감 대신에 마르크화를 난로에 태우고 있었을까? 이 한 장의 사진에 담겨 있는 초인플레이션의 전형적인 폐해를 서술하라.

해답

(a) 땔감을 사러 가는 동안 마르크화의 가치가 떨어져서 원래 가격으로는 땔감을 살 수 없어서 땔감을 사서 태우기보다 돈을 직접 태울 때 불이 더 오래 갔기 때문에 돈을 직접 땔감으로 사용했던 것이다.

(b) 한편 초인플레이션은 급여소득자들의 실질소득 감소, 각종 투기 만연, 양극화 심화, 기업의 투자 감소, 수출 부진 등 여러 가지 폐해를 낳는다.

07. 유동성함정의 대표적인 사례로 '잃어버린 10년'이라고 불리는 1990년대 일본 경제의 장기 침체기가 자주 거론된다. 일본 경제는 1980년대 중반 이후 경기호황이 지속되고 부동산, 주식 등의 자산가격이 급등하면서 자산가격 버블현상이 나타났다. 그러나 1990년대 초 버블이 붕괴되면서 금융회사의 부실채권이 급증하고 디플레이션이 발생하는 등 심각한 경기침체를 겪기 시작하였다. 이러한 상황을 극복하기 위해 일본의 중앙은행은 금리를 0%에 가까운 수준으로 내리고 통화공급을 늘렸다. 다음 물음에 답하라.

(1) 일본의 사례를 통해 볼 때 유동성함정 하에서 실질이자율은 높아지는가, 아니면 낮아지는가? 그 결과 투자는 증가하는가, 아니면 감소하는가? 그 이유를 설명하라.

해답 유동성함정은 극단적으로 이자율 수준이 너무 낮아서 모든 사람들이 이자율이 곧 상승할 것이라고 생각하여 투자적 화폐수요가 무한히 증가함에 따라 유동성이 부족해지는 현상을 말한다. 일본은 당시 경제침체 상태에 있었으므로 기대인플레이션은 0에 가깝거나 음(−)의 값을 가지고 있었을 것이다. 따라서 실질이자율은 피셔방정식($r = i - \pi$)에 의해 항상 양의 값을 가질 것이고, 유동성함정에 의해 교재의 〈그림 20-2〉와 같은 형태의 투자적 화폐수요 형태를 보일 것이다. 그러므로 실질이자율은 변하지 않고, 실질이자율의 함수인 투자도 변하지 않을 것이다.

(2) 케인즈의 투자적 화폐수요에 의하면 유동성함정 하에서 명목이자율에 대한 화폐수요의 탄력성은 얼마인가? 이때 통화량의 증가가 균형이자율에 미치는 영향을 화폐시장에서의 균형이자율 결정 모형을 이용하여 설명하라. 이러한 모형의 예측이 실제 1990년대 일본의 경우와 일치하는지 조사해 보라.

해답 명목이자율에 대한 화폐수요의 탄력성이란 명목이자율이 1단위 변할 때 화폐수요가 얼마나 변하는지를 보여주는 지표이다. 유동성함정에서는 채권가격이 하락할 것이라는 기대로 화폐수요가 명목이자율의 아주 작은 변화에도 크게 변화하기 때문에 탄력성이 무한대가 된다. 이때 통화량이 아무리 증가해도 다음 그림에서도 볼 수 있듯이 균형이자율은 변화가 없다.

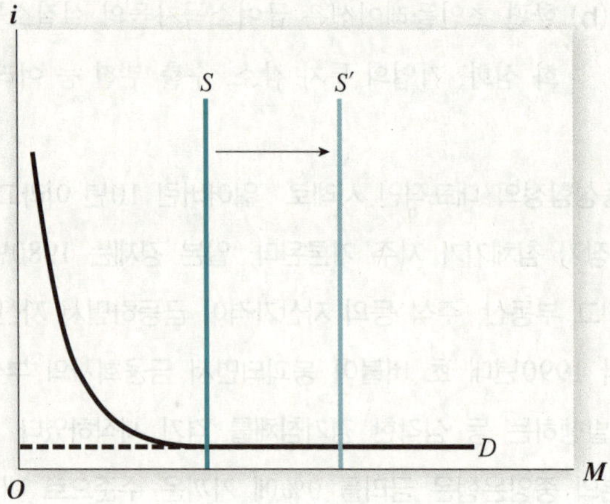

다음 그림은 일본의 금리를 보여준다. 유동성함정이 이자율이 극단적으로 낮은 경우를 의미하므로 1% 이하였던 1995년 이후 그래프를 보면 첫 번째 그림의 모형과 별다른 차이가 없음을 알 수 있다.

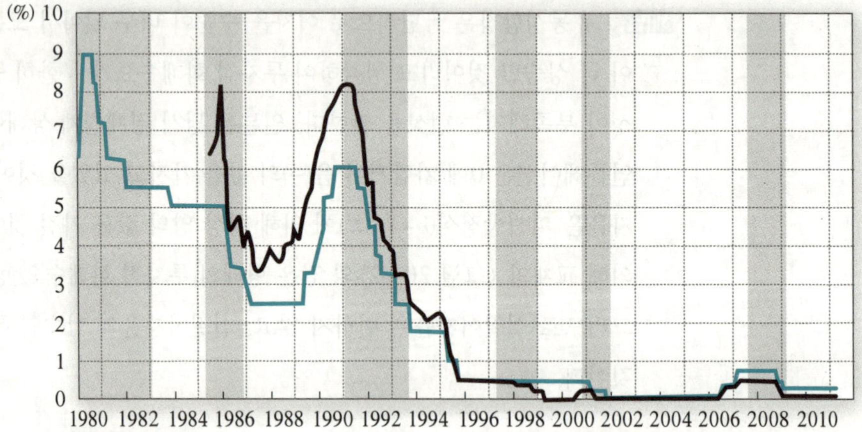

08. 채권시장과 대부자금시장은 동전의 양면과 같다. 이를 수요 · 공급 측면에서 설명하라.

해답 채권시장은 채권을 매개로 자금의 대차가 이루어지는 일종의 대부자금시장이라고 볼 수 있다. 채권에 대한 수요는 대부자금의 공급이 되고, 채권에 대한 공급은 대부자금에 대한 수요가 된다. 왜냐하면 직관적으로 채권과 자금이 서로 반대

방향으로 교환되기 때문이다.

보다 구체적으로 대부자금의 공급곡선이 우상향하는 것은 채권가격에 대해 채권수요곡선이 우하향하는 것과 같은 원리로 설명된다. 이자율이 상승하면, 즉 채권가격이 하락하면 자금공급자(채권수요자)는 대부자금을 더 공급하고자(채권을 더 수요하고자) 할 유인이 있다. 마찬가지로 대부자금의 수요곡선이 우하향하는 것은 채권공급곡선이 우상향하는 것과 같은 원리이다. 따라서 동전의 양면과 같이 채권시장의 수요곡선은 자금대부시장의 공급곡선에, 채권시장의 공급곡선은 자금대부시장의 수요곡선에 각각 대응한다. 이를 그래프로 표현하면 다음과 같다.

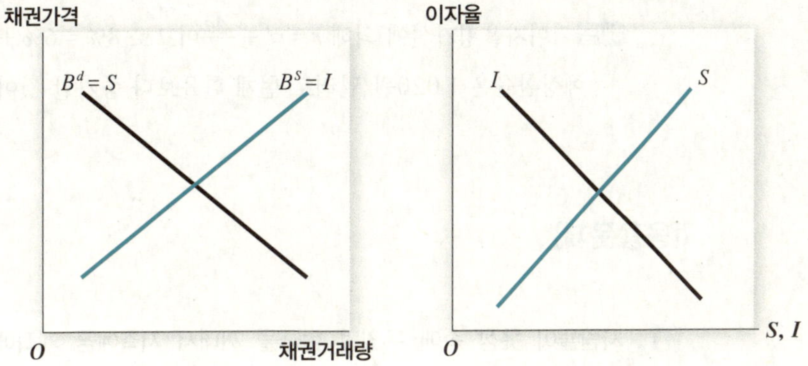

(a) 채권시장 (b) 대부자금시장

09. 다음 물음에 답하라.

(1) 아이폰 한 대의 가격이 700달러라고 할 때 우리나라에서 아이폰의 가격이 70만원이라고 한다. 다음 해에 아이폰의 달러 가격이 불변인 상황에서 우리나라에서는 77만원이 되었다면 환율은 어떻게 변한 것인가? 이 경우 원화의 가치는 상승한 것인가, 아니면 하락한 것인가?

해답 구매력평가설이 성립할 경우, 국가 간에 $P = EP^*$가 성립하므로 환율은 $E = \frac{P}{P^*}$가 되며 자국 화폐가치는 환율에 반비례한다.

기존 환율은 70만원/700달러 = 1,000원/달러이다. 그런데 우리나라 가격이 77만원이 되었다면 환율은 77만원/700달러 = 1,100원/달러가 되어 원화가치가 하락한다.

(2) 위의 상황에서 다음 해에 아이폰의 달러 가격이 630달러로 하락했다면 원화가치는 어떻게 달라진 것일까?

해답 기존 환율이 1,000원/달러인 상황에서 아이폰의 달러 가격이 630달러가 되었지만 국내가격이 77만원으로 불변이라면 환율은 77만원/630달러 = 1,222원/달러가 되어 원화가치는 또다시 하락한다.

10. 우리나라의 연간 이자율이 8%, 미국의 연간 이자율이 6%이고, 미화 1달러당 환율이 1,000원이라고 하자. 이자율평가설에 의하면 1년 후 미 달러화의 예상환율은 현재보다 오르겠는가 아니면 내리겠는가?

해답 이자율평가설에 의해 $r = r^f + \frac{\Delta e}{e}$이므로 $8\% = 6\% + \frac{x - 1,000}{1,000}$이다. 따라서 예상환율은 1,020원/달러로 현재 환율보다 증가할 것이다.

[응용문제]

01. 사람들이 옷장 속에 두었던 현금을 꺼내서 저축예금 계좌에 넣기로 결정했다고 하자. 이것이 M1과 M2에 미치는 영향을 간략히 설명하라.

해답 M1 = 민간보유 현금통화 + 일반은행의 요구불예금인데, 현금은 M1에 속하지만 저축성예금은 M2에 속하므로 M1은 감소할 것이다. 한편 M2는 증가할 것이다. 왜냐하면 현금이 저축성예금이 되었으므로 은행을 통해 통화승수를 곱한 만큼 증가할 것이기 때문이다. 단, 통화승수는 현금인출이 있느냐 없느냐에 따라 그 크기 달라지므로 증가한 전체 통화량도 이에 따라 달라질 것이다.

02. 다음은 어떤 은행의 대차대조표이다.

자산			부채 및 자본	
지급준비금		2,000	요구불예금	5,000
현금	1,000		저축성예금	2,000
중앙은행예치금	1,000		자본금	3,000
대출		5,000		
유가증권		3,000		

1,000원의 현금인출이 있다고 하자. 이때 1,000원의 지급준비금으로 법정지급준비

율을 만족시키기 위해서는 저축성예금에 대한 지급준비율을 어떻게 변화시켜야 할까?

해답 요구불예금에 대한 필요지불준비율이 0.2이고 저축성예금의 지불준비율이 0.5라고 하자. 이때 1,000원의 현금인출이 있으므로 준비금은 2,000에서 1,000으로 하락한다. 이때 요구불예금도 1,000이 줄어들게 되므로 요구불예금에 대한 지불준비금은 800이 된다. 따라서 저축성예금 2,000에 대한 지준금이 200이 되기 위해서는 저축성예금지준율이 0.1이 되어야 하므로 지준율 변경은 -0.4이다.

03. 최근 저축은행의 영업정지 및 파산 가능성과 관련하여 발생한 예금인출사태와 예금보험 적용 사례를 조사해 보라.

해답 우리나라는 1997년 은행에 대한 예금보호제도를 도입하였고, 이듬해인 1998년에는 이 제도에 저축은행, 보험회사, 증권사, 종합금융회사에 대한 예금보호기능을 통합하였다. 이에 따라 최근 문제가 되었던 삼화저축은행, 부산저축은행 등 부실저축은행의 예금자들도 5,000만원까지 예금보호를 받고 있다. 2010년 현재 1조 2,000억원을 거두는 등 우리나라 예금보험기금은 현재 총 6조 8,000억원이 적립되어 있는데, 저축은행들에 부과해서 적립한 예금보험기금은 이전에 파산한 저축은행의 예금사를 보호하는 데 이미 모두 사용했다. 이에 정부는 다른 금융회사들과 정부가 일부분씩 부담하는 특별계정을 만들기로 했다. 이러한 방법은 지난 1998년 금융위기가 발생하여 수많은 금융회사가 파산했을 당시에 금융회사와 정부가 비용을 분담한 사례와도 유사한 방식이다. 또한 저축은행의 예금보험료율 법정 최고한도를 보유 예금의 0.7%로 상향조정하여 특별계정 도입을 통한 지원과정에서 생길 수 있는 도덕적 해이를 차단하고, 예보기금 손실을 최소화하려 노력하고 있다.

04. 우리는 지금까지 예금통화의 창조과정을 은행이 본원적 예금을 받는 시점에서부터 시작하여 분석했다. 만약 은행의 초과지급준비금이 예금과는 관계없이 유가증권의 매각이나 중앙은행으로부터의 차입으로 발생하는 경우 은행 전체의 예금창조 과정은 어떻게 달라지는가?

해답 문제의 상황이 추가되더라도 기본적인 예금창조 과정은 동일하고, 초과지급준비금 준비과정만 추가되는 것이다. 그런데 초과지급준비금은 은행의 유가증권 매각이나 중앙은행으로부터의 차입으로부터 발생하므로 이는 별다른 가정이 없는 한 외생적으로 결정될 것이다. 만약 이를 현실적으로 경기와 반대로 움직인다고 한다면 일반적으로 불경기에 유동성이 떨어짐을 볼 때 통화량에 반비례하는 것으로 설정할 수 있을 것이다. 외생적 결정이란 가정 하에 통화승수를 모형으로 나타내면 앞서 도출한 [연습문제 4]의 답과 같은 형태가 된다.

05. 프리드먼의 신화폐수량설이 고전적 화폐수량설에 대한 케인즈의 비판을 어떤 식으로 수용하고 어떤 식으로 비판했는지를 서술하라.

해답 신화폐수량설은 고전적 화폐수량설에 대한 케인즈의 비판을 받아들이고 있다. 즉, 자산으로서 화폐에 대한 수요는 이자율의 감소함수라는 지적을 수용한다. 결론적으로 화폐수요함수의 형태상으로는 케인즈의 이론과 별다른 차이가 없다. 따라서 화폐수요는 이자율의 감소함수이며 소득의 증가함수이다. 그러나 어느 변수를 더 결정적으로 보느냐에 대하여는 많은 차이가 있다. 프리드만은 경험적 연구 결과 화폐수요는 이자율의 변동에 크게 영향받지 않는다고 주장한다. 즉, 이론적으로 볼 때 이자율이 화폐수요에 영향을 끼치는 것은 당연하지만 현실의 경험상 이자율의 화폐수요에 대한 영향은 무시할 수 있다는 것이다. 따라서 화폐수요는 명목소득의 크기에 주로 영향을 받는다고 설명하는데, 이러한 그의 주장은 고전적 화폐수량설이 함축하는 결과와 실질적으로 동일하다.

06. 고정환율제도와 변동환율제도를 사용하는 대표적인 국가들을 찾아보고, 자국의 화폐가치가 실제보다 높은 상태일 때 어떠한 과정을 통해 조정되는지 설명하라.

해답 **(a) 고정환율제도 : 유로지역**

고정환율을 추구할 경우 만약 자국의 화폐가치가 실제보다 높아지면 화폐금융정책을 담당하는 중앙은행이 통화공급을 늘려서 화폐가치를 낮추려고 할 것이다.

(b) 변동환율제도 : 대부분의 국가

변동환율제의 경우 자국 화폐가치가 실제 가치보다 높으면 순수출이 감소하고 자본유출이 일어난다. 이에 따라 자국의 화폐가치가 떨어져 결국 실제 시장가치로 수렴하게 된다.

07. 다음 표는 2010년 7월 중 몇몇 나라의 '빅맥(Big Mac)' 가격을 기록한 것이다. 당시 미국에서 빅맥은 3.73달러에 판매되었다. 다음 물음에 답하라.

국가	빅맥 가격	실제환율(미화 1달러 대비)
한국	3,400원	1,128.41원/달러
유로지역	3.38유로	0.7377유로/달러
일본	320엔	83.4513엔/달러
스위스	6.5스위스 프랑	0.9713스위스 프랑/달러
캐나다	4.17캐나다 달러	0.9944캐나다 달러/달러
아르헨티나	14페소	4.0225페소/달러

자료 : "The Economist's Big Mac Index," *Economist*, 2010. 7. 22.

(1) 빅맥에 대해 구매력평가가 성립한다면 각 나라의 1달러당 환율은 얼마인가?

해답 구매력평가설에 의해 환율 $e = \frac{P}{P'}$이다.

한국 : 3,400원/3.73달러 = 911.5282원/달러

유로지역 : 3.38유로/3.73달러 = 0.9062유로/달러

일본 : 320엔/3.73달러 = 85.7909엔/달러

스위스 : 6.5스위스 프랑/3.73달러 = 1.7426스위스 프랑/달러

캐나다 : 4.17캐나다 달러/3.73달러 = 1.1180캐나다 달러/달러

아르헨티나 : 14페소/3.73달러 = 3.7534페소/달러

(2) 미국의 달러가 각 나라의 통화에 비해 고평가되었는지, 저평가되었는지 설명하고 미래에 환율이 어떻게 될 것인지 예측하라.

해답 한국과 아르헨티나는 실제 환율보다 낮기 때문에 현재 저평가되어 있고, 나머지 국가는 고평가되어 있다. 구매력평가설이 성립한다면 저평가된 한국과 아르헨티나는 앞으로 환율이 하락하고 나머지 국가는 상승할 것이다.

국가	빅맥 환율	실제 환율
한국(원/달러)	911.5282	1,128.41
유로지역(유로/달러)	0.9062	0.7377
일본(엔/달러)	85.7909	83.4513
스위스(프랑/달러)	1.7426	0.9713
캐나다(달러/달러)	1.1180	0.9944
아르헨티나(페소/달러)	3.7534	4.0225

[연습문제]

01. 케인즈의 소비함수 $C=a+bY$에서 a와 b의 의미를 설명하고 저축함수를 도출하라.

해답 소비함수 $C=a+bY$에서 a는 생존을 위한 최저지출을 의미하는 것으로 기초소비라고도 한다. 반면 b는 추가적인 소득증가에 따른 소비증가의 비율, 즉 한계소비성향이다. 저축은 소득 중 소비의 잔여분이므로 $C=a+bY$일 때 저축함수는 $S=Y-C=Y-a-bY=-a+(1-b)Y$로 표현할 수 있다.

02. 어떤 경제의 소비함수와 투자함수가 다음과 같이 주어졌다고 하자. 다음 질문에 답하라.

소비함수 : $C = 500+0.7Y$　　　　**투자함수** : $I = 1,200$

(1) 소비함수에서 500과 0.7의 의미를 설명하라.

해답 500은 기초소비를, 0.7은 한계소비성향(MPC)을 의미한다.

(2) 총지출함수와 국민소득균형식을 구하고, 균형국민소득을 계산하라.

해답 $Y^d=C+I=1,700+0.7Y,\ Y^d=C+I=Y\equiv Y^s,\ Y=1,700+0.7Y$

$$\Rightarrow Y=\frac{17,000}{3}$$

(3) $I=S$를 이용하여 균형국민소득을 계산하라. 그리고 (2)번의 결과와 비교해서 설명하라.

해답 $S=Y-C=0.3Y-500,\ I=1,200,\ I=S$에 의해 $1,200=0.3Y-500$

$$\Rightarrow Y=\frac{17,000}{3}$$

(4) 다른 요인은 불변이고 소비함수에서 Y의 계수가 0.7에서 0.5로 감소했다고 하자. 이때 질문 (2)와 (3)에 답하고, 그 차이를 설명하라.

해답

$$Y^d = 1,700 + 0.5Y = Y \equiv Y^s \ \Rightarrow \ Y = \frac{17,000}{5} = 3,400$$

$$I = 1,200 = S = 0.5Y - 500 \ \Rightarrow \ Y = 3,400$$

한계소비성향이 감소하고 한계저축성향이 증가함으로써 경제 전체의 균형국민소득은 이전보다 감소($\frac{17,000}{3} > 3,400$)했다. 이를 절약의 역설이라 한다.

03. 제1절의 〈역사와 경제학〉에서 살펴본 1930년대 대공황의 원인과 그 결과의 심각성을 총지출모형의 그래프를 이용하여 설명하라.

해답 소비, 투자, 순수출이 모두 급격하게 감소하여 총수요가 부족한 상황이었다. 이는 총지출함수의 그래프를 하방이동시키고 균형국민소득 역시 크게 감소한다.

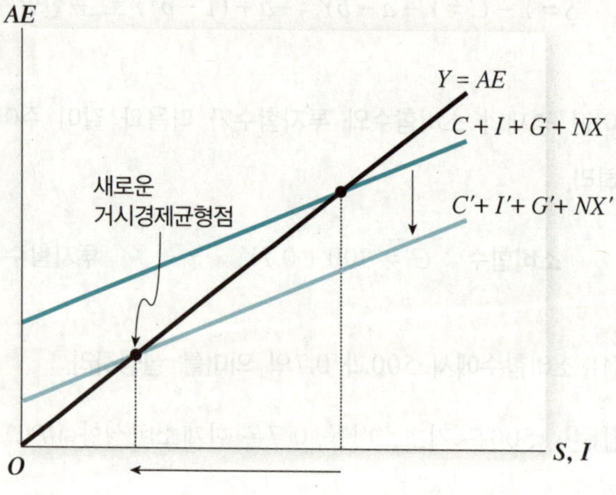

04. [연습문제 2]에서 투자지출이 추가적으로 3,000만큼 증가했다고 하자. 이때 투자승수를 구하고, 그 결과를 총지출모형의 그래프로 설명하라.

해답 $b = 0.7$일 때

$$\text{승수} = \frac{1}{1-0.7} = \frac{10}{3}$$

$$\Delta Y = \frac{10}{3} \cdot \Delta I = \frac{10}{3} \cdot 3,000 = 10,000$$

$$\text{따라서 } Y' = Y + \Delta Y = \frac{17,000}{3} + 10,000 = \frac{47,000}{3}$$

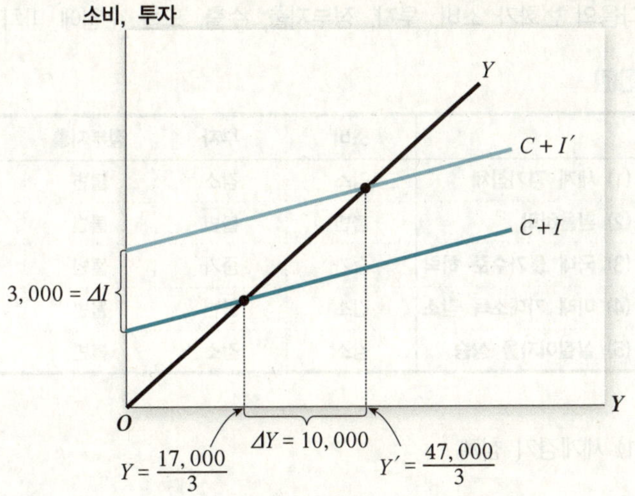

05. 어느 나라의 거시경제모형이 다음과 같다고 하자. 이 경제의 잠재적 총생산(potential output)이 1,500인 경우, 다음 질문에 답하라.

$$C = 100 + 0.8(Y - T),\quad I = 150,\quad G = 50,\quad T = 50,\quad Y = C + I + G$$

(Y는 국민소득, C는 소비, I는 투자, G는 정부지출, T는 조세)

(1) 이 경제의 균형국민소득은 잠재적 총생산 수준보다 많은가, 적은가?

해답 $Y = C + I + G = 100 + 0.8 \times (Y - T) + 150 + 50$

$= 100 + 0.8 \times (Y - 50) + 150 + 50 = 0.8Y + 260 \Rightarrow Y = 1{,}300$

1,300 < 1,500이므로 잠재적 총생산 수준보다 적다.

(2) 이 경제의 균형국민소득이 잠재적 총생산 수준에 도달하기 위해서 필요한 정부지출의 변화 규모를 구하라.

해답 정부지출승수는 $\frac{1}{1-0.8} = 5$이므로 200만큼의 총생산을 늘리기 위해 $\frac{200}{5} =$ 40만큼 정부지출을 증가시키면 된다.

06. 다음의 변화가 소비, 투자, 정부지출, 수출, 또는 수입에 미치는 영향을 설명하라.

해답

	소비	투자	정부지출	수출	수입
(1) 세계 경기침체	감소	감소	불변	감소	감소
(2) 환율하락	불변	불변	불변	감소	증가
(3) 국내 물가수준 하락	증가	증가	불변	증가	감소
(4) 미래 기대소득 감소	감소	불변	불변	불변	감소
(5) 실질이자율 상승	감소	감소	불변	감소	증가

(1) 세계경기 침체

해답 세계 경기침체는 불확실성을 증대시키고 세계 각국의 생산을 줄이므로 소득 감소 혹은 증가율 둔화를 유발한다. 불확실성 증대는 심리적 불안에 의해 투자를 줄이고, 생산 및 소득의 감소는 소비, 수출, 수입을 감소시킨다.

(2) 환율하락

해답 우리나라 환율하락은 외국 입장에서 우리나라 제품의 가격상승을 의미하므로 수출이 감소하고, 우리나라 입장에서는 외국 제품의 가격하락을 의미하므로 수입은 증가할 것이다.

(3) 국내 물가수준 하락

해답 국내 물가수준 하락은 자산의 실질가치를 증가시키므로 부의 효과에 의해 소비를 증가시킨다. 한편 물가하락은 이전보다 작은 화폐를 필요로 하므로 명목화폐수요가 감소하고, 이에 따라 이자율이 하락(즉, 물가가 하락하면 실질화폐공급이 증가해서 이자율이 하락)하여 투자를 증대시킨다. 또한 물가하락 시 우리나라 상품가격이 다른 나라의 그것에 비해 낮기 때문에 (2)와 반대의 경우가 된다. 따라서 국제무역 효과에 의해 수출이 증가하고 수입은 감소한다.

(4) 미래 기대소득의 감소

해답 미래소득이 감소할 것으로 예상한다면 소비자들은 미래에도 지금과 비슷한 수준의 소비를 하기 위해 현재의 소비를 어느 정도 줄일 것이다. 한편 수입도 소득에 의해 결정되므로 미래소득 감소는 수입을 줄일 것이다.

(5) 실질이자율 상승

해답 실질이자율 상승은 소비에 대한 기회비용을 늘리므로 소비자들은 소비와 투자를 줄이고 저축을 늘릴 것이다. 한편, 실질이자율 상승은 상대적으로 타국에 비해 이자율이 높음을 의미하므로 높은 수익을 위해 상대적으로 더 많은 자금이 유입될 것이다. 외국 돈(예를 들어, 달러)이 풍부해지므로 상대적으로 우리나라 돈(원화)의 가치가 올라가 환율이 떨어질 것이다. 따라서 (2) 경우와 같이 수출은 감소하고 수입은 증가할 것이다.

07. 케인즈의 유동성선호이론과 총수요 · 총공급 모형을 이용하여 다음 물음에 답하라.

(1) 화폐를 좁은 의미로 정의할 때 화폐를 대체하는 지불수단으로서 직불카드나 체크카드의 보급이 화폐시장의 균형이자율에 미치는 영향을 설명하라.

해답 대체 지불수단의 보급은 화폐수요를 감소시킨다. 통화공급이 고정되어 있다고 가정할 경우 균형이자율은 하락한다.

(2) 이러한 이자율의 변화가 총수요에 미치는 영향을 설명하라.

해답 이자율의 하락은 소비의 기회비용을 낮추므로 소비를 증대시키는 한편, 저축에 따른 이자수익도 낮아지므로 투자를 증대시킨다. 한편 타국에 비해 상대적으로 낮은 이자율은 자본을 유출시켜 환율이 상승하므로 순수출이 증가한다. 따라서 총수요는 증가하게 된다.

08. 아래에 열거한 각각의 요인에 의해 단기 총공급곡선이 어떻게 이동하는지 설명하라.

(1) 농경사회에서 가뭄과 같은 기후조건의 변화

해답 총공급곡선의 좌측이동

(2) 1970년대의 두 차례에 걸친 오일쇼크

해답 총공급곡선의 좌측이동

(3) 노동조합에 의한 임금인상 요구

해답 총공급곡선의 좌측이동

09. 명목임금이 노사합의로 물가수준에 완전 연동되었다고 하자. 즉, 물가수준이 $x\%$만큼 상승한다면 명목임금도 $x\%$만큼 증가할 것이다. 이것은 실질임금이 계약기간 동안 고정되어 있다는 것을 의미한다. 이 경우 단기 총공급곡선을 도출하라.

해답 명목임금이 물가수준과 완전 연동(perfect indexation)되어 결정되는 경우 물가수준의 변화는 실질임금과 고용에 아무런 영향을 미치지 못하므로 총공급곡선은 수직이 된다.

10. 2007~2008 글로벌 금융위기와 함께 세계 여러 나라에서 부동산가격과 주식가격이 급락하였다. 총수요 · 총공급 모형을 이용하여 이러한 자산가격 하락과 신용경색이 각국의 총생산, 고용, 소비, 투자, 순수출, 그리고 물가수준에 미치는 단기적 영향을 설명하라.

해답 부동산가격과 주식가격 하락은 부의 효과에 의해 가계의 소비를 줄이는 한편 주식가격 하락에 따른 직접금융의 어려움으로 신용경색에 빠져 기업의 투자가 감소한다. 이로 인해 총수요가 감소하여 AD곡선이 왼쪽으로 이동하여 단기에 물가가 고정된 채 A점에서 B점으로 소비와 투자 감소액만큼 총생산이 감소한다. 장기적으로 물가가 하락하면 B점에서 C점으로 이동한다. 물가하락에 따른 부의 효과와 국제무역효과로 소비, 순수출이 증가하고 투자 또한 이자율 하락으로 증가하여 일부 총생산 감소분을 일부 상쇄한다. 따라서 결과적으로 총생산, 소비, 투자, 물가는 하락하고 순수출은 증가한다. 한편 고용은 총생산이 감소하였으므로 아래 그림에 따라 역시 감소한다.

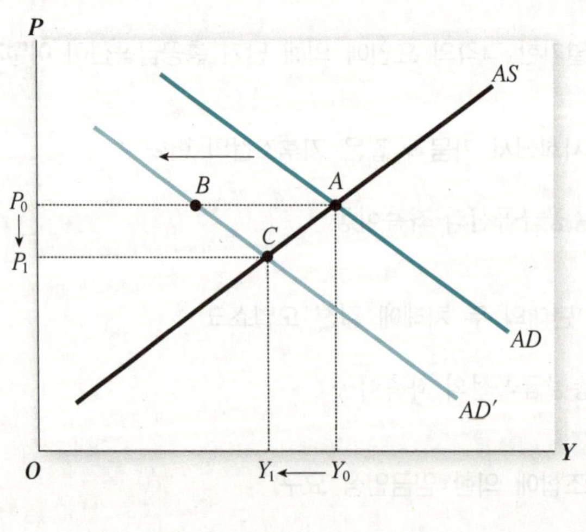

11. 경기동향에 대한 비관적인 견해가 확산되면서 기업의 설비투자가 감소하고 소비자의 내구소비재 지출이 감소한다고 하자. 총수요 · 총공급 모형을 이용하여 이러한 내수부진과 동시에 국제유가와 원자재 가격 상승이 국내총생산, 소비, 투자, 고용, 순수출, 그리고 물가수준에 미치는 영향을 설명하라.

해답

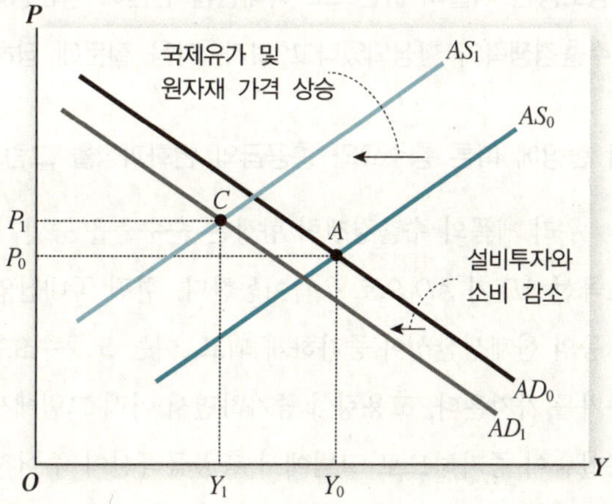

위의 그림에서 최초 균형을 점 A라고 하자. 이때 기업의 설비투자 감소와 소비자의 내구소비재 지출 감소 등 내수부진은 총수요곡선을 AD_0에서 AD_1으로 좌측이동시킨다. 한편 국제유가와 원자재 가격 상승에 따른 원유 투입의 감소는 생산측면에서 공급충격을 가져와 총공급을 감소시킨다. 따라서 총공급곡선은 AS_0에서 AS_1으로 좌측이동하고, 총공급곡선의 좌측이동폭이 총수요곡선의 좌측이동폭보다 더 크다고 가정하면 거시경제균형은 점 C에서 달성된다. 이때 실질 GDP Y_1은 기존의 Y_0에 비해 낮아지며, 물가는 P_1으로 기존의 P_0에 비해 높아진다.

또한 실질 GDP가 감소하므로 소득의 함수인 소비는 감소할 것이며, 고용은 부정적인 공급충격이 발생함으로 인해 감소할 것이다. 반면 순수출은 소득 감소에 따른 수입 감소로 인하여 개선될 수도 있지만, 국내 물가상승으로 인해 실질환율이 감소함에 따라 더욱 악화될 수도 있다. 마지막으로 투자는 비관적 견해에 의해 감소한다.

12. 총수요 · 총공급 모형을 이용하여 최근 환율하락 또는 원화가치 상승이 우리나라의 총생산, 고용, 소비, 투자, 경상수지, 그리고 물가수준에 미치는 영향을 설명하라.

해답 환율하락, 원화가치 상승은 순수출을 감소시켜 총수요곡선이 왼쪽으로 이동하고 장기적으로 물가가 하락한다. 한편 물가하락은 실질 통화공급을 늘려 실질 이자율을 낮춘다. 따라서 총생산, 고용, 소비, 물가는 하락하고 투자는 증가한다. 그리고 생산물시장의 균형을 고려할 때 순수출은 감소한다. 단지, 감소요인이 달라서 그 상대적인 이동폭에 차이가 있다.

13. 국내 정보통신 기술의 발전으로 국내산업 전반에 생산성이 향상되고, 나아가 우리 제품의 수출경쟁력이 향상되었다고 하자. 다음 질문에 답하라.

(1) 이 현상에 따른 총수요와 총공급의 변화과정을 그림으로 설명하라.

해답 우리 제품의 수출경쟁력 향상은 순수출을 증가시키므로 아래 그림에서 총수요곡선 AD_0가 AD_1으로 우측이동한다. 한편 국내산업 전반의 생산성이 향상되면 노동의 한계생산성이 증가하게 되고, 이는 노동수요를 증가시킴으로써 고용량의 증가를 가져온다. 고용량이 증가하면서 아래 그림에서는 총체적 생산함수를 따라 총산출이 증가하므로 그림에서 총공급곡선이 주어진 물가수준에서 우측(AS_1)으로 이동한다. (그림은 AS 이동폭이 AD 이동폭보다 크다고 가정하였다.)

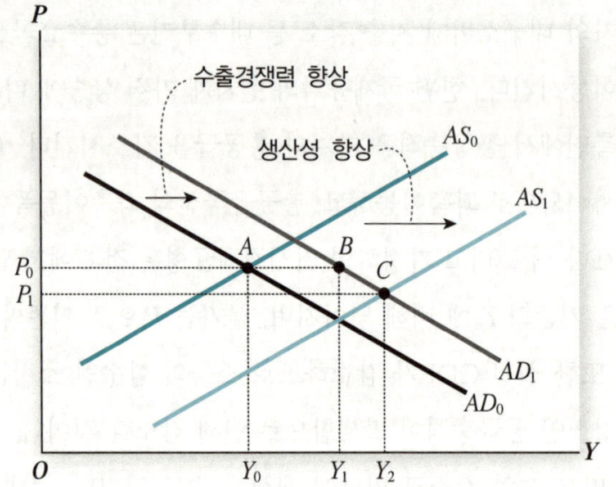

(2) (1)의 분석에 입각하여 이 현상이 국내물가와 생산에 미치는 효과를 설명하라.

해답 총수요곡선과 총공급곡선이 모두 우측으로 이동하므로 국내생산은 증가한다. 국내물가는 양 곡선의 이동폭의 상대적 크기에 따라 달라지는데, 정보통신기술의 발달이 우호적인 수요충격보다 우호적인 공급충격으로 더 크게 작용할 경우 총공급곡선의 이동폭이 더 크기 때문에 최종 균형은 점 C에서 이루어지고, 물가수준은 위의 그림의 P_1으로 하락한다. 반면 우호적인 수요충격이 우호적인 공급충격보다 더 크게 작용할 경우에는 물가수준이 상승할 것이다.

제22장 경기안정화정책이란 무엇인가?

[연습문제]

01. 일반적으로 경제가 완전고용 상태에 있을 때 실제 실업률이 0이 아닌 이유는 무엇인가?

해답 완전고용 상태에서도 실업은 존재하는데, 프리드만의 자연실업률 정의에 따르면 실업은 마찰적 실업과 구조적 실업으로 구성된다.

자발적 실업인 마찰적 실업은 노동자가 더 나은 직장을 찾기 위해 스스로 실업을 선택한 것으로 이러한 실업조차 없는 상태를 균형으로 볼 수는 없다. 왜냐하면 이렇게 만족하지 못하는 직장에 취업한 상태는 안정적인 상태가 아니어서 그들이 직장을 옮기는 것이 경제 전체의 효율성을 위한 것이기 때문이다.

구조적 실업은 산업구조의 변화에 따른 실업으로, 경기변동과 무관하게 이뤄지는 것이므로 완전고용 상태에서도 존재할 수 있다.

02. 지불수단이나 교환의 매개수단으로서 화폐, 특히 현금이 사용되는 거래는 기록에 남지 않는다는 점에서 익명성(anonymity)을 갖는다. 현실경제에서는 바로 이러한 현금거래의 익명성을 이용하여 불법거래와 탈세 등이 행해지고 있다. 일정 수준의 인플레이션이 이러한 문제를 해결하는 데 효과적인 이유를 설명하라.

해답 인플레이션이 있으면 시간이 흘러감에 따라 현금의 가치가 떨어지기 때문에 동일한 물건을 사려면 더 많은 돈이 필요하다. 이는 소비자로 하여금 더 많은 현금을 지니게 하는 불편을 초래하고, 이는 거래비용 증가로 생각할 수 있다. 이를 해결하기 위해 카드가 등장하여 익명거래나 불법거래를 막아주는 역할을 하고 있다.

03. 인플레이션타게팅의 단점을 서술하라.

해답 첫째, 인플레이션율은 환율, 통화량, 이자율에 비해 통제하기 어려울 뿐만 아니라, 정책의 결과가 나타나기까지 비교적 오랜 시간이 걸리므로 적시에 운용성과를 평가하고 정책방향을 수정해 나가는 데 어려움이 있다. 둘째, 인플레이션 타게팅이 물가안정에만 치중한 나머지 실물부문의 산출량 변동성 증가와 경제성장 둔화를 가져올 것이라는 비판이 있을 수 있다. 셋째, 금융시장이 미성숙하였거나 통화당국의 정책의지에 대한 국민의 신뢰가 구축되지 않았을 경우에는 효과가 제한될 수 있다. 넷째, 수출주도형 개도국의 경우 저평가된 환율 유지와 물가안정의 두 목표 간에 딜레마가 발생할 수 있다. 다섯째, 금융안정을 고려하지 않은 단순 물가안정목표제는 금융불안정을 가중시킬 가능성이 있다.

04. 위에서 설명한 테일러 준칙 하에서 실제 인플레이션 = 4%, 균형 실질정책금리 = 3%, $\alpha = 0.2$, $\beta = 0.3$일 때 산출 갭이 −3%, 인플레이션 갭이 4%라면 목표 명목정책금리는 몇 %일까?

해답 균형 명목정책금리는 피셔방정식에 따라 균형 실질정책금리와 실제 인플레이션의 합이므로 (4 + 3)%이다. 따라서 목표 명목정책금리 = 7% + 0.2(−3%) + 0.3(4%) = (7 − 0.6 + 1.2)% = 7.6%가 된다.

05. 재정적자와 국가채무의 증가가 장기적 경제성장에 미치는 영향을 설명하라.

해답 재정적자의 증가는 지속될 경우 국가채무의 증가로 이어진다. 이는 단기적으로는 수요진작의 효과가 있지만, 장기적으로 건전하지 못한 재정상태는 외부의 충격에 대응할 여유를 부족하게 만들어 국가신인도의 하락을 초래할 수 있다. 2010년 유럽 국가(포르투갈, 아일랜드, 그리스, 스페인)를 보더라도 국가채무의 증가는 그 경제를 불안하게 만드는 요인이 되기 때문에 장기적인 경제성장에 나쁜 영향을 준다. 교재 제18장의 솔로우 모형으로 확인하여도 재정적자로 인한 국가채무의 증가는 정부저축을 감소시켜 저축률 하락에 의해 균제상태에서 생산량이 감소함을 알 수 있다.

06. 재정정책과 통화정책의 보완관계에 대해 설명하라.

해답 정부의 재정적자를 $G-T$로 나타내자. 이때 재정정책과 금융정책의 자금조달 방법은 다음의 5가지가 있을 수 있다.

① $G-T=0$: 균형예산

② $G-T=\Delta B$: 공채 발행

③ $G-T=\Delta M$: 통화 증발

④ $-\Delta B=\Delta M$: 공개시장 매입

⑤ ΔM : 화폐 발행

여기에서 ①, ②는 순수한 재정정책이며 ④, ⑤는 순수한 금융정책이다. 그런데 ③은 어느 한 곳으로 선뜻 분류하기가 어렵다. 이를 자세히 분석해 보자.

③은 정부지출이 통화 증발과 관련되어 있음을 의미한다. 그렇다면 이는 재정정책과 금융정책이 동시에 쓰이고 있음을 의미한다. 이 경우 통화주의자들이 비판하는 구축효과는 일어나지 않는다. 즉, 불완전고용이 존재할 때 정부지출의 증가는 물가상승 압력 없이 국민소득을 증가시키고 이에 따라 화폐수요가 증가하는데, 이를 통화공급이 수용함으로써 이자율의 상승 없이 정책효과가 달성될 수 있게 된다. 이와 같이 재정정책과 금융정책을 서로 보완하여 정책목표를 효과적으로 실현할 수 있음을 알 수 있다. 그러나 통화론자들은 이러한 경우를 재정정책으로 보지 않는다. 통화의 증발이 수반되었으므로 금융정책적 성격이 더 강하다고 주장하는 것이 일반적이다.

[연습문제]

01. 중앙은행이 금리를 인상하려 한다고 하자. 중앙은행이 화폐금융정책의 대표적인 정책수단을 이용하여 금리인상을 어떻게 달성하는지 화폐시장의 수요와 공급 그래프를 이용하여 설명하라.

해답

① 중앙은행이 공개시장조작의 일종으로 통화안정증권을 발행하여 민간의 통화를 흡수하면 통화공급량이 감소한다. 따라서 통화공급이 감소하면 균형이자율은 상승하게 된다.

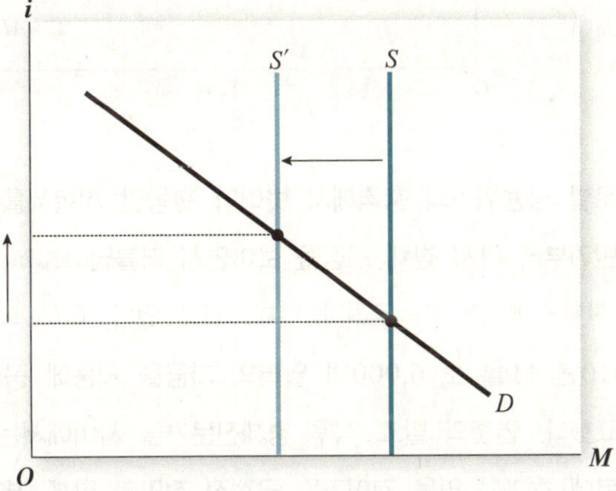

② 중앙은행이 지급준비율을 올리면 통화승수가 작아져 전체 통화량이 줄어들고, 이에 따라 이자율이 상승한다.

③ 재할인율을 높여서 이자율을 상승시켜도 일반은행이 중앙은행으로부터 현금을 덜 차입하게 되므로 자연스레 통화공급이 줄어들면서 화폐시장 균형을 달성할 수 있다.

02. 최근 남유럽 재정위기 등 일련의 불확실성 하에서도 신흥시장국에서는 경기회복이 확실시되면서 화폐금융정책의 정상화 또는 출구전략을 의미하는 통화긴축에 대한 논의가 확산되어 왔다. 총수요 · 총공급 모형을 이용하여 통화긴축이 국가경제의 총생

산, 고용, 소비, 투자, 순수출, 그리고 물가수준에 미치는 단기적 영향을 설명하라.

해답 통화긴축으로 통화량이 감소하면 이자율이 상승하고, 따라서 소비, 투자, 순수출이 감소한다. 이로 인해 총수요가 감소하여 *AD*곡선이 왼쪽으로 이동한다. 단기를 물가가 고정되어 있을 때로 정의한다면 *A*점에서 *B*점으로 소비와 투자 감소액만큼 총생산이 감소할 것이다. 따라서 단기적으로 총생산, 소비, 투자, 순수출은 감소하고, 물가는 단기이므로 불변이다. 한편 고용은 총생산이 감소하였으므로 아래 그림에 따라 역시 감소한다.

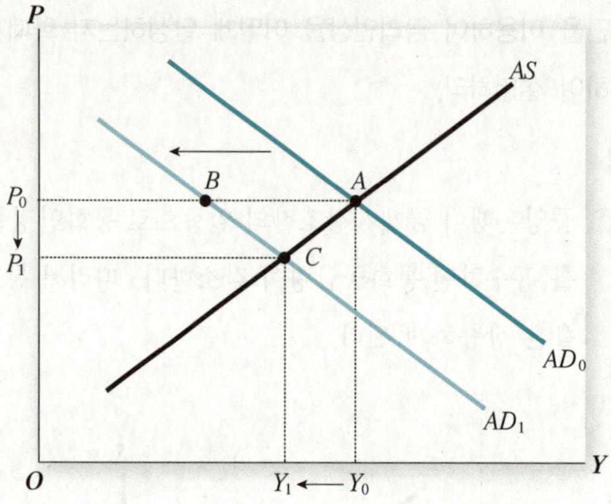

03. 글로벌 금융위기의 충격에서 벗어나 한동안 회복세를 보이던 미국 경제가 2010년 하반기부터 다시 침체 조짐을 보이면서 더블딥(double dip, 회복세를 보이던 경기가 다시 침체에 빠지는 것) 우려마저 제기되고 있다. 이에 따라 미국의 중앙은행인 연준은 2010년 11월 초 6,000억 달러의 자금을 시중에 공급하기로 하는 양적완화정책을 발표했다. 연준의 발표 직후 경제전문가들 사이에서는 양적완화정책이 미국 경제의 회복에 효과가 있을 것이라는 긍정적 전망과 함께 경기회복에 별 효과가 없을 것이라는 전망도 나오고 있다. 그 근거로 미국 경제가 유동성함정에 빠졌다는 점을 지적하고 있는데, 이를 케인즈의 유동성선호이론과 총수요·총공급 모형을 이용하여 설명하라.

해답 양적완화는 중앙은행의 정책금리가 제로수준에 가까워진 상황에서 저금리정책을 유지하면서 국채 등 민간부문의 특정 자산을 매입하여 시중에 유동성을 공급하는 정책을 의미한다. 한편, 유동성함정은 극단적으로 이자율수준이 너무 낮아서 모든 사람들이 이자율이 곧 상승할 것이라고 생각하여, 투자적 화폐수요가 무한히 증가하여 화폐수요곡선이 수평이 되는 현상을 의미한다. 따라서 그림

(a)와 같은 화폐수요함수를 도출할 수 있고, 양적완화정책을 펼쳐도 이자율이 불변임을 알 수 있다. 이자율이 불변이면, 소비, 투자, 순수출 등 총수요에 영향을 주는 요인들 또한 모두 불변이므로 *AD*곡선의 변화가 없게 된다. 따라서 결과적으로 경제에 아무런 충격을 줄 수 없다.

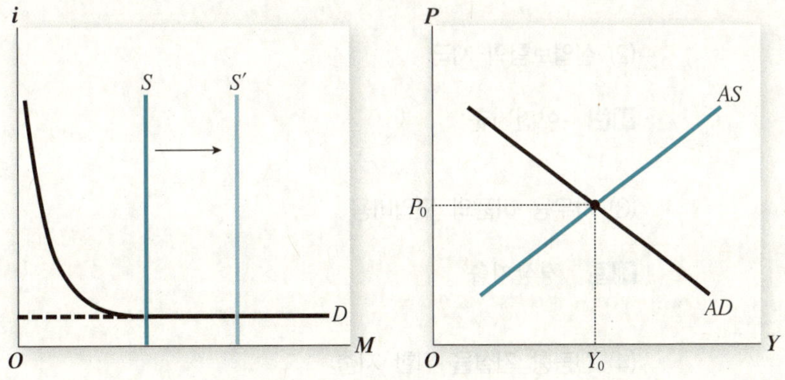

(a) (b)

04. 총수요·총공급 모형을 이용하여 최근 환율하락 또는 원화가치 상승이 우리나라의 총생산, 고용, 소비, 투자, 경상수지, 그리고 물가수준에 미치는 영향을 설명하라.

해답 환율하락, 원화가치 상승은 순수출을 감소시켜 [연습문제 2]와 같이 총수요곡선이 왼쪽으로 이동하고 장기적으로 물가가 하락한다. 한편 물가하락은 실질 통화공급을 늘려 실질이자율을 낮춘다. 따라서 총생산, 고용, 소비, 물가는 하락하고 투자는 증가한다. 그리고 생산물시장의 균형을 고려할 때 순수출은 감소한다. 단지, 감소요인이 달라서 상대적인 이동폭에 차이가 있다.

05. 대외 충격에 대응하여 화폐금융정책을 실시할 경우 고정환율제도와 변동환율제도를 사용하는 국가에 따라 정책효과가 어떻게 다른지 설명하라.

해답 자유로운 자본이동을 가정하면, 고정환율제도를 사용하는 국가의 경우 확장적 화폐금융정책으로 국내이자율이 하락하면 순자본유출이 발생하는데, 이를 막기 위해 중앙은행이 외환을 공급하면 국내통화량이 감소하게 되어 결국 확장적 화폐금융정책의 효과는 사라진다.

반면 변동환율제도를 사용하는 국가는 확장적 화폐금융정책으로 이자율이 하락하면 순자본유출이 발생하여 환율이 상승하고, 이로 인해 순수출이 증가하여 확장적 정책의 효과는 더욱 커진다.

06. 다음을 경상지출, 자본지출, 이전지출로 구분하여라.

(1) 공무원에게 지급한 보수

해답 경상지출

(2) 실업보험의 지급

해답 이전지출

(3) 사무용 비품의 구입비용

해답 경상지출

(4) 신공항 건설을 위한 지출

해답 자본지출

07. 다음의 정책들이 각각 확장적 재정정책인지, 긴축적 재정정책인지, 아니면 재정정책이 아닌지를 밝히고 그 이유를 간략히 설명하라.

(1) 국방지출의 증가

해답 확장적 재정정책(경상지출의 증가에 해당하므로)

(2) 법인세율 인상

해답 긴축적 재정정책(조세수입의 증가에 해당하므로)

(3) 지방자치단체의 적자재정을 통한 시청 청사 신축

해답 확장적 재정정책(시청 청사 신축은 자본지출 증가에 해당하므로)

(4) 공무원 감축

해답 긴축적 재정정책(공무원 감축 통한 인건비 절감은 경상지출 감소)

(5) 부가가치세율 인하

해답 확장적 재정정책(조세수입의 감소에 해당하므로)

08. 다음과 같이 정부부문이 있는 경제를 상정해 보자.

$$Y = C + I + G, \quad C = \frac{4}{5}(Y - T), \quad T = tY$$

(1) 이 경제의 소득세율 t가 0.25일 때 정부지출승수를 구하라.

해답

$$Y = \frac{4}{5}\left(Y - \frac{1}{4}Y\right) + I + G$$

$$\left\{1 - \frac{4}{5}\left(1 - \frac{1}{4}\right)\right\}Y = I + G$$

$$Y = \frac{5}{2}(I + G)$$

따라서 정부지출(G)의 증가는 국민소득(Y)을 2.5배만큼 증가시키므로 정부지출승수는 2.5이다.

(2) $I = 100$, $G = 100$일 때 균형국민소득과 그때의 T값을 구하라.

해답 $I = 100$, $G = 100$을 위의 식에 대입하면 균형소득은 다음과 같다.

$$Y = \frac{5}{2}(100 + 100) = 500$$

그리고 이때 T의 값은 $T = tY$이고, $t = \frac{1}{4}$이라 한다면 다음과 같다.

$$T = \frac{1}{4} \cdot 500 = 125$$

(3) 이 경제의 완전고용을 보장해 주는 소득수준은 800이라 한다. 현재 정부의 재정상태는 이러한 경제현실에 비추어 바람직하다고 볼 수 있는가?

해답 $T - G = 125 - 100 = 25 > 0$. 따라서 현재의 재정상태는 흑자재정 상태이다. 그런데 현재의 소득수준은 완전고용 수준에 못 미치는 500에 불과하다. 이러한 불완전고용 상태 하에서 흑자재정을 유지하고 있는 것은 바람직하지 못하다. 적자재정을 통해 유효수요를 증가시킴으로써 경제 전체의 소득수준을 증가시킬 수 있기 때문이다.

(4) 이러한 완전고용 소득수준을 달성하기 위해서 G를 어떻게 변화시키면 되겠는가?

해답

$$800 = \frac{5}{2}(100 + G')$$

$$100 + G' = \frac{2}{5} \cdot 800$$

$$\therefore\ G' = 220$$

따라서 120만큼 정부지출을 증가시켜 $G' = 220$으로 만들면 된다.

(5) 이제 변화한 G의 수준에서 균형재정을 달성해 주는 Y의 수준은 얼마인가? 이는 완전고용의 Y수준과 일치하는가?

해답 균형재정을 보장해 주는 Y의 수준을 Y'이라 하면, 조세의 크기와 정부지출의 크기가 동일하다는 균형재정의 의미에 의해 Y'의 크기를 다음과 같이 구할 수 있다.

$$\frac{1}{4} \cdot Y' - 220 = 0$$

$$\therefore\ Y' = 880$$

이것은 완전고용 소득수준인 800과는 일치하지 않는다.

(6) 완전고용 수준은 소득세율 t를 변화시켜서 달성될 수 있다. 이 두 가지 정책의 경제적 효과는 어떤 점에서 차이가 날 수 있는가?

해답 $G=100$으로 불변이어도 세율을 낮춤으로써 완전고용 소득수준에 도달할 수 있다. $I + G = 200$이므로 정부지출승수가 4일 때 완전고용 소득수준이 달성될 것이다. 이때의 세율을 t'이라 하면 아래의 정부지출승수에 의해 새로운 세율을 구할 수 있다.

$$\frac{1}{1 - \frac{4}{5}(1 - t')} = 4$$

$$1 - \frac{4}{5}(1 - t') = \frac{1}{4}$$

$$\therefore\ t' = \frac{1}{16}$$

동일하게 완전고용 소득수준을 달성하는 경우에도 그것이 정부지출 증가에 의한 것인가, 아니면 조세감면에 의한 것인가에 따라 국민소득의 구성비율이 달라질 수 있다.

먼저 소비에 미치는 영향을 살펴보자. 같은 소득수준에서는 조세감면의 경우가 정부지출의 증가에 의한 경우보다 가처분소득의 증가가 크기 때문에 소비의 증가폭이 크게 된다.

이번에는 투자에 미치는 영향을 살펴보자. 정부지출을 증가시키는 경우 민간투자가 구축될 수 있다. 이는 정부의 투자가 민간투자를 직접 대체하거나 이자율 상승이 민간투자를 감소시키기 때문이다. 그런데 조세감면의 경우 이것이 노동자의 노동의욕 및 기업의 투자의욕을 고취시킬 수 있으므로 투자를 오히려 증가시킬 수 있는 면도 존재한다. 이와 같이 살펴볼 때 조세감면은 정부지출 증가에 비해 경제의 사적 부문의 비중을 높여준다는 것을 알 수 있다.

09. 다음을 읽고 물음에 답하라.

> 완전고용 수준의 국민소득은 1,000이고, 소비함수는 $C = 40 + 0.9Y$이며, 독립투자(I)는 40으로 주어져 있고, 정부지출과 조세는 각각 10으로 균형재정을 이루고 있다고 가정한다.

(1) 이 경제의 균형국민소득은?

해답 $Y^* = 810$

(2) 균형국민소득의 수준으로 보아 현재 이 경제는 인플레이션 상황인가? 판단하라.

해답 완전고용 국민소득수준은 1,000인데, 실제 국민소득은 810에 불과하므로 디플레이션 상태이다.

(3) 정부지출만을 사용하여 완전고용 수준을 유지하고자 할 때 적절한 정책은? 구체적으로 값을 구하라.

해답 정부지출을 19만큼 증가시킨다. 이때 증가시켜야 하는 정부지출 규모는 정부지출승수의 개념을 사용하면 얻을 수 있다. 완전고용 국민소득수준을 Y_f^*라 하고, 실제 국민소득의 크기를 Y라 하면 보충해야 할 국민소득의 크기 ΔY를 구할 수 있다.

$$\Delta Y = Y_f^* - Y = 1,000 - 810 = 190$$

따라서 190만큼 국민소득을 증가시켜야 하는데, 이를 달성하기 위해 정부지출 규모를 확대한다고 하자. 이때 정부지출승수의 개념을 이용하면 증가시켜야 하는 정부지출 규모를 찾아낼 수 있다.

$$\Delta Y = \frac{1}{1 - MPC} \cdot \Delta G$$

$$190 = \frac{1}{1 - 0.9} \cdot \Delta G \qquad \therefore \Delta G = 19$$

(4) 이전지출만으로 완전고용 수준을 유지하고자 할 때 적절한 정책은?

해답 세금을 줄여주는 과정을 통해 이전지출을 약 21.1만큼 증가시킨다.

10. 다음과 같은 거시경제모형을 고려하여 다음 물음에 답하라.

> 소비(C) = 10 + 0.7Y 투자(I) = 2 − r
>
> 정부구입(G) = 8 통화공급(MS) = 10
>
> 화폐수요(MD) = 20 + 0.2Y − r
>
> 여기서 Y = 국민소득, r = 이자율이다.

정부구입이 3만큼 증가하는 경우 구축효과에 의해 소득(Y)은 얼마만큼 감소하는가?

해답 최초 균형은 생산물시장의 $Y = C + I + G = (10 + 0.7Y) + (2 - r) + 8$과 화폐시장의 $10 = 20 + 0.2Y - r$을 동시에 만족하는 Y = 20, r = 14가 된다. 한편, 정부지출승수($\frac{\Delta Y}{\Delta G}$)는 $\frac{1}{1-c} = \frac{1}{1-0.7} = \frac{10}{3}$이므로 정부구입이 3만큼 증가할 때 소득은 10만큼 증가한다. 하지만 정부구입이 3만큼 증가할 때 균형소득은 생산물시장의 $Y = C + I + G = 10 + 0.7Y + 2 - r + 11$과 화폐시장의 $10(MS) = 20 + 0.2Y - r(MD)$를 동시에 만족하는 값이기 때문에 이를 정리하면 Y = 26이 된다. 따라서 구축효과에 의해 감소한 소득은 30 − 26 = 4가 된다.

11. 1930년대 대공황과 1990년대 일본의 장기불황, 그리고 2008~2009 세계 경기침체에 직면하여 시행된 대규모 재정진작(fiscal stimulus)의 이론적 근거를 설명하고, 총수요·총공급 모형을 이용하여 이러한 재정적자를 통한 경기부양책이 각국의 총생산, 소비, 투자, 고용, 물가수준에 미치는 영향을 설명하라.

해답 이러한 위기들에서 재정진작이 요구되었던 것은 신용경색으로 인한 유동성함정의 상황 때문이다. [연습문제 3]에서 살펴보았듯이 유동성함정 상황에서는 화폐금융정책의 효과가 미미한다. 따라서 총수요곡선도 이동이 없고 경제에 아무런 영향을 줄 수 없다. 하지만 재정진작은 총수요곡선을 오른쪽으로 이동시켜 총생산, 소비, 고용, 물가수준이 상승한다. 한편 유동성함정 하에서 실질 통화공급이 변해도 이자율은 그대로이므로 투자는 그대로이다.

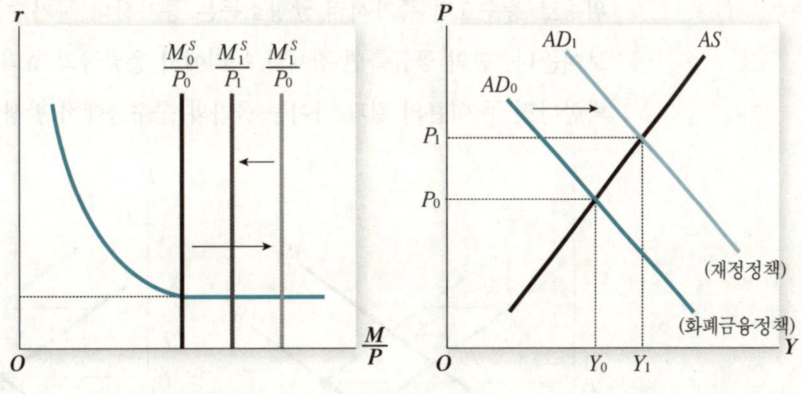

(a) (b)

12. 공급측면의 경제학에 의하면 근로소득세 삭감이 국가경제의 총생산, 고용, 소비, 투자, 순수출, 그리고 물가수준에 어떤 영향을 미치는가? 총수요 · 총공급 모형을 이용하여 감세정책의 수요측면 효과를 강조한 케인즈의 이론과 비교 · 설명하라.

해답 공급측면 경제학은 조세측면에서 근로 및 자본에 대한 세율이 지나치게 높으면 근로의욕, 투자의욕을 해쳐 생산과 소득이 줄어든다고 본다. 따라서 만약 세율이 t^*보다 큰 금지영역에 있고, 감세정책을 펼친다면 근로의욕과 투자의욕을 고취시켜 총수요와 총공급 모두의 증가를 가져올 것이다. 따라서 둘의 이동 크기에 따라 물가는 증가하거나 감소할 수 있고, 그에 따라 환율도 달라질 수 있

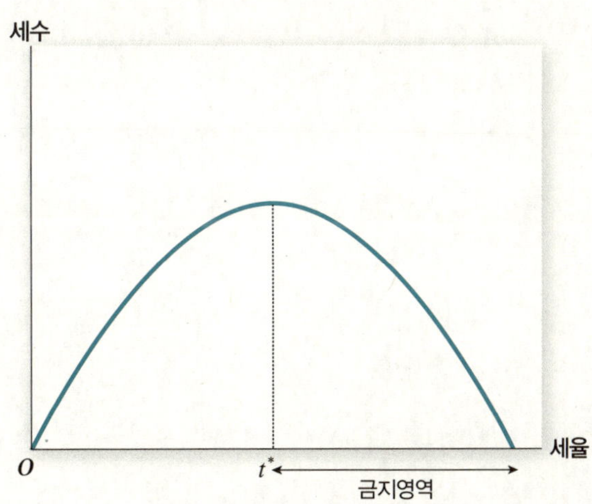

다. 이를 정리하면 총생산, 고용, 소비, 투자는 증가하고 순수출, 물가는 증가하거나 감소한다. 하지만 만약 세율이 t^*보다 작은 영역에 있고 감세정책이 펼쳐진다면 반대의 효과를 가져올 것이다.

한편 케인즈의 이론에서 감세정책은 총공급 증가에 영향을 주지 못하고 소비 위주로 총수요만 증가시켜 균형소득은 증가하나 물가수준이 상승하는 결과를 보여준다. 만약 공급측면 경제학 논리에서 총공급의 효과가 더 커서 물가가 하락한다면 두 이론의 결과 차이는 물가와 순수출에서 발생할 것이다.

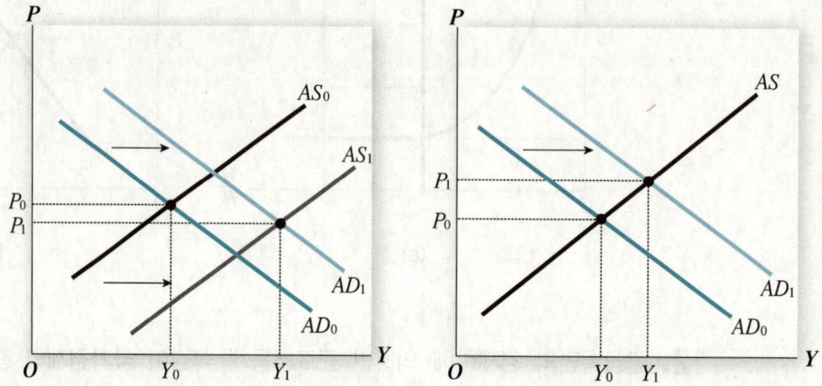

(a) 공급측면의 경제학 (b) 케인즈의 이론

[연습문제]

01. 자연실업률이 4%인 경제를 상정하자. 이 경제는 수년 동안 6%의 비교적 높은 인플레이션이 유지되어 왔기 때문에 기업과 노동자도 향후 인플레이션이 6% 수준이 될 것이라고 예상하고 있다. 이제 중앙은행이 물가안정을 위해 인플레이션을 영구적으로 3% 수준까지 하락시키기로 결정했다고 하자. 중앙은행은 이 목표를 달성하기 위해 화폐금융정책을 어떻게 사용할 수 있는가? 자연실업률가설의 필립스곡선을 이용하여 설명하라.

해답 중앙은행은 인플레이션을 하락시키기 위해 긴축적인 화폐금융정책을 사용할 수 있다. 그 방법으로 통화량 감소를 위한 공개시장조작, 재할인율 · 지급준비율 인상 등이 있다. 하지만 그에 앞서 중앙은행이 신뢰를 바탕으로 인플레이션을 하락시키려고 한다는 것을 공표함으로써 국민들이 믿고 합리적으로 예상할 수 있게 만들어야 한다. 그리면 국민들의 예상인플레이션은 3%로 떨어지고, 실제 긴축적 화폐금융정책을 펼쳐서 단기 필립스곡선도 하락하여 3%의 인플레이션과 4%의 자연실업률 수준을 달성할 수 있다.

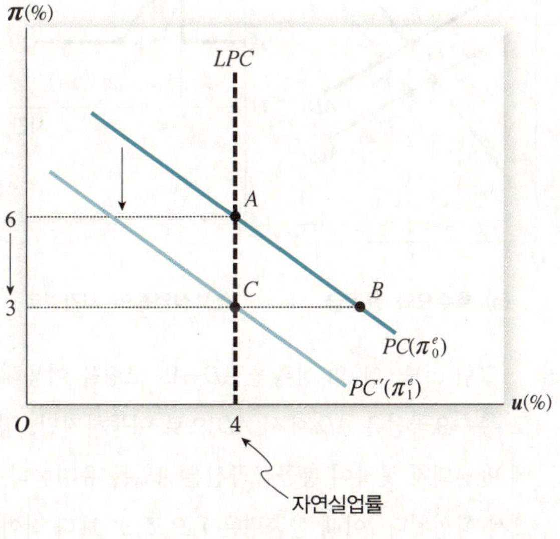

02. 최근 남유럽 재정위기 등 일련의 불확실성에도 불구하고 신흥시장국에서는 경기회복이 확실시되면서 화폐금융정책의 정상화 또는 출구전략을 의미하는 통화긴축에 대한 논의가 확산되어 왔다. 다음 물음에 답하라.

(1) 자연실업률가설의 필립스곡선을 이용하여 통화긴축의 단기 및 장기 효과를 설명하라.

해답 위 [연습문제 1]의 그림을 이용해 이를 설명해 보자. 우선 경제주체들이 이번 기와 저번 기의 인플레이션율이 같다고 예상하는 적응적 기대를 한다고 가정하자. 정부가 인플레이션을 낮추기 위해 (예상치 못한) 통화긴축을 하면 경제주체들은 적응적 기대를 하므로 기대인플레이션은 그대로인 채 물가하락에 따른 명목임금 하락에 대응해 노동공급을 줄인다($A \rightarrow B$). 하지만 장기적으로 기대인플레이션을 하락시키고 실질임금이 그대로인 것을 깨달은 후 다시 노동공급을 늘린다($B \rightarrow C$). 따라서 화폐금융정책은 단기적인 효과만 보일 뿐, 장기적으로 실질변수에 아무런 영향을 끼칠 수 없다 .

(2) 경제주체들이 미래 인플레이션에 대해 합리적 기대를 갖는 경우 (1)의 분석이 어떻게 달라지는지 비교하여 설명하라.

해답

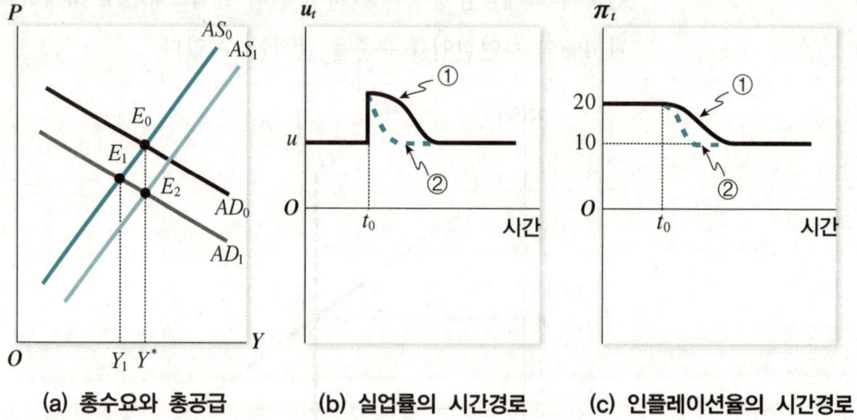

(a) 총수요와 총공급 (b) 실업률의 시간경로 (c) 인플레이션율의 시간경로

그림 (a)는 (1)의 상황을 AD–AS 모형을 이용해 표현한 것이다. 통화긴축으로 총수요곡선은 AD_0에서 AD_1으로 이동하지만, 정책효과가 경제주체들의 기대에 반영되지 못하여 총공급곡선은 AS_0를 유지한다. 이에 따라 단기균형은 점 E_1에서 형성된다. 이때 산출량은 Y_1으로, Y^*보다 작아진다. 물론 다른 조건이 변화

하지 않고 단지 이 정책의 효과가 경제주체들의 기대에 반영되어 총공급곡선이 AS_1으로 하방이동하면, 이 경제의 최종 균형은 점 E_2에서 형성될 것이다. 여기서 산출량은 통화당국이 정책을 변경하기 이전인 Y^*로 복귀한다.

이때 경제주체들이 적응적 기대를 한다면, 점 E_1에서 E_2로 이동하는 데 많은 시간이 필요할 것이다. 이것은 경제주체들이 적응적 기대를 할 경우 과거의 예측오차가 점진적으로 조정되기 때문이다. 그러나 경제주체들이 합리적 기대를 한다면, 예상치 못한 정책으로 일시적으로는 점 E_1에서 균형이 형성되지만 곧바로 새로운 균형인 점 E_2로 이동하게 된다는 차이가 있다. 이것은 경제주체들이 합리적 기대를 할 경우, 예측에 있어 체계적인 오류를 범하지 않고 예상을 즉시 조정하기 때문이다. 정책변화 전 · 후의 실업률과 인플레이션율의 시간경로를 나타낸 그림 (b)와 그림 (c)에서 경제주체들이 적응적 기대를 할 경우(①)에는 장기균형점으로 점진적으로 조정되는 반면, 합리적 기대를 할 경우(②)에는 신속하게 조정됨을 확인할 수 있다.

[연습문제]

01. 다음 중 시장가격의 신축적 조정을 신뢰하는 학파는? 이들은 어떠한 거시경제정책을 선호하는가?

(1) 고전학파 (2) 신고전학파 (3) 케인즈학파
(4) 통화주의 (5) 새고전학파 (6) 새케인즈학파

해답 고전학파, 신고전학파, 통화주의, 새고전학파는 시장가격의 신축적 조정을 신뢰한다. 이들은 기본적으로 시장의 기능을 신뢰하기 때문에 인위적인 거시경제정책의 사용을 반대하나, 굳이 사용하려 한다면 구축효과가 발생하지 않아 경제에 영향을 덜 주는 화폐금융정책의 사용을 선호한다.

02. 케인즈의 이론과 그에 대한 루카스 비판의 결정적인 차이점은 무엇인지 간단히 설명해 보라.

해답 케인즈는 경제정책의 효과를 분석하기 위하여 투자함수, 소비함수, 화폐수요함수를 계량경제학적으로 추정한 뒤, 각 함수의 계수가 안정적인 값을 가져 경제정책 후에도 변하지 않는다고 가정하였다. 하지만 루카스는 경제주체가 이러한 정책을 예상할 경우 그 기대를 자신의 최적화 행위에 반영하여 기존의 함수와는 다른 함수가 도출된다고 주장하였다. 즉, 경제정책이 변화해도 경제주체들의 최적화 행위의 결과가 동일할 것이라는 가정 하에서 유도되는 기존의 방법은 타당한 분석결과를 제시하지 못할 것이라는 비판이다.

03. 2007~2008 글로벌 금융위기에 대한 오스트리아학파의 견해와 민스키의 금융불안정성가설에 대해 간단히 설명하라. 이 두 이론의 차이는 무엇이며 거시경제학에 시사하는 바는 무엇인가?

해답 오스트리아학파의 이론은 금융제도에 의해 창출된 화폐와 신용이 종종 시간의 흐름에 따라 불균형을 보일 수 있다는 점을 강조한다. 이러한 금융불균형은 궁극적으로 비생산적인 실물투자와 국가 간 과소비와 과저축(또는 과투자)의 문제를 가져온다고 주장한다. 하지만 이들도 금융부문 자체의 문제점과 그로 인한 실물경제 충격을 언급하지 않았는데, 민스키는 이를 부채가 과잉 누적되는 현상을 통해 설명하고 있다. 민스키에 의하면 부채가 누적되는 것은 지불능력 불신으로 인한 부채상환 요구에 의한 것이다. 따라서 정보를 투명하게 하여 금융기관이 대출금액 관리를 효율적으로 하게 하고, 급작스런 신용경색이 일어나지 않도록 경제주체들이 합리적으로 경제상황을 예측할 수 있게 도와야 한다.

지은이에 대하여

김 영 식

서울대학교 영어영문학과(학사, 1981～1985)

미국 카네기멜론대학교(경제학석사, 1989～1991)

미국 아이오와대학교(경제학박사, 1991～1994)

뉴질랜드 빅토리아대학교 조교수(1994～1999)

경희대학교 부교수(2000～2004. 8)

서울대학교 교수(2004. 9～현재)

[주요 논문]

Money, Barter, and Costly Information Acquisition, *Journal of Monetary Economics*, 1996. Liquidity, Quality, Production Cost, and Welfare in a Search Model of Money, (with Shuntian Yao), *Economic Journal*, 2001. "How Important is the Intermediate Input Channel in Explaining Sectoral Employment Comovement over the Business Cycle?" (with Kunhong Kim), *Review of Economic Dynamics*, 2006. Return on Commodity Money, Small Change Problems, and Fiat Money (with Manjong Lee), *Journal of Money, Credit and Banking*, 2012. Separation of Unit of Account from Medium of Exchange (with Manjong Lee), *Journal of Money, Credit and Banking*, 2013.

제10판 경제학원론 연습문제 해답집

초판 1쇄 발행 2013년 10월 20일
초판 2쇄 발행 2015년 2월 17일

지은이 김영식
펴낸이 박기남
펴낸곳 **율곡출판사**
153-797 서울시 금천구 가산디지털1로 84, 803호
전화 (代) 02) 718-9872/3
팩스 02) 718-9874
home-page www.yulgokbooks.co.kr
e-mail yulgokbook@naver.com
등록 1989.11.10. 제2014-000031호
ISBN 978-89-97428-36-6 93320

정가 10,000원